Executive Edition

Weiterführend in der Reihe Executive empfehlen wir:

Zukunftsstrategien
ISBN 978-3-8029-3838-2

**Stimme: Das Geheimnis
von Charisma**
ISBN 978-3-8029-3844-3

**Kommunikation mit Herz
und Verstand**
ISBN 978-3-8029-3443-8

Reden macht Leute
ISBN 978-3-8029-3851-1

Ihre Antrittsrede als neuer Chef
ISBN 978-3-8029-3849-8

Führungsdialoge
ISBN 978-3-8029-3853-5

Wir freuen uns über Ihr Interesse an diesem Buch. Gerne stellen wir Ihnen zusätzliche Informationen zu diesem Programmsegment zur Verfügung.

Bitte sprechen Sie uns an:

E-Mail: WALHALLA@WALHALLA.de
http://www.WALHALLA.de

Walhalla Fachverlag, Haus an der Eisernen Brücke, 93042 Regensburg
Telefon: (09 41) 56 84-0, Telefax: (09 41) 56 84-111

Die Titel unseres Verlages sind auch als E-Book, im AppStore oder für das iPad erhältlich.

Jürgen Cleve

Media Markt

Wie blöd ist das Konzept wirklich?

Bibliografische Information der Deutschen Nationalbibliothek
Die Deutsche Nationalbibliothek verzeichnet diese Publikation in der Deutschen Nationalbibliografie;
detaillierte bibliografische Daten sind im Internet über http://dnb.d-nb.de abrufbar.

Zitiervorschlag:
Jürgen Cleve, Media Markt
Walhalla Fachverlag, Regensburg 2011

Executive Edition

Produktion: Walhalla Fachverlag, 93042 Regensburg
Umschlaggestaltung: grubergrafik, Augsburg/TrendFact AG, St. Gallen
Printed in Germany
ISBN 978-3-8029-3846-7

Dieses Buch widme ich
meinem Media Markt-Team in Halstenbek.

Ich wollte ein Unternehmen gründen,
wo die Menschen
keine Angst voreinander haben,
auch keine Angst vor dem Chef.
Wo das Arbeiten Freude macht,
und man den Sinn des Lebens
auch in der Arbeit suchen kann.

Walter Gunz
Mitbegründer von Media Markt

Schnellübersicht

Danke

Ich danke den beiden Firmengründern Leopold Stiefel und Walter Gunz, die mir über viele Jahre das Gefühl vermittelt haben, ein Teil *ihrer Media Markt-Familie* zu sein.

Herrn Gunz bin ich insbesondere für seine persönlichen Briefe und die interessanten Buchgeschenke dankbar. Kein Brief und kein Buch sind ohne Einfluss geblieben.

Klaus Hoffmann und Ernst von der Heide fühle ich mich dahingehend verbunden, als ich überhaupt meinen Weg zu Media Markt gefunden habe. Michael Rook danke ich für die Erfahrungen und das Erleben der Media Markt typischen „gesunden Streitkultur". Herrn Roland Weise, bis Ende 2010 CEO der Unternehmensgruppe Media-Saturn, danke ich für sein langjähriges Vertrauen, das er mir als „Co-Geschäftsführer" im Media Mark -Halstenbek entgegengebracht hat. Meinen ehemaligen Geschäftsführer-Kollegen aus dem Hamburger Verbund möchte ich für viele Jahre erfolgreicher Zusammenarbeit in einer zu steuernden Wirtschaftsregion danken. Letzteres gilt auch für die Kollegen der Regionen Nord und Berlin, mit denen ich viele interessante Tagungen erleben durfte.

Ein besonderes Dankeschön gilt meinem Freund Thomas Nagel, der mir immer wieder Mut gemacht hat, dieses Buch (endlich) fertigzustellen. Danke sagen möchte ich auch meinem Sohn Max, der als „erster Lektor" meine Texte hilfreich bewertete.

Den zahlreichen Redaktionen der Tageszeitungen, den Online-Diensten und der Fachpresse sei für ihre gute und aufschlussreiche Berichterstattung gedankt.

Das größte Dankeschön gilt *meinen* Halstenbekern, die nach wie vor zu den erfolgreichsten „Medianern" in Deutschland zählen. Nur ein außergewöhnliches Team konnte und kann einen dauerhaften Erfolg erreichen. Ich erinnere mich gerne an diese erlebnisreiche Zeit. Meiner Assistentin, Uschi Schröer, übermittle ich – insbesondere als Vertreterin der Belegschaft – einen besonderen Dank. Beste Grüße gehen auch an die Media Markt-Teams innerhalb des Hamburger Verbunds sowie in den Städten Heidelberg, Duisburg und Gütersloh. An all diesen Standorten war ich für die Unternehmensgruppe Media Markt tätig. Für die Eindrücke und Erfahrungen möchte ich allen vielmals danken!

Jürgen Cleve

Vorbemerkung

Wir alle konsumieren – jeden Tag. Der Handel mit Ware, einer der wichtigsten Wirtschaftsbereiche unseres Landes, ist Teil unseres „täglichen Brotes". Interessant, sollte man meinen. Doch die breite Öffentlichkeit zeigt verhältnismäßig wenig Interesse am Einzelhandel. Ist das normal? Ist es der Zeitgeist? Liegt es an der Veränderung durch das Internet und den Online-Handel? Wie auch immer: Bücher über den Einzelhandel sind bedauerlicherweise Mangelware!

Die Buchbranche durfte in den vergangenen Jahren erfreulicherweise eine Reaktivierung von Lesern erfahren – im Zeitalter des Internets keine Selbstverständlichkeit. Doch hielt ich nach einem „Einzelhandels-Buch" Ausschau, fand ich in den schier endlosen Regalmetern von (Wirtschafts-)Büchern kaum einen Titel. Wo sind sie nur, die Bücher über Karstadt und Kaufhof, um nur zwei Vertreter der traditionellen „Konsumverführer" zu nennen? Wo sind die Bücher über Handelsfirmen wie C&A, H&M, Metro, Peek & Cloppenburg, Hornbach, dm, Douglas, Fielmann, Fressnapf, LIDL, Obi und viele andere?

Vor diesem Hintergrund kam die Veröffentlichung des Buches „Konsequent einfach" von Dieter Brandes im Jahre 1998 geradezu einer Sensation gleich. Sensationell schon deshalb, weil es ausgerechnet die Erfolgsgeschichte der Gebrüder Karl und Theo Albrecht beleuchtete, die in der Wirtschaftswelt geradezu das Sinnbild sind für Zurückhaltung und Verschwiegenheit. Kaum ein anderes Unternehmen ist derart bemüht, nicht in der Öffentlichkeit zu stehen. In Fachkreisen kokettiert man gerne damit, dass die Diskretion bei ALDI durchaus mit der des Vatikans vergleichbar sei. Demzufolge dürfte die „ALDI-Erfolgsstory" – so der Untertitel des Buches – nicht nur Experten des Lebensmittel-Einzelhandels begeistert haben. Denn wie kaum ein anderes Wirtschaftsunternehmen steht ALDI in der Welt des Einzelhandels für Klarheit. Die Einfachheit des ALDI-Konzepts ist ein Lehrstück mit der Qualität eines Bestsellers in Sachen Vertrieb, Kostenmanagement und Außendarstellung. Insofern besticht die ALDI-Strategie, denn sie ist branchenübergreifend einzigartig.

Im Frühjahr 2006 erschien endlich ein in Deutschland aufgelegtes Buch über den Möbelgiganten IKEA. Der Autor, Rüdiger Jungbluth, der bereits über die Unternehmerfamilien Quandt und Oetker geschrieben hatte, erzählt in „Die 11 Geheimnisse des IKEA-Erfolgs" den einzigartigen Werdegang dieses weltumspannenden Einzel-händlers.

Als die Idee zu meinem Buch reifte, stellte ich mir zwei grundsätzliche Fragen: Was macht (Einzel-)Handel eigentlich aus? Und: Was ist so spannend daran? Die Antwort kam schnell: Mich persönlich begeistert die Vorstellung, dass rund vier Millionen Mitarbeiter des Einzel- und Großhandels in Deutschland tagtäglich zwischenmenschlichen Kontakt pflegen. Nicht auszumalen, wenn wir unseren Konsumbedarf nur noch „online" befriedigen würden! Ein freundlich gestimmtes „Guten Morgen" oder auch das „kleine Schwätzchen" im Supermarkt können nicht genug wertgeschätzt werden. Insofern nehmen der Handel und seine Beschäftigten eine gesellschaftlich wichtige Kommunikationsfunktion wahr. Umso mehr freut es mich, auch diesen Aspekt näher beleuchten zu dürfen.

Der Handel ist zudem nicht nur einer der größten Berufsausbilder, sondern generell einer der wichtigsten „Arbeitsplatzbeschaffer" unseres Landes. Undenkbar, wenn die jährlich 240.000 Ausbildungsplätze nicht mehr zugänglich wären! Zudem entpuppt sich die oft (zu Unrecht) geschmähte „Teilzeit- und Niedriglohn-Debatte" bei näherer Betrachtung – und insbesondere im Vergleich mit anderen Arbeitsmärkten – für viele Menschen als gern gesehene Einkommensquelle.

Die großen Verführer

Handel bedeutet bekanntlich auch Wandel. Es gibt immer eine Weiterentwicklung, und es ist schwierig, die äußerst facettenreiche Handelslandschaft mit ihren diversen Besonderheiten verständlich zu machen.

Der deutsche Einzelhandel verfügt über zahlreiche namhafte Unternehmen, die ihr Business gut beherrschen und genau deshalb auf Besucher wie Kunden eine anziehende Wirkung ausüben. Es gibt sie, die großen Verführer!

Ein Unternehmen wird Marktführer, weil es innerhalb einer Branche oder eines Handelszweigs den Ton angibt – quasi den Markt „führt". Auch Media Markt dient unweigerlich als Vorlage für erfolgreiches Handelsmanagement. Ein Blick zur Nummer zwei der Branche findet selten statt.

Wer einen neu eröffneten Media Markt besucht, wird von der Vielfalt an Technik regelrecht „erschlagen". Welches TV-Gerät soll ich kaufen, wenn alleine in diesem Segment oft über 100 verschiedene Modelle präsentiert sind? Selbst mir, der im elterlichen Betrieb von klein auf den „Duft" eines beratungs- und serviceintensiven Fachgeschäfts einatmen durfte und seine Ausbildung in einem klassischen Warenhaus absolviert hat, eröffnen sich Jahr für Jahr erkennbare Unterschiede hinsichtlich Auswahl, Verkaufsfläche und Darstellungsform. Die Entwicklung kann kaum spannender sein und stellt gleichsam ein Spiegelbild unserer Gesellschaft dar.

Vielen Mitarbeiterinnen und Mitarbeitern ist Media Markt eine Art „berufliche Heimat". Permanent mit trendigen und zudem technisch anspruchsvollen Artikeln zu tun zu haben, fordert nicht nur, sondern kann auch beflügeln. Als ehemaliger „Medianer" habe ich am eigenen Leib (mit-)erleben dürfen, dass es mitunter schwer fällt, sich einem gewissen Begeisterungssog zu entziehen. Warum auch? Selbstsicher heißt es bei Media Markt schließlich: „Bei uns spielt man in der Champions League!" Das einfach klingende Motto fußt auf tiefer Überzeugung und wird tagein tagaus in jeder Filiale gelebt. Längst ist es Teil der Firmenphilosophie geworden. Dies motiviert und „verführt" gleichermaßen.

Begeisterungskraft mit Auszeichnung(en)

Bei einer im Jahr 2002 von der Unternehmensberatung Roland Berger durchgeführten Untersuchung in der Kategorie „Begeisterungskraft und Stärke von Marken" erzielte Media Markt innerhalb der Handelsunternehmen den ersten Platz. Im Oktober 2005 wurde die Media-Saturn Holding GmbH für „bestes Handelsmanagement" ausgezeichnet – eine Ehrung, die der damals langjährige Präsident des Hauptverbands des deutschen Einzelhandels (HDE), Hermann Franzen, persönlich überreichte. Warum ist diese Auszeichnung so besonders? Allein die Tatsache, dass der HDE in der Bundesrepublik vor allem die kleineren Facheinzelhändler und Verbände vertritt, macht die Auszeichnung so reizvoll. Für viele Verbandsmitglieder dürfte die heraufbeschworene „Geiz-ist-geil-Mentalität" alles andere als eine bloße Werbestrategie darstellen, und die Wahrscheinlichkeit ist hoch, dass die meisten HDE-Mitglieder über die ausgelöste Preis- oder besser gesagt „Geizwelle", für die der provozierende Werbejingle der Unternehmensschwester Saturn Pate stand, eher „not amused" waren. Wenn aber ein Handelsunternehmen diese Denkweise nicht nur initiiert, sondern daraus sogar noch wirtschaftlichen Erfolg ziehen kann, ist es wohl eine Auszeichnung wert – so die Meinung der Jury. Der Laudator hatte insbesondere das Erfolgskonzept der beiden Elektronikketten Media Markt und Saturn gewürdigt, das auf Dezentralität und die Eigenverantwortung der Mitarbeiter setzt und ganz offenbar höchstes Engagement und ungebrochenen wirtschaftlichen Erfolg garantiert. Der sichtlich gerührte Mitbegründer und damalige geschäftsführende Gesellschafter der Media-Saturn-Holding, Leopold Stiefel, nahm den Preis in Berlin entgegen und erklärte in seiner Dankesrede schlicht:

> *„Bei Media Markt und Saturn verwirklichen wir konsequent die Vision, die meine Mitbegründer und mich vor fünfundzwanzig Jahren angetrieben hat. Nämlich ein Unternehmen zu schaffen, in dem der Mensch im Mittelpunkt steht – als Partner, als Kunde, als Mitarbeiter."*
>
> *Leopold Stiefel, im Oktober 2005*

Nur wenige Tage später, im November des gleichen Jahres, erhielt die Media-Saturn-Holding den „Goldenen Zuckerhut" der „Lebensmittel-Zeitung" (LZ). Mit dieser Auszeichnung, die auch als „Oscar des Handels" bezeichnet wird, würdigt das renommierte Fachblatt jene Handelsfirmen, die sich um die deutsche und europäische Konsumgüterwirtschaft in besonderem Maße verdient gemacht haben. „Der Goldene Zuckerhut gilt", so die Begründung, „einer unternehmerischen oder persönlichen Leistung, die von großem Einfluss mit nachhaltiger Wirkung auf die Gesamtentwicklung dieses Wirtschaftsbereiches ist."

Diese Würdigungen verdeutlichen, dass auch andere Unternehmen von der Grundidee Media Markt profitieren könn(t)en. Vor diesem Hintergrund war es mir ein Anliegen, einmal hinter die Kulissen dieses mittlerweile über 67.000 Mitarbeiter zählenden Unternehmens zu blicken (davon über 26.000 in Deutschland, Media-Saturn nach Köpfen). Aus Loyalität gegenüber meinem ehemaligen Arbeitgeber kann dieses Buch kein rundum „gestochen scharfes" Bild von Media Markt wiedergeben. Intensive Recherchearbeit und die Verwendung öffentlicher Berichterstattungen helfen, diesen Part auszugleichen. Die Grundwerte und die Unternehmenskultur von Media Markt sichtbar zu machen haben mich angetrieben, denn vieles davon bleibt der Kundschaft verborgen.

Ganz bewusst habe ich auf moderne Managementfachbegriffe verzichtet. Die Branche selbst befleißigt sich mit ihrem „elektronischen
Vokabular" einer bisweilen verwirrenden Sprache. Insofern hoffe
ich, einen verständlichen Schreibstil gewählt zu haben.

Jürgen Cleve

Media Markt und seine Gründer

1

Das Gründer-Quartett

Was macht den Erfolg von Media Markt aus? Was war die Intention der Unternehmensgründer? Welche Vorstellungen hatten die Ideengeber von Media Markt? Welche Ziele sollten verwirklicht werden? Wer sind die Gründer und was hat sie bewegt?

Im Fall von Media Markt sind es vier Personen beziehungsweise drei Familienstämme. Diese Konstellation ist in der Wirtschaft eher selten anzutreffen, zumeist ist es eine Gründerpersönlichkeit.

Naheliegend ist, dass die einzelnen Aufgabenbereiche wie Einkauf, Verkauf, Organisation von Anfang an auf mehrere Schultern verteilt waren. Aus heutiger Sicht ist das ein wesentlicher Erfolgsfaktor des Unternehmens. Bereits die permanente Kommunikationsnotwendigkeit zwischen den Gründern, das Zuspielen der unterschiedlich erworbenen Erfahrungen und auch die damit verbundene Selbstkontrolle dürfen als Fundament für die positive Entwicklung von Media Markt gesehen werden. Dieser „Mechanismus" hat sich seither zur wichtigen Selbstverständlichkeit verfeinert. Die im Unternehmen als „gesunde Streitkultur" bezeichnete Kommunikationsstruktur hat sich längst zu einem wichtigen Parameter der Media Markt-Philosophie geformt. Von vornherein muss auch gesagt werden, dass ohne Akzeptanz, Respekt und Toleranz die beste Kommunikationsstrategie kaum Nutzen bringt. Einseitige Kommunikation, wie „nur von oben nach unten" führt bekanntlich zu Nichtmotivation und Resignation der Belegschaft.

Die Gründer erkannten früh, dass Vertrauen und Eigenverantwortung der Mitarbeiter ein wichtiger Schlüssel zum Erfolg ist. Es dauerte nicht lange, und die Erkenntnis reifte, dass eine Beteiligung der Mitabeiter am Unternehmen eher Vor- als Nachteile verspricht. Ein elementares Alleinstellungsmerkmal war geboren.

Die Analyse von Gründungsgeschichten anderer namhafter Einzelhandelsunternehmen stellt klar, dass das „Viererspiel" der Media Markt-Gründer als eine Besonderheit gesehen werden kann. Rudolf Karstadt (Karstadt), Gustav Schickedanz (Quelle), Leonhard Tietz (Tietz, später Kaufhof), Oscar Tietz (Hertie), Helmut Horten (Horten), Otto Beisheim (Metro), Dirk Rossmann (Rossmann), Günther Fielmann (Fielmann), Manfred Maus (Obi), Heinrich Deichmann (Deichmann) und viele weitere Unternehmensgründer waren Einzelkämpfer, von den jeweiligen Gesellschafter-Strukturen abgesehen. Selbst die Gebrüder Theo (ALDI Nord) und Karl Albrecht (ALDI

Süd) – Theo Albrecht verstarb im Juli 2010 –, die durchaus als „brüderliche Einheit" gesehen werden können, stützen den Aufbau des heutigen Imperiums auf das vom Vater gegründete Familienunternehmen in Essen im Jahre 1913. Erst 1960 wurde die Aufteilung der beiden rechtlich eigenständigen Unternehmensgruppen realisiert.

Großzügig ließe sich diese Gründerliste fortführen, auch international. Für den Bereich Einzelhandel seien repräsentativ Sam Walton erwähnt, der Gründer von Wal-Mart – dem größten Einzelhändler der Welt –, und Ingvar Kamprad, der Gründervater von IKEA. Letzterer, heute 84 Jahre alt, mischt noch immer aktiv im Business seines weltweit agierenden Möbelimperiums mit.

Für sie alle gilt: Eine Firma – ein Gründer!

Die Gründungsgeschichte von Media Markt weist eine völlig andere Konstellation auf. Mit den Eheleuten Helga und Erich Kellerhals, Leopold Stiefel und Walter Gunz sind es gleich vier Personen, die zum Kreis der Firmengründer zählen. Firmenintern werden sie gerne als das „Gründer-Quartett" bezeichnet.

v.l.n.r.: Walter Gunz, Erich Kellerhals und Leopold Stiefel anlässlich der Verleihung des „Goldenen Computer 2001", Oktober 2001 (es fehlt Helga Kellerhals).
Bild: Action Press

Helga und Erich Kellerhals

Die Gründung von Media Markt stützte sich primär auf die Eheleute Helga und Erich Kellerhals. Über ausreichendes Kapital zu verfügen ist eine Grundvoraussetzung für ein – aus damaliger Sicht – wagemutiges Unterfangen.

Die Kellerhals wagten den Sprung in die Selbstständigkeit bereits lange vor der Gründung von Media Markt, genauer gesagt im Jahre 1963. Der damals 24-jährige Erich Kellerhals eröffnete zusammen mit seiner Frau Helga ein Fachgeschäft in Ingolstadt. Die Warensortimente erstreckten sich auf Fahrräder, Ölöfen, Herde, Radio- und Fernsehgeräte. In den darauf folgenden Jahren expandierte das Unternehmen unter der Firmierung F.E.G. Kellerhals. Hieraus entwickelten sich in Bayern schließlich fünf Standorte, deren Warenangebot stetig wuchs. Helga und Erich Kellerhals hatten mit der Bildung eines Filialnetzes bereits erste Erfahrungen sammeln können.

1968 stellte Erich Kellerhals, Jahrgang 1939, einen neuen Angestellten ein. Sein Name: Leopold Stiefel. Das zwischenmenschliche Verhältnis entwickelte sich rasch und positiv, ebenso die Zusammenarbeit, die sie später einmal als „eine auf gegenseitigen Respekt und Vertrauen gestützte Teamarbeit" bezeichnen. „Der Neue", der anfänglich primär für das Verkaufsgeschehen zuständig war, sollte der spätere Gründerkollege eines innovativen und mutigen Einzelhandels-Konzeptes werden. Unter dem Namen Media Markt wird es später Furore in der Einzelhandelslandschaft machen.

Bereits Mitte der 1970er Jahre, im damals noch von Fachgeschäften geprägten Einzelhandel, dachten Helga und Erich Kellerhals sowie Leopold Stiefel über eine neue Vertriebsform nach. Sie alle zeigten sich davon überzeugt, dass die Branche noch unvorstellbare Potenziale in sich berge. Zudem war es die Zeit der SB-Warenhäuser, die eine Veränderung der Handelslandschaft ankündigten. Alle Indizien sprachen für Wachstum und Expansion. Begriffe wie Rezession oder Globalisierung spielten seinerzeit keine Rolle.

Die Gründung des ersten Media Marktes erfolgte am 24. November 1979, im Euro-Industriepark in München, gegenüber vom Großkaufhaus Wertkauf. Noch heute gilt der im Norden der bayerischen Landeshauptstadt gelegene Filialstandort in der Maria-Probst-Straße als einer der bekanntesten Media Märkte der Bundesrepublik. War es zum Zeitpunkt der Gründung ein Fünfzehn-Mann-Betrieb, so hatte sich das Unternehmen ein Jahr später zu einem Betrieb mit immerhin 140 Mitarbeitern entwickelt.

Eine sinnvolle Aufgabenteilung zwischen Erich Kellerhals und Leopold Stiefel war schnell gefunden. Der fünf Jahre ältere Erich Kellerhals verfügte nicht nur über langjährige Erfahrung als selbstständiger und erfolgreicher Unternehmer, sondern auch über die notwendigen Kontakte und nicht zuletzt über das entscheidende Start- beziehungsweise Risikokapital. Noch heute hält Erich Kellerhals, vom Mehrheitsgesellschafter Metro mit einer Firmenbeteiligung von 75,41 Prozent abgesehen, mit rund 21 Prozent den mit Abstand größten Anteil an der Unternehmensgruppe.

Erich Kellerhals, der in seiner Frau Helga eine stets loyale Mitstreiterin gefunden hat, ist als „der investierende Förderer" in die Erfolgsgeschichte von Media Markt eingegangen. Aufgrund dieser Eigenschaft ist es nicht verwunderlich, dass die Eheleute Kellerhals, von den Anfangsjahren abgesehen, dem eigentlichen operativen Geschäft weitgehend ferngeblieben sind. Die meisten der Media Markt-Geschäftsführer kennen Helga und Erich Kellerhals allenfalls aus der Firmenchronik. Selbst an nationalen Geschäftsführer-Tagungen waren und sind die beiden Mitbegründer in der Regel selten anzutreffen. Auch im höchsten operativen Entscheidungsgremium des Unternehmens, der Media- und Saturn-Holding (MSH), sucht man den Namen Kellerhals vergebens. Hier taucht der Familienname „lediglich" in der Funktion eines Gesellschafters auf. Erich Kellerhals ist und bleibt daher für viele der „stille Mann im Hintergrund".

Seine Frau Helga hatte sich – auch wegen der Verpflichtungen innerhalb der mehrköpfigen Familie – früh aus dem operativen Geschäft zurückgezogen. Zuvor war sie in erster Linie für die Verwaltung und Buchhaltung des Unternehmens zuständig. Helga Kellerhals ist nach wie vor Mitgesellschafterin der Media-Saturn-Holding.

Neben dem Engagement im Hause Media Markt befasst sich die Familie Helga und Erich Kellerhals seit fast fünfzig Jahren mit Immobilien und besitzt deutschlandweit einen großen Bestand an Grundstücken und Einzelhandelsimmobilien. Letztere dienen auch der Media Markt- und Saturn-Gruppe als Verkaufsfläche.

In der Öffentlichkeit wurde der Name Kellerhals noch einmal im Juli 1997 bekannt. Damals übernahm eine Investorengruppe unter der

Führung von Erich Kellerhals das Möbelhaus Unger, das ursprünglich über hundert Standorte vorweisen konnte und zu den führenden Möbelhäusern in Deutschland zählte. Ziel war, das verlustreiche Möbelunternehmen von einem zentral geprägten in ein dezentrales Handelskonzept à la Media Markt zu überführen. Selbst Branchenspezialisten sahen darin die einzige Rettung der damals noch verbliebenen 55 Möbelhäuser. Letztendlich glückte die Sanierung nicht, und Möbel Unger musste Insolvenz anmelden. Kellerhals sah sich in der Presse persönlichen Angriffen ausgesetzt, die einem spektakulären Machtgerangel zwischen der neuen Geschäftsführung beziehungsweise den Investoren und der Gewerkschaft Handel, Banken und Versicherungen (HBV, heute ver.di) vorausgegangen waren. Erst im Januar 2005 wurde der jahrelange Gläubigerstreit mit einem Urteil des Landgerichts München beigelegt. Sämtliche Vorwürfe, die gegen Erich Kellerhals erhoben worden waren, wurden seitens des Gerichts zurückgewiesen. Auch ein Berufungsverfahren vor dem OLG München scheiterte im Juli 2005. Medienberichten zufolge soll Erich Kellerhals für sein Engagement bei Möbel Unger rund 14 Millionen Euro persönlich verloren haben.

Vielseitig sind die sozialen Verpflichtungen, die die Kellerhals in unterschiedlichen Bereichen des öffentlichen Lebens pflegen: Im Jahre 1999 gründeten sie eine gemeinnützige Stiftung, die der Ausbildungsförderung im Einzelhandel verpflichtet ist. „Die immer globaler werdende Einzelhandelslandschaft", so die Förderer, „fordern immer neue Ausbildungssysteme und auch multikulturelle Erfahrung". Im Jahr 2000 folgte die Gründung einer gemeinnützigen Stiftung im Bereich Kultur.

Leopold Stiefel

Leopold Stiefel wuchs in einer kinderreichen Familie auf. In den Wirren des Zweiten Weltkrieges flieht die Familie von Jugoslawien nach Österreich. Im Februar 1945 wird Stiefel als eines von fünf Kindern in Braunau/Inn geboren. Sechs Jahre später verlegt die Familie Stiefel den Wohnort von Oberösterreich ins bayerische Ingolstadt, wo Leopold Stiefel aufwuchs und bis heute lebt. Im Jahre 1959 beginnt er als 14-Jähriger eine Einzelhandelskaufmannslehre bei der Elektrohandelsfirma Dreyer & Schnetzer. In der Zeit von 1964 bis 1968 war er Angestellter bei Elektro J. Fröschl und als Verkäufer und Abteilungsleiter tätig. Aus dieser Führungsposition heraus folgte der Wechsel zur Firma F.E.G. Kellerhals, in der er sich schließlich zum geschäftsführenden Gesellschafter hocharbeitete.

Bereits lange vor der Gründung von Media Markt hatte er sich im bayerischen Raum einen Namen als Einkaufs- und Vertriebsprofi gemacht. Leopold Stiefel galt als ehrgeizig und zielstrebig. Seine stets anspruchsvollen Mehrjahrespläne – nach eigenen Angaben auf mindestens drei Jahre ausgelegt – gehörten zu seinem ganz persönlichen Erfolgskonzept. Vor allem aber genoss Leopold Stiefel schnell das Vertrauen der Eheleute Kellerhals, was als Grundvoraussetzung für eine partnerschaftliche Zusammenarbeit und Erfolg versprechende Zukunft bewertet werden muss.

In Fachkreisen wurde hin und wieder eine Parallele zu Otto und Inge Beisheim, den Gründern von Metro, und dem langjährigen Vorstandsvorsitzenden der gleichnamigen Unternehmensgruppe, Erwin Conradi, gezogen. Als Conradi 1970 von Beisheim ins Management geholt wurde, betrug der Umsatz des Unternehmens Metro nicht einmal eine Milliarde Euro. Als er im Jahr 2000 den Metro-Aufsichtsratsvorsitz niederlegte, erzielte das Handelshaus einen stolzen Umsatz von mehr als 40 Milliarden Euro. Erwin Conradi, der über dreißig Jahre im Dienste der Beisheims stand, glückte mit „strategischem Geschick, Durchsetzungsvermögen und Beharrlichkeit" (Frankfurter Allgemeine Zeitung) der Sprung vom Abhol-Großflächen-Markt zum größten Handelskonzern Deutschlands und zum drittgrößten der Welt. Das Vertrauen erstreckte sich auf sämtliche Vermögensfragen der äußerst medienscheuen und kinderlos gebliebenen Beisheims. Erst mit dem von der Presse als „Immobilien-Flop" verschmähten Bau des 450 Millionen Euro teuren Prestigeobjekts „Beisheim Center" am Potsdamer Platz in Berlin, das maßgeblich von Erwin Conradi koordiniert wurde, trennten sich die Wege.

Leopold Stiefel, der unter den Firmengründern durchaus als „Primärstratege" bezeichnet werden kann, lebt seit seinem sechsten Lebensjahr in Ingolstadt. Für ihn spiegelt die zweitgrößte Stadt Oberbayerns nicht nur seine Heimat wider, er ist ihr auch gesellschaftlich eng verbunden. So ist es nicht verwunderlich, dass die sogenannte Hauptverwaltung – auf die Bezeichnung Zentrale wird im internen Sprachgebrauch von Media Markt gerne verzichtet – dort ihren Firmensitz hat.

Leopold Stiefel, dem das Wirtschaftsmagazin „Capital" den Titel „Vater aller Schnäppchen" verlieh, war bis Ende 2006 Vorsitzender

der Geschäftsleitung der Media-Saturn-Holding GmbH (MSH). Aufgrund der Internationalität des heute in 16 Ländern vertretenen Unternehmens (Media Markt und Saturn) wird die Funktion gerne auch als CEO bezeichnet. Hinter diesem Kürzel verbirgt sich die Funktion des „Chief Executive Officer", eine Amtsbezeichnung, die aus dem englischsprachigen Raum stammt und in Deutschland dem Vorstandsvorsitzenden einer Gesellschaft entspricht. Stiefel ist Gesellschafter der Media-Saturn-Holding; sein Firmenanteil liegt heute bei knapp vier Prozent. Über einen Beratervertrag ist er dem Unternehmen seit langem als gewichtiger und beachteter Ratgeber verbunden. Obwohl dieser Vertrag offiziell nur bis Ende 2008 laufen sollte, übt Stiefel die ihm gut zu Gesicht stehende Funktion weiterhin aus. Stiefel: „Es bereitet mir nach wie vor große Freude, in die Häuser zu fahren."

Eigentlich war der Ausstieg aus dem operativen Tagesgeschäft schon für das Millenniumjahr 2000 vorgesehen. Mit den Worten „was interessiert mich das Geschwätz von gestern" korrigierte Stiefel in gewohnt flotter Form seine ursprüngliche Lebensplanung. Vermutlich fühlte sich der damals 55-Jährige noch zu jung für die Zeit als Ruhigschaffender.

Weggefährten munkeln, Leopold Stiefel sei mit seiner Firma verheiratet gewesen. Er übt – bereits während seines Berufslebens – zahlreiche Ämter aus. So ist er nicht nur Mitglied des Ingolstädter Stadtrats, sondern auch der dortigen CSU-Fraktion. Ferner ist er unter anderem als Ausschussmitglied für Stadtentwicklung, Ökologie und Wirtschaftsförderung, als Aufsichtsratsmitglied der Stadtwerke Ingolstadt Beteiligungen GmbH (SWI), als Beiratsmitglied der Wirtschaftsförderungsgesellschaft der Stadt Ingolstadt (IFG) und als Verwaltungsratsmitglied der Sparkasse Ingolstadt tätig. Privat engagiert er sich seit vielen Jahren für den Eishockey-Verein ERC Ingolstadt (ERCI), dem er als Vorsitzender des Beirats zur Seite steht. Im Lions Club Ingolstadt nimmt er die Funktion des Vizepräsidenten wahr.

Leopold Stiefel, der auch eine luxuriöse Villa im malerischen Port d'Andratx auf der Insel Mallorca sein eigen nennt, hat erst als über 50-Jähriger Gefallen am Golfsport gefunden. Diese Leidenschaft teilt er bekanntermaßen mit vielen seiner Unternehmerkollegen. Er interessiert sich für schnelle Autos – unter anderem für Ferrari – und ist leidenschaftlicher Motorradfahrer. In einem Interview gab er einmal schmunzelnd zu erkennen, dass er „seinem Alter entsprechend natürlich Harley" fährt.

Lächle mehr als andere

Zitate sind eines der Markenzeichen von Leopold Stiefel. Sein bekanntester Leitspruch lautet: „Lächle mehr als andere." Stiefel bezeichnet diesen Spruch gar als seine Lebensgrundlage: „Die Probleme werden ja nicht kleiner, wenn ich nicht mehr lächle." Hinter diesem Motto verbirgt sich aber auch noch eine andere Botschaft: Lächle mehr, und du bist erfolgreich(er). Aus einem Interview mit „ComputerPartner" im Februar 2003: „Es geht eben darum, mehr zu lächeln als andere, genauso wie mehr zu arbeiten, mehr zu leisten, mehr zu verkaufen. Lächeln ist dann keine spontane Gefühlsäußerung mehr, sondern ein Instrument im Wettbewerb. Wer mehr lächelt als der andere, liegt vorn und gewinnt. Lächeln wird somit zum ‚Um-die-Wette-lächeln'."

Das Ruder der Geschäftsführung übergab Leopold Stiefel dem langjährigen Holding-Kollegen und kaufmännischen Geschäftsführer Roland Weise, Jahrgang 1952. Weise war seit 1992 Mitglied der Geschäftsführung der Media-Saturn-Holding und verantwortete zunächst die Ressorts Expansion, Recht, Steuern und Immobilien. Die Position des Chief Financial Officers (CFO) hatte er von 2001 bis 2005 inne. 2004 wurde er zum stellvertretenden Vorsitzenden der Geschäftsführung befördert. Am 1. Januar 2007 trat Roland Weise die Nachfolge von Leopold Stiefel an und hatte diese Funktion bis Ende Dezember 2010 inne.

Das Ausscheiden aus der Media-Saturn-Holding war für Leopold Stiefel alles andere als ein einfacher Schritt. Immer wieder zögerte er seinen Abschied hinaus. Selbst in einem Bericht im „Manager Magazin" vom Mai 2006 wurde der in wenigen Monaten bevorstehende Führungswechsel im Hause Media Markt noch energisch dementiert. Trotz seines autoritären Führungsstils, der ihm nicht umsonst den Spitznamen „Leo, der Löwe" eingebracht hatte, gab es Stimmen aus dem Führungsgremium, doch noch nicht zu gehen. „Warum auch?", so die überwiegende Meinung, insbesondere auch der Vor-Ort-Geschäftsführer in Deutschland. Stiefel war zugänglich, konnte zuhören und interessierte sich für die Belange der Belegschaft. Er galt und gilt bis heute – ähnlich seinem Gründerkollegen Walter Gunz – als der „Übervater" von Media Markt.

Seinen Rückzug aus dem Unternehmen feierte Leopold Stiefel im Festsaal des Ingolstädter Theaters. Rund 400 Gäste, darunter zahlreiche aus dem Lager der Herstellerfirmen, waren geladen. „Krönung" der ohnehin üppigen Varieté-Darbietungen war der Live-Auftritt von Robin Gibb.

Kurz vor seinem 63. Geburtstag, im Februar 2008, erhielt Leopold Stiefel das Bundesverdienstkreuz am Bande. Die Bundesrepublik Deutschland würdigte ihn für die herausragende unternehmerische Leistung und sein soziales Engagement.

In einem Interview sagte er einmal, dass er das Unternehmen gerne so aufstellen würde, dass es „ganz ohne ihn funktioniere". Daher arbeitete er bereits Jahre vor seinem offiziellen Ausscheiden an der Neustrukturierung des Managements. Sein Ziel war es:

> *„… einmal sagen zu können, mir ist es nicht nur gelungen, ein großes Unternehmen mit zu gestalten, sondern mir ist es gelungen, ein Unternehmen zu übergeben, das nach mir erfolgreicher ist als mit mir!"*
>
> *Leopold Stiefel, Interview für megazin.tv im Dezember 2004*

Walter Gunz

Da Media Markt von Anfang an für die „Großfläche" konzipiert wurde, suchte man bereits in der Vorphase der Gründung nach einem Kenner derartiger Flächenkonzepte. Mit einer Kleinanzeige im „Münchner Merkur" suchten die Kellerhals nach einem Geschäftspartner. Dies war die Stunde von Walter Gunz, Jahrgang 1947, einem ehrgeizigen jungen Mann, der sich beruflich verändern wollte. Er bewarb sich bei der F.E.G. Kellerhals und wurde schließlich zu einem Vorstellungsgespräch eingeladen. Mit Erfolg. Gunz war seinerzeit Abteilungsleiter im vierten Stock des Münchener Oberpollinger, einem Flaggschiff des Warenhauskonzerns der Karstadt AG. Der vom starren Zentralismus des Warenhauskonzerns mittlerweile frustrierte Gunz kehrte seinem langjährigen Arbeitgeber den Rücken und unterzeichnete einen Vertrag bei der neu gegründeten F.E.G. Kellerhals Industriepark GmbH – dem Vorläufer des ersten Media Markts.

Mit gewohnt geschäftstüchtigem Tatendrang ging der interessierte Fachmann des Einzelhandels zur Sache. Der „Menschen(ver)führer" Walter Gunz konnte gleich neun Mitarbeiter aus dem Hause Karstadt abwerben und für sich und sein neues Vorhaben, der Gründung eines Abholmarktes, gewinnen. Die Bezeichnungen Discountmarkt oder auch Fachmarkt waren seinerzeit noch nicht geläufig.

Harald Kuppek, ein Mitarbeiter der ersten Stunde, erinnert sich: „Wir trafen uns in einem kleinen Appartement hoch oben auf Münchens Theresienhöhe. Wir alle grübelten, wie das künftige Geschäft denn eigentlich heißen sollte. Für Walter Gunz war sonnenklar: Das Wort ‚Markt' müsse auf jeden Fall im Namenszug erscheinen. ‚Markt' steht für preiswert und für ein großes Angebot, lautete sein überzeugendes Argument. Nach kurzem Überlegen kam ihm die Erleuchtung."

„Media Markt, ja, Media Markt ist der richtige Name."

Walter Gunz

Zu den Begabungen des klassisch geprägten Warenhausmenschen Gunz gehörte das Gespür für Verkaufsförderung und Werbung. Das strikt zentral organisierte Haus Karstadt und die damit verbundenen Reglementierungen ermöglichten dem dynamischen Gunz kaum unternehmerische Freiheiten. Diese in traditionsreichen Unternehmen oft anzutreffende „militärisch" anmutende Führungsstruktur (Karstadt wurde in der Hochphase des Preußentums im Jahre 1881 gegründet) hatte sich bei Gunz tief eingeprägt und ihm die entscheidenden Gründe für eine radikale Veränderung in der Führung von Mitarbeitern geliefert: Gunz trieb stets der Wunsch, einem Unternehmen vorzustehen, das bereit ist, unkonventionelle Wege zu gehen. Wege, die mit Zentralismus und einem facettenreichen Controlling-Apparat wenig zu tun haben.

Bis heute geht einem „echten Medianer" der Begriff „Konzern" schwerlich über die Lippen und scheint seit jeher aus dem Vokabular der Media Markt-Gruppe gestrichen – selbst wenn die heutige Größe des Unternehmens längst einer Konzernstruktur entspricht. Walter Gunz handelte stets nach seiner innersten Überzeugung, dass nur durch Dezentralität und vertrauensbildende Maßnahmen wahrer – auch vom beruflichen Alltag losgelöster – Erfolg zu ernten sei. Aufgrund seiner beruflichen Erfahrungen innerhalb der Karstadt AG, die immerhin für viele Jahrzehnte zu den größten und renommiertesten Handelskonzernen Deutschlands zählte, und seiner Affinität zu Marketing und Werbung verkörperte Walter Gunz die ideale Besetzung – besser gesagt die vollkommene Ergänzung – innerhalb des Gründungsquartetts.

Sein erster Aufgabenbereich des im Jahre 1979 gegründeten Unternehmens stand schnell fest. Walter Gunz leitete den ersten Media Markt, der im Euro-Industriepark in München eröffnet wurde. Gerade die Gründungsphase dieser „legendären Nr. 1" aller Media Märkte mag ausschlaggebend dafür gewesen sein, weshalb Walter Gunz gegenüber den ihm nachfolgenden Geschäftsführer-Kollegen, den sogenannten „Vor-Ort-Geschäftsführern", stets einen freundschaftlichen Kontakt pflegte.

Der rasante Aufstieg des Unternehmens und die damit einhergehende Expansion machten seinen Wechsel in die Dachgesellschaft unumgänglich. Sein zukünftiges Aufgabengebiet innerhalb der Media Markt-Gruppe entsprach exakt der Neigung von Walter Gunz: Werbung und Marketing.

Die von ihm forcierte preisaggressive Werbedarstellung machte ihn zwar bei vielen Mitbewerbern und Verbänden unbeliebt, dennoch wurde dem „Seiteneinsteiger" innerhalb der Werbebranche Respekt gezollt. Walter Gunz erfand einen frechen und sich klar vom übrigen Handel abhebenden Werbeauftritt:

Mit Slogans wie „Media Markt! Stark!" oder „Media Markt! Ich bin doch nicht blöd!" etablierte er einen neuen Werbestil, der schließlich zu einem außergewöhnlich hohen Bekanntheitsgrad der Marke führte. 98 Prozent aller Deutschen bringen das Werbemotto mit Media Markt in Verbindung. In den späteren Jahren wurden zahlreiche Media Markt-Kampagnen mit den höchsten Awards der Werbebranche, unter anderem dem „Effie", gekrönt.

Die rasante Entwicklung des Unternehmens forderte zunehmend ein modernes Personalwesen, insbesondere auch zur Rekrutierung von Führungskräften. Eine Aufgabe, die Gunz ebenfalls lag.

Der kinderlos gebliebene Gunz sprach selbst immer wieder von (s)einer Media Markt-Familie. „Sie sind meine Familie", betonte er gerne auch öffentlich. Unter „Medianern" ist er deshalb auch nach seinem Ausscheiden aus der Unternehmensgruppe ein gern gesehener Gesprächspartner und Ratgeber, obwohl er keinen Einfluss mehr auf das operative Geschäft ausübt.

Ende 1999 schied Walter Gunz offiziell aus der Unternehmensgruppe Media-Saturn aus. Die Belegschaft war geschockt von dieser Nachricht. Ein dreijähriger Beratervertrag verband ihn noch mit der Holding und seinem Lebenswerk. Im operativen Geschäft war er jedoch nicht mehr anzutreffen. Die Hintergründe für diese Entscheidung scheinen vielschichtiger Natur zu sein. Das Gerücht, dass es zu unüberbrückbaren Divergenzen zwischen den Gesellschaftern gekommen sei, hält sich bis heute wacker. Ein offizielles Statement, welches Licht ins Dunkel hätte bringen können, gibt es nicht.

Seither betreut Walter Gunz diverse Software-Unternehmen. Seit Juni 2000 ist er Aufsichtsratsmitglied des Dresdener Softwareunternehmens Itemic AG, Mitglied des Aufsichtsrats der Wincor Nixdorf AG und der Wincor Nixdorf International GmbH ist er seit Mai 2004. Anfang 2005 übernahm er zunächst den Vorstandsvorsitz des Informations- und Entertainmentportals Bild.T-online AG, einem Joint Venture zwischen den Häusern Axel Springer und Telekom. Von Mitte 2005 bis Anfang 2008 entwickelte er für den Axel Springer Verlag eine verlagsübergreifende elektronische Handelsplattform, an der sich weitere Gesellschafter beteiligen können. Dieser neu ge- gründeten Axel Springer E-Commerce GmbH stand Walter Gunz als Geschäftsführer vor. Zum maßgeblichen Erfolg des Unternehmens haben vor allem die sogenannten „Volks-Produkte" beigetragen, die gemeinsam mit Handelspartnern (darunter auch Media Markt und Saturn) crossmedial, also medien- und verlagsübergreifend, vermarktet werden. Im Januar 2009 gründete er das Beratungsun- ternehmen Walter Gunz Strategy Consultants.

Privates ist über Walter Gunz – wie bei fast allen Gründern – kaum in Erfahrung zu bringen. In einem Interview hatte er einmal einge- räumt, dass ihn seine Mutter zur Kaufhauskette Karstadt gedrängt hätte, weil er ziellos herumstudierte. Sie trimmte ihn auf „Leistung, Leistung, Leistung" – Focus Nr. 12, 1999. Von ihm war zu hören, dass er in der Konzernstruktur beim damals noch renommierten Waren- hausprimus viel gelernt hätte. Der Mimik und der Ironie seiner Wortwahl war jedoch zu entnehmen, dass seine dort gewonnene Berufserfahrung eher mit den Attributen einer Freiheit beengen- den und „nadelstreifenlastigen" Zeit verbunden war. Mit Aussagen à la Paulo Coelho „Tu's und versteh es dann" unterstrich er seine Überzeugung, dass „mittelmäßige Freiheit nur mittelmäßige Ergeb- nisse bringt".

Das Sammeln von Büchern gehörte schon früh zu seinen Leiden- schaften. Vor allem alte Bände und Enzyklopädien haben es ihm an- getan. Gerne bedient er sich weltanschaulicher Weisheiten und Zi- tate. Noch während seines zeitraubenden Berufsalltags in der Media-Saturn-Holding hat er Philosophie studiert oder sich mitun- ter der Stille eines schützenden Klosters hingegeben. Walter Gunz: „Ich bin ein Verrückter. Aber wer heilt, hat Recht."

In Sachen schnelle Autos konnten sich die Gründerkollegen Gunz und Stiefel stets die Hand reichen. Schon zu Karstadt-Zeiten soll Gunz mit einem Porsche vorgefahren sein. Um seinem Erfolg Ausdruck zu verleihen, erwarb er sogar einen weißen Rolls-Royce. Auch bei ihm durfte die Automobilmarke Ferrari nicht fehlen, obwohl er im gereiften Alter mit dem legendären 456 GT eher die schlichtere, vom Autobauer bewusst in Anthrazit gehaltene Version bevorzugte. Die Vorliebe für das Automobil spiegelte sich auch in der motivierenden Fuhrparkregelung für leitende Angestellte wider. Sein großes Interesse aber gilt vor allem echten Pferdestärken. Walter Gunz bewohnt neben seinem deutschen Wohnsitz in Rottach-Egern ein hektargroßes marokkanisches Landgut in Marrakesch in Marokko, wo er unter anderem eine eigene Pferdezucht betreibt. Als „private Tragik" bezeichnete Gunz die Tatsache, dass er „über Media Markt seine eigene Familienplanung vergessen habe".

Mit Walter Gunz verlor Media Markt mehr als einen Unternehmensgründer. Er hatte über zwei Jahrzehnte nicht nur eine prägende Position inne, er war auch ein Macher der ersten Stunde.

Eine Idee wird geboren

2

Nichts ist mächtiger als eine Idee zur richtigen Zeit.

Victor Hugo (1802–1885)

Discounter auf dem Vormarsch

Kaum ein Zitat spiegelt die Entwicklungsgeschichte von Media Markt bis zum heutigen Tag treffender wider.

Bereits Anfang der 1960er Jahre veränderte sich die deutsche Einzelhandelsstruktur spürbar. Insbesondere im Lebensmittel-Einzelhandel, dem Vorreiter aller Discountbetriebe, wurden früh wirtschaftliche Potenziale erkannt und umgesetzt, die Verkaufsflächen regelrecht boomartig erweitert. Die Gründung von ALDI SÜD und ALDI Nord im Jahr 1960 und die Gründung von Metro Cash & Carry 1964 (als Lebensmittel-Großhandel konzipiert) seien hier als symbolträchtige Beispiele genannt. Das Kürzel ALDI steht für die Unternehmensgründer Albrecht (AL) und die Bezeichnung Discount (DI). Unmissverständlich läutet es eine neue und zugleich revolutionäre Ära des Einzelhandels in Deutschland ein. Der englische Begriff „discount" für Preisnachlass beziehungsweise Rabatt wird für eine Handelsstruktur genutzt, die die Epoche der Rabattmarken ablöst. Die Methode ist denkbar einfach: Der bewusste Verzicht auf Dienstleistung und eine aufwändige Ladengestaltung sowie die Reduzierung des allgemeinen Kostenapparates räumen dem Kunden günstigere Verkaufspreise ein.

Die gesamte Einzelhandelsverkaufsfläche der Bundesrepublik Deutschland betrug bereits im Jahre 1977 50 Millionen Quadratmeter, fünf Jahre später war die Fläche um über 20 Prozent auf mehr als 61 Millionen Quadratmeter erweitert worden. 1991 wurden 73 Millionen Quadratmeter gemessen – so das Statistische Bundesamt. Damit aber nicht genug. Nach Angaben des Hauptverbands des Deutschen Einzelhandels (HDE) beträgt die aktuelle Verkaufsfläche in Deutschland rund 120 Millionen Quadratmeter. Damit stehen jedem Deutschen knapp 1,5 Quadratmeter Einzelhandelsfläche zur Verfügung – doppelt so viel wie in England, Frankreich oder Italien.

Begünstigt wurde die rasante Flächenentwicklung von der demografischen Entwicklung der Bundesrepublik Deutschland, die zeitweilig von den Wiederaufbaujahren geprägt war. Auch der Babyboom, von Mitte der 1950er bis Mitte der 1960er Jahre, ist explizit zu erwähnen. Die ständige Suche nach geeigneten Immobilien hatte eine Verschiebung vom primären Einzelhandelsnetz der innerörtlichen Stadtzentren zum sekundären Netz in außerörtliche

Zentren und Stadtrandlagen zur Folge. Die Befriedigung der steigenden Nachfrage einerseits und die Sicherung der Marktanteile andererseits waren für das Management der Handelsunternehmen eine enorme Herausforderung. Wer in den frühen Jahren der Veränderungen im deutschen Einzelhandel nicht expandieren oder sein Handelskonzept nicht erfolgreich umsetzen konnte, hatte von vornherein keine Chance, sich im Markt nachhaltig zu behaupten. Der Lebensmittelbereich verdeutlicht dies in äußerst eindrucksvoller Weise. Allein die Tatsache, dass in Deutschland auf die fünf führenden Unternehmen inzwischen ein gebündelter Marktanteil von über 70 Prozent entfällt, verdeutlicht das Machtgefüge. Das für die Branche führende Medium, die „Lebensmittelzeitung", gibt für 2010 folgende Unternehmen als „Top 5" des sogenannten Food-Bereichs bekannt (in Reihenfolge): Edeka, Rewe-Gruppe, Schwarz-Gruppe (LIDL), ALDI, Metro-Gruppe (Real).

Eine Branche wird entdeckt

In der Gründungsphase von Media Markt hielten die Branchen Unterhaltungselektronik (UE beziehungsweise „Braune Ware") und Elektro-Haushaltsgeräte („Weiße Ware") die relevanten Artikel bereit. Bezogen auf den allgemeinen Lebensstandard deck(t)en beide Warengruppen wichtige Segmente unseres Alltags ab. Heute liegt die Produktabdeckung in den bundesdeutschen Haushalten oft bei bis zu 90 Prozent, bei TV-Geräten sind es sogar 95 Prozent. Damit ist Fernsehen eines der wichtigsten Leitmedien der Bundesrepublik. Zwar hat in den letzten Jahren eine kontinuierliche Verschiebung des Rankings zugunsten der Neuen Medien wie Computer, Game-Elektronik (bei Media Markt auch „Spielewelt" genannt) und mobile Telekommunikation stattgefunden. Doch spätestens bei sportlichen Großereignissen erleben wir immer wieder aufs Neue, dass die klassischen Medien, wie Fernsehen oder Radio, an Beliebtheit kaum verloren haben.

Das Zauberwort lautet heute HDTV, was so viel heißt wie High Definition Television beziehungsweise hochauflösendes Fernsehen. Seitdem die Olympischen Winterspiele 2010 erstmals von den öffentlich-rechtlichen Sendern ARD und ZDF in der superscharfen HD-Technik übertragen wurden, stieg die Nachfrage nach Flachbild-Fernsehern (nochmals) schlagartig an. Einige wenige Eckdaten belegen das eindrucksvoll: Im Jahr 2009 wurden alleine in Deutschland über 8,6 Millionen Flachbild-Fernseher verkauft. Das sind etwa

15 Prozent mehr als ein Jahr zuvor! Auch dank des bundesweit wichtigsten Sportereignisses, die Fußball-Weltmeisterschaft in Südafrika, rechnet die Branche 2010 mit einem Absatz von 9,3 Millionen Geräten. Zum Vergleich: In früheren Zeiten wurden im Durchschnitt nur sechs Millionen analoge Fernseher pro Jahr verkauft. Heute macht der Umsatz mit LCD-, Plasma- oder auch LED-Flachbild-TV-Geräten alleine zwei Drittel des Gesamtumsatzes der Unterhaltungselektronik aus, auch wenn der durchschnittliche Verkaufspreis der flachen Bildschirme mittlerweile unter 700 Euro liegt, der Preisverfall zunimmt und die Roherträge letztlich sinken (Quellen: GfU – Gesellschaft für Unterhaltungselektronik, GfK-Konsumforschung).

Mit dem Start des Farbfernsehens im Jahre 1967 zeichnete sich in Deutschland das Fernsehen als informierendes und unterhaltendes Hauptmedium ab. Diese Entwicklung kippte erst im Jahr 2007 – 40 Jahre später – zugunsten des Internets. Es war nur eine Frage der Zeit, dass sich nach den Erfolgsgeschichten zahlreicher Fachgeschäfte und kleinerer Einzelhandelsgruppierungen auch Großunternehmen für die Media Markt-typischen Warengruppen interessierten. Exemplarisch sei das Kauf- und Warenhausunternehmen Hertie genannt. Einer der damals größten Einzelhändler in Deutschland startete mit dem Etagenkonzept „Die vierte Dimension" den Versuch, die Unterhaltungselektronik in ein von der Textilbranche geprägtes Warensortiment zu integrieren. Bei den damaligen Mitbewerbern Horten, Karstadt und Kaufhof bot sich ein ähnliches Bild. Der Lebensmittelriese Rewe versucht sich bis heute unter dem Handelslabel ProMarkt in der für das Unternehmen eher fremden Branche. Saturn, ein Unternehmen der ersten Rundfunk-Fernseh-Foto-Ära, wurde bereits 1961 in Köln gegründet. Zu nennen sind auch Unternehmen wie Schossau (Duisburg), Schaulandt (Hamburg), Phora-Wessendorf (Mannheim), Foto-Radio-Wegert (Berlin) und einige andere.

Auch Einkaufskooperationen, die traditionell eher dem Lager der Fachgeschäfte zuzuordnen sind, haben die Geschäftsidee der Großflächenvermarktung erkannt. Ein erfolgreiches Beispiel ist die Verbundgruppe ElectronicPartner. EP, so das bekanntere Kürzel des Unternehmens, betreibt in Deutschland seit 1988 die Fachmarktlinie MediMax. Mit der Integration von 48 Makro-Markt-Betrieben aus der Berliner Wegert-Gruppe im Februar 2006 betreibt MediMax heute über 110 Fachmärkte und stellt das zweitgrößte zusammenhängende Filialnetz in Deutschland, gefolgt von ProMarkt (Rewe-Group) mit 65 Standorten.

Dass sich heute sogar Vollblut-Lebensmittel-Discounter wie ALDI und LIDL in den relevanten Warengruppen von Media Markt stark machen, ist kein Geheimnis mehr. Selbst die Vermarktung beratungs- und serviceintensiver PC-Technologie stellt keine Hürde dar. Heute wird der Endverbraucher vielmehr große Mühe haben, im deutschen Einzelhandel noch einen Großflächenvermarkter zu finden, der sich nicht in „fremden" beziehungsweise in Media Markt-relevanten Sortimenten tummelt.

Media Markt will alles anders machen

Die Grundintention der Media Markt-Gründer ist schnell auf einen Nenner gebracht. Die Devise lautete von Anfang an: „Wir wollen alles anders machen als die anderen!" Das ist schnell dahergesagt, zumal sich das auch andere Unternehmen auf die Fahne geschrieben haben. Nicht immer war das von Erfolg gekrönt. Daher ist anzunehmen, dass das Gründer-Quartett mit seiner Zielformulierung vielmehr die Freiheit zum Ausdruck bringen wollte, alles Gewohnte und Bekannte in Frage zu stellen. Tatsächlich wurden sämtliche Arbeits- und Unternehmensbereiche wie Einkauf, Verkauf, Organisation und Logistik einer kritischen Betrachtungsweise unterzogen. Von vornherein wird verstärkt Wert gelegt auf:

- eine familiäre Personalführung mit Aufstiegsmöglichkeiten
- eine kämpferische Außendarstellung
- eine polarisierende Werbung

Neue Ideen werden entwickelt: Kundenorientierung, Preiswürdigkeit, die Einbeziehung von Mitarbeitern und die damit einhergehende Übertragung von Verantwortung entwickeln sich bereits in den ersten Gründungsjahren zu feststehenden Säulen der heute noch gelebten Firmenphilosophie. Alles soll größer und auffälliger sein. Schon früh kommt den Gründern der Gedanke, das Firmenkonzept so aufzustellen, dass es multiplizierbar ist. Daraus entwickelt sich schließlich die Vorstellung, eine Art Franchisesystem aufzuziehen.

Der Deutsche Franchise Verband definiert wie folgt: „Franchising ist ein auf Partnerschaft basierendes Absatzsystem mit dem Ziel der Verkaufsförderung. Der sogenannte Franchise-Geber übernimmt die Planung, Durchführung und Kontrolle eines erfolgreichen Betriebstyps. Er erstellt ein unternehmerisches Gesamtkonzept, das von seinen Geschäftspartnern, den Franchise-Nehmern, selbstständig an ihrem Standort umgesetzt wird." Ersetzt man die Begriffe Franchise-Geber und Franchise-Nehmer mit Media Markt-Gründer und Vor-Ort-Geschäftsführer, so ergeben sich daraus die Definition des Geschäftsmodells Media Markt wie auch das Bestreben des Gründer-Quartetts. Anders gesagt: Auch wenn die Media Markt-Gesellschafter die Konstruktion einer Holding-Struktur mit Einzel-GmbHs gewählt haben, so ist dennoch festzustellen, dass der Leitgedanke des Franchising durchaus dem angestrebten Ziel der Gründerväter entspricht.

Ziel der ersten Stunde war, die gewonnenen Erfahrungswerte aus der Fachhandelsära (Kellerhals und Stiefel im Fachgeschäft F.E.G. Kellerhals) und der Großflächenvermarktung (Gunz und seine Warenhauszeit bei Karstadt) zu vereinen. Die Gründer wollten ihre gewohnte Warenvielfalt auf eine deutlich größere Verkaufsfläche übertragen. Noch mehr Auswahl wurde mit noch mehr Umsatz in Bezug gebracht. Man wollte das „Schaufenster der Branche" werden. Auch der Vergleich mit einem Messeplatz wurde gerne verwendet. Vorbei war die Zeit der kleineren Fachgeschäfte mit ihren beengten Räumlichkeiten, vorbei die Zeit der teureren Citylagen mit ihren kostenintensiven Mieten und den eingeschränkten Parkplatzverhältnissen.

Die Markenvielfalt – die sich unter anderem aus heute längst vergessenen Namen wie Dual, ITT, Schaub-Lorenz, Nordmende, Saba und Wega zusammensetzte – blieb erhalten, auch wenn die Lieferantenseite dem Konzept anfänglich eher skeptisch gegenüberstand und sogar so manche Liefersperre aussprach. Der historischen Herstellerauflistung sind noch die Firmen Braun, Grundig und Telefunken hinzuzufügen. Das Unternehmen Braun hatte sich im Mai 1990 komplett aus der Unterhaltungselektronik zurückgezogen, die Markennamen Grundig und Telefunken dienen heute nur noch als Handelslabel für Fremdfabrikationen.

Produkte zum Anfassen und Ausprobieren

Der Kunde soll die Produkte anfassen und ausprobieren können, anstatt sie in einer Glasvitrine bestaunen zu müssen. Die einfache Warenpräsentation tritt an die Stelle teurer Ladengestaltung. Immer wieder steht das Einfache im Vordergrund. Nach und nach halten immer mehr Euro-Paletten Einzug in das Konzept. Walter Gunz witzelte über diese Ära später: „Für eine teure Ladenausstattung hatten wir damals ohnehin kein Geld."

Der erste Media Markt startet

Es ist Samstag, der 24. November 1979: In einem leer stehenden Büro- und Lagerkomplex im Gewerbegebiet Euro-Industriepark in München eröffnet der Media Markt „Nummer Eins". Damals glaubt kaum einer an die Vermarktung beratungsintensiver Artikel auf der sogenannten „Grünen Wiese". Die Deutschen kaufen ihren Fernseher und ihre Waschmaschinen fast ausnahmslos im Fachgeschäft. Ein geringer einstelliger Prozentbereich des Gesamtmarktes wird über den Versandhandel vertrieben. Lediglich im Bereich der Elektro-Klein- und -Großgeräte repräsentierten die Versandhäuser Bauer, Otto, Quelle, Neckermann und Co. eine beachtenswerte Vertriebsgröße. Langspielplatten und Singles – die CD ist noch nicht erfunden – werden in „Schallplattenläden" gekauft.

Von Personal-Computern (PCs), der digitalen Fotografie oder etwa dem Handy ist in den gerade beginnenden achtziger Jahren noch nicht die Rede. Der erste Media Markt startet kostenbewusst mit fünfzehn Mitarbeitern und erzielt im ersten Geschäftsjahr einen Netto-Umsatz von rund sieben Millionen DM (rund 3,6 Millionen Euro).

Der erste Media Markt beschränkt sich zunächst auf zwei Warengruppen: Neben Elektro-Haushaltsgeräten wie Waschmaschinen, Kühlschränken, Mikrowellen, Staubsaugern, Bügeleisen, Haartrocknern, Kaffeeautomaten und dergleichen werden vor allem die wachsenden Bedürfnisse an Unterhaltungselektronik wie Fernsehern, HiFi-Anlagen, Radiogeräten und Videorekordern abgedeckt. Selbst der mitunter lukrative Fotobereich wird zunächst zurückgestellt – er erscheint zu beratungsintensiv. Die „Weiße Ware", ein Begriff, der sich in den frühen Jahren des 20. Jahrhunderts entwickelt hat und sich damals wie heute auf das primär „weiße" Erscheinungsbild der Elektro-Großgeräte bezieht, erscheint eher konservativ und wenig innovativ. Was soll der Hersteller an einer Waschmaschine noch verbessern können?

Die gleich bleibende Optik einer Waschmaschine, ein weißes Gehäuse mit einem Bullauge, stellt die reine Funktionalität in den Vordergrund. Auch die Umweltgesichtspunkte und Energiesparkriterien, die heute für die Vermarktung von Elektrogeräten von enormer Bedeutung sind, stehen in den Gründungsjahren von Media Markt keineswegs im Mittelpunkt des Interesses. Innovatives Design? Revolutionäre Technologie? Beides Fehlanzeige.

Markentreue war eher Trumpf. Wer mit seinem „alten Grundig" zufrieden war, der kaufte auch ein neues Modell der gleichen Marke. Ein derartiges Kaufverhalten ist heutzutage allenfalls noch bei der Marke Miele zu finden. Alle anderen Markenfabrikate können sich kaum noch auf eine Beständigkeit der Endverbraucher verlassen. Faktoren wie ansprechende Geräteoptik, Bedienerfreundlichkeit sowie ökologische Gesichtspunkte spielten bei der Kaufentscheidung seinerzeit eine untergeordnete Rolle. Das Kaufverhalten veränderte sich erst nach und nach. Insbesondere der rasante Anstieg der Strom- und Wasserkosten sorgte für ein Umdenken in den Haushalten. 1998 begünstigte die Einführung des EU-Energie-Labels den Trend zum umweltbewussten Kaufen. Sogenannte „Stromschlucker" oder „Wasserzieher" (bei Waschmaschinen) werden heute größtenteils vom Endverbraucher abgelehnt und eignen sich allenfalls noch als Ladenhüter.

Das damalige Marktwachstum bei TV, Hi-Fi und Video ist durchaus mit dem seit Jahren anhaltenden Boom der Personal Computer (PC) oder auch der Telekommunikation vergleichbar und lässt erahnen, welche Innovationskraft die „Braune Ware" inne hat(te). Die revolutionäre Erfindung der Compact Disc (CD) Anfang der achtziger Jahre, die Markteinführung des Walkman im Jahre 1979 und daraus resultierende Mobilität, die Marktdurchdringung des Videorekorders (das VHS-System setzt sich vor Betamax und Video 2000 durch) und die Entwicklung auf dem Gebiet der handlichen Videokameras oder auch der Dolby-Surround-Systeme im HiFi-Bereich beflügeln die Unterhaltungselektronik immer wieder mit Innovations- und Umsatzschüben. Erst der für den Endkonsumenten erschwinglich werdende PC-Markt für den Heimbereich und die damit einhergehende Digitalisierung führen zu einer völligen Verschiebung der Umsatzgewichtung innerhalb der Warengruppen.

Das Konzept

3

Auswahl + Messecharakter + C-Gang

Von Anfang an sieht das Fachmarktkonzept Media Markt vor, das Sortiment in einer bis dahin nicht gekannten Artikel- und Markenvielfalt zu präsentieren. Heute zählen durchschnittlich 2.000 Marken und 45.000 Artikel zum Warensortiment eines Media Marktes. Die größeren Standorte halten sogar eine Auswahl von über 100.000 Produkten bereit.

Darüber hinaus sollte jedes Produkt „erlebbar" sein. Dazu ist jeder Artikel ausgepackt und kann „berührt" werden. Betriebsbereite Geräte werden angeschlossen. Nur so können sie vom Endkonsumenten getestet und erlebt werden. Dass die riesigen TV-Wände ständig in Betrieb sind, gehört zum Gesamtauftritt eines jeden Media Marktes. Fast immer befindet sich die TV-Auswahl im hinteren Bereich der Verkaufsfläche. Dies suggeriert Auswahl – sogenannter „Warendruck" – und Kompetenz und vermittelt zudem ein großzügiges Ambiente. Der Eindruck einer geradezu erschlagenden Auswahl ist eher gewollt. Der voluminöse Warenaufbau lässt aber auch den zum Media Markt gehörenden Messecharakter entstehen!

Sogenannte „stumme Verkäufer", nämlich Preisschilder, unterstützen die ungezwungen wirkende Verkaufsatmosphäre. Die jährlich über 250 Millionen Kunden sollen sich frei umsehen und ihre favorisierten Geräte selbst testen können. Die informative Preisauszeichnung der Ware entlastet die ohnehin knapp bemessene Personalstruktur. Ferner können auch abteilungsfremde Mitarbeiterkollegen kurzfristig einspringen und mit Hilfe der selbsterklärenden Preisschilder rasch vermitteln.

Sortimentslücken, verstaubte oder gar defekte Ware, die Anhäufung von Altware und dergleichen können das angestrebte Erscheinungsbild schnell zunichte machen. Media Markt-Mitarbeiter sind daher angewiesen, stets auf eine aktuelle Sortimentspflege zu achten. Intern verwendet man gerne den Vergleich mit einem „englischen Rasen", der – wenn er nicht kontinuierlich gepflegt wird – verwildert.

Es ist kein Geheimnis, dass sich nahezu alle Einzelhandelsunternehmen sogenannter Benchmark-Listen bedienen. Marktführer auf diesem Gebiet ist die GfK. Die Gesellschaft für Konsumforschung analysiert die Nachfrage beziehungsweise den Abverkauf marktrelevanter Artikel, spricht bisweilen auch Trendempfehlungen aus und stellt diese Informationen dem Handel als strategisches Hilfs-mittel zur Verfügung. Auch Media Markt macht von dieser Über-sicht über die Nachfrage eines Produktes, die durchschnittliche Preisentwicklung, das Preisgefüge einer Warengruppe und vieles mehr Gebrauch.

Als Konkurrenz noch mit „C" geschrieben wurde

Studien belegen immer wieder, dass neben dem Preis maßgeblich die Auswahl die Entscheidung für eine Einkaufsstätte bestimmt. Deshalb ist jeder Media Markt bestrebt, in seiner Region die Sorti-mentsführerschaft einzunehmen. Wer dieses Ziel vor Augen hat, muss seine Warenvielfalt – Sortiment, Preisgefüge, Markenkonzen-tration und vieles andere – permanent in Frage stellen und nicht zu-letzt auch seine Mitbewerber wachsam beobachten. Sogenannte „C-Gänge" sind seit vielen Jahrzehnten Tagesgeschäft im Einzelhan-del. Der Begriff „C-Gang" stammt aus einer Zeit, in der das Wort Konkurrenz noch mit „C" geschrieben wurde. Andere übersetzen das Wort mit Controll-Gang – beides scheint mir legitim.

Nur konsequente Marktbeobachtung lässt erkennen, was die Kon-kurrenz anders oder sogar besser macht. Auch der Marken-Mix, das heißt die Konzentration auf bestimmte Herstellermarken, lässt sich so analysieren. Auf diese Weise lassen sich sogar Rückschlüsse auf das Einkaufsverhalten des Mitbewerbers, dessen Handelsspanne be-ziehungsweise Ertrag ermitteln. Die Lebensmittelbranche war eine der ersten, die einen Einkaufswagenvergleich forcierte – gleiche Ware im direkten 1:1-Preisvergleich – und das Ergebnis nicht selten sogar im Verkaufsraum präsentierte. Gemäß dem Motto: Seht her, wie teuer unsere Konkurrenz ist. Kauft bei uns!

Trends erkennen und sofort handeln

Das Kontrollinstrument C-Gang kann nicht hoch genug bewertet werden. Zentralistisch operierende Handelsunternehmen haben ihre Controlling-Abteilungen bewusst mit regelmäßigen Beobach-tungszyklen beauftragt. Wer nicht weiß, was „draußen" vor sich geht, kann in der Regel keine objektive Bewertung des Warensorti-mentes vornehmen. Die Devise lautet grundsätzlich: Trends erken-nen und sofort handeln! Schnelligkeit ist Trumpf!

Innovative Ware ist für Media Markt ein Muss. Bestes Beispiel: die Produkte des Herstellers Apple. Das iPhone 4 wurde in den ersten drei Tagen der Markteinführung in den USA über 1,7 Millionen Mal verkauft. Der Tablet-Computer iPad ging binnen zwei Monaten nach Verkaufsstart über zwei Millionen Mal über den Ladentisch. Fazit: Wer diesem Trend nicht folgen kann, weil er beispielsweise für den Hersteller keine strategisch wichtige Marktbedeutung hat, kann nicht an den wichtigsten Handelsströmungen teilnehmen. Media Markt bemüht sich daher stets, das „Schaufenster der Branche" zu sein und dieses (Marketing-)Bild immerfort neu zu beleben. Vordispositionen – ähnlich der Modebranche – sind bei vielen Produktgruppen fester Bestandteil der Einkaufsstrategie. Wer nicht frühzeitig ordert und sich die Ware „sichert", wird schnell leere Regale haben. Für den Handel mit Ware ein unvorstellbares Szenario!

Konsequent Profil zeigen

Bei den Mitbewerbern ProMarkt und MediMax werden heute immer noch Artikel verkauft, die nichts mit der eigentlichen Branche Unterhaltungselektronik, Haushaltsgeräte, Telekom oder Computer zu tun haben. „Artfremde Ware" nennt der Handel derartige Produkte. Wer im Kassenbereich Eistruhen aufstellt oder wie an einer Tankstelle oder im Supermarkt Süßigkeiten verkauft, riskiert die konsequente Ausrichtung seines Konzeptes. Daher warnt Media Markt vor derartigen Sortimentsentgleisungen. Ausnahmen sind allenfalls dann erlaubt, wenn sie einen werblichen „Aha-Effekt" erzeugen. So geschehen bei den Media Märkten im Hamburger Wirtschaftsraum, die ein Mobilfunktelefon tatsächlich mit einem Smart kombiniert (neudeutsch: „gebundelt") haben. Kein Witz! Mit einem namhaften Mobilfunkanbieter wurde ein einzigartiges Warenpaket – bestehend aus einem Handy, einem üblichen Zweijahresvertrag und einem Kraftfahrzeug der Marke Smart – geschnürt. Der Verkaufspreis lag etwa ein Drittel unter dem üblichen Marktpreis des Automobils. Der Kundenandrang war phänomenal, und die Aktion der Deutschland-Ausgabe „Bild" sogar eine ganzseitige Reportage wert. Über 150 Smart-Modelle konnten binnen weniger Stunden verkauft werden; ein autorisierter Smart-Händler dürfte für derartige Erfolge sicherlich mehrere Wochen benötigen.

Die Ware zur richtigen Zeit

Auch saisonale Besonderheiten, etwa die Erweiterung um die Warengruppe Klimageräte im Sommer oder die Aufstockung von Wäschetrocknern im Winter, sind zu berücksichtigen. Die PC-Sparte weist im Warenportfolio eines Media Marktes die höchsten Drehzahlen aus. Das Einhalten der Trends und der aktuellen Marktsituation ist in dieser Branche ein unbedingtes Muss. Alleine die Einführung eines neuen, schnelleren Prozessors versetzt den gesamten Lagerbestand in eine „Altwaren-Hysterie". Aus meiner Erfahrung folgt das Zusammenspiel von Angebot und Nachfrage einem simplen – wenn auch nicht immer einfach zu realisierenden – Grundprinzip:

Die richtige Ware
muss zum richtigen Zeitpunkt
mit dem richtigen Preis
am richtigen Platz stehen!

Jürgen Cleve

Bereits die Tatsache, dass in diesem kurzen Satz viermal das Wort „richtig" erwähnt wird, lässt erahnen, wie schwer die eigentliche Umsetzung ist. Was ist schon richtig? Dennoch ist die anzustrebende Maxime umsetzbar. Entscheidend ist, die zur Verfügung stehenden Hilfsmittel, etwa die Auswertung der eigenen C-Gänge oder die Nutzung von Marktauswertungen (zum Beispiel GfK-Listen), professionell zu nutzen.

(Waren-)Kompetenz erzielt Media Markt auch durch ein produktspezifisches Mehr an Auswahl. Verfügt beispielsweise ein regional ansässiger Mitbewerber über ein Sortiment von 50 Digitalkameras, so muss sich diese Warengruppe in einem Media Markt schlichtweg durch eine noch größere Auswahl signifikant davon abheben.

Ausnahmen in der Angebotsbreite beruhen entweder auf einer schlecht durchgeführten Marktbeobachtung oder einer zu kleinen Verkaufsfläche. Die durchschnittliche Verkaufsfläche eines Media Marktes beträgt etwa 3.200 Quadratmeter. Befindet sich in unmittelbarer Nähe ein flächenseitig größerer Saturn, firmenintern auch ein Mitbewerber, ist die Zielvorgabe hinsichtlich einer großen Auswahl nahezu unmöglich umsetzbar. Liegen derartige Sortiments-Schwachstellen öfter vor, wird eine Vergrößerung der Verkaufsfläche angestrebt, vorausgesetzt die baulichen Gegebenheiten lassen dies zu.

Ein Muss: Dauertiefpreise

Die Deutschen sind Pfennigfuchser! Auch wenn es heute eigentlich „Centfuchser" heißen müsste, dieses Klischee haftet uns schon seit langem an. Europäische Studien belegen eindrucksvoll, dass den Deutschen im günstigen Einkaufen kaum einer etwas vormacht. Wir sind das Volk der „Schnäppchenjäger". Der Handel mit Lebensmitteln bestätigt für die Bundesrepublik gar ein gemindertes Qualitätsbewusstsein – Hauptsache, der Preis stimmt. Darüber hinaus sind die Deutschen die großen Sparer. Der Bundesverband deutscher Banken (BdB) teilte für das Jahr 2009 mit, dass Deutschland mit einem Geldvermögen von 4,7 Billionen Euro zu den Spitzensparern in der Welt zählt. Die Sicherheit der Geldanlage steht dabei im Vordergrund. Nur vier Prozent werden in Aktien investiert. Auch das bringt eine typisch deutsche Mentalität zum Vorschein. Übertragen auf den Handel mit Ware und Dienstleistungen bedeutet dies, dass in Deutschland mit Bedacht konsumiert wird. Für ein Produkt zu viel bezahlt zu haben wird als eine Art Niederlage empfunden. Aktuell machen sich Reiseveranstalter dieses Empfinden besonders zunutze und werben mit dem Slogan: „Guten Tag, meine Damen und Herren! Kapitän Westerfeld und die gesamte Besatzung begrüßen Sie ganz herzlich an Bord. Bevor wir zu den Sicherheitsvorkehrungen kommen, möchten wir Sie darauf hinweisen, dass die Fluggäste Kiefer, Bench und Kraus zu viel für ihr Flugticket gezahlt haben. Lediglich Herr Schneider auf Sitzplatz 3C hat Preise verglichen und ein günstigeres Ticket ergattert." – Quelle: swoodoo.com – Der Flug-Supermarkt.com. Besserer Service, kompetente Fachberatung, die hauseigene Fachwerkstatt oder kostenlose Anlieferung und Montage sind bei der Kaufentscheidung oft Nebensache, der Preis steht im Vordergrund!

Das Statistische Bundesamt ermittelt in regelmäßigen Abständen die Preisentwicklung von Produkten. Die auffälligsten Preisveränderungen weisen fast immer jene Produktgruppen auf, die bei Media Markt vermarktet werden. Von Mai 2009 bis Mai 2010 fiel der Verkaufspreis für DVD- und Videofilme um 21,0 Prozent, für Fernsehgeräte um 20,5 Prozent, für Notebooks um 15,4 Prozent, Personalcomputer um 14,5 Prozent und Spielekonsolen um 10,7 Prozent. In nur einem Jahr! Eine solche Preisentwicklung führt zwangsläufig dazu, dass die fehlenden Umsätze und Roherträge mit einer Steigerung der Verkaufszahlen in Stück kompensiert werden, womit wir (indirekt) wieder beim Preis wären. Denn wer mengenmäßig wachsen möchte/muss, wird nicht umhinkommen, an der Preisspirale zu drehen.

Rabattschlachten widersprechen dem Media Markt-Konzept und sind dem Unternehmen weitgehend fremd. Sie finden nur temporär statt und werden allenfalls im Zusammenhang mit einer breit angelegten Werbekampagne offeriert. Ziel ist durchweg, der Kundschaft dauerhaft tiefe Preise anzubieten. Ähnlich verhält es sich mit einer übertriebenen Preisgegenüberstellung von „früher 1.699 Euro, jetzt nur noch 699 Euro". Derartige Preisverunglimpfungen sind unglaubwürdig und im Unternehmen verpönt. Media Markt hat sich vielmehr für die Einführung einer Tiefpreisgarantie ausgesprochen – eine heute nahezu bei allen namhaften Einzelhandelskonzepten übliche Vorgehensweise. Stellt ein Kunde fest, dass sein bei Media Markt gekauftes Produkt von einem Mitbewerber günstiger angeboten wird, wird ihm der Differenzbetrag vergütet, sofern die konkurrierende Verkaufsstelle vergleichbar ist. Ein überregionales Angebot ist für einen direkten Preisvergleich ebenso ungeeignet wie manches Angebot aus einem der zahlreichen Online-Shops. Ausnahmen gibt es aber auch hier, wenn beispielsweise der Internethändler binnen 24 Stunden kostenlos liefert und über einen vergleichbaren Rundum-Service verfügt.

Die Media Markt-Werbung, seit jeher eine der großen Stützen des Unternehmens, hat die Dauertiefpreis-Bemühungen immer wieder in den Vordergrund gerückt. Eine der spektakulärsten Werbekampagnen:

Die Einführung des Media Markt-Tiefpreis-Gesetzes

Es war Ende der 1990er Jahre: Umfragen zufolge hatte das Preisimage von Media Markt gelitten. Die Glaubwürdigkeit verlor an Substanz. Der vorherrschende Eindruck jener Zeit: Media Markt sei müde und satt. Eine gewisse (Erfolgs-)Starrheit machte sich breit, die fast unbemerkt, aber keinesfalls ungefährlich vor sich hin zu schlummern schien. Kleinere Facheinzelhändler und Verbundgruppen konnten Marktanteile gewinnen. Das Geschäftsmodell Media Markt wurde zudem häufiger kopiert. Eine neue Idee musste her, aus Sicht des Managements alles andere als eine Zeit des Nichtstuns oder des darüber Hinwegsehens.

Die Lösung des sich anbahnenden Problems war die Erfindung und Umsetzung der Media Markt-Tiefpreis-Philosophie im Jahr 2000. Noch nie gab es so viele Geschäftsführer-Tagungen, Telefonkonferenzen, Schulungsmaßnahmen und im Bedarfsfall auch Einzelgespräche. Auf Fachvorträgen wurde propagiert, dass das Unternehmen Media Markt aufpassen müsse und sein Geschäftsmodell nicht verwässern dürfe. Die favorisierte Devise: „Back to the roots – Zurück zu den Wurzeln." Eines der meist verwendeten Zitate jener Zeit war: „Der größte Feind des Erfolgs ist der Erfolg" und wurde vor allem von Firmengründer Leopold Stiefel genutzt.

Auf allen Führungsebenen wurde neu vermittelt, sich der ursprünglichen Stärke von Media Markt bewusst zu werden. Das Erreichen und Innehaben der Preisführerschaft gehörte schon immer zur Unternehmensphilosophie. Die Preisaussage muss für den Endverbraucher glaubhaft sein, jegliche Verwirrung ist in den sich äußerst schnell verändernden Branchen schlichtweg zu vermeiden.

Die Einführung der Media Markt-Tiefpreis-Philosophie schlug gleich drei Fliegen mit einer Klappe. Zum einen entstand eine sympathische und echt wirkende Werbestrategie, zum anderen entwickelte sich unter Einbeziehung der Belegschaft eine der intensivsten Schulungsmaßnahmen und obendrein gelang eine Persiflage auf die Konkurrenz. Führungsseitig war es kein einfaches Unterfangen, galt es doch, alle Abteilungsbereiche – sowohl an den jeweiligen Standorten als auch innerhalb der Verwaltung in Ingolstadt – zu aktivieren und in den Bann zu ziehen. Ein „Ruck" sollte durch das Unternehmen gehen.

Der große Schachzug gelang mit der Einbindung der Endkonsumenten. Die Werbebotschaft wurde rasch bekannt. Die werbliche Ausrichtung entsprach einem „Ohrwurm-Dauerbeschuss". Alle Medien wurden belegt: Print, Radio, TV. Man konnte sich dem Tiefpreis-Gesetz kaum entziehen. Wie in der Gesetzgebung üblich, wurde auch für das Media Markt-Tiefpreis-Gesetz eine Abkürzung – MMTpG – eingesetzt, was nachhaltig verwirrte und die beabsichtigte Wirkung noch unterstützte. Die Werbekampagne war so verblüffend real aufgemacht, dass die Kundschaft das Gesetz nicht selten als wahr eingestuft hat. Selbst Juristen haben sich in der einen oder anderen Gazette zum MMTpG geäußert.

Media Markt als Sheriff des Marktes

Neben den üblichen Deckenhängern und Werbematerialien kamen erstmals auch verschiedene Berufsbekleidungsvarianten zum Einsatz, von T-Shirt über Polo-Shirt bis hin zur seidigen Bluse oder einem feinen Oberhemd mit eingesticktem, speziell entworfenen MMTpG-Logo. Eigens angefertigte Sticker wie der „Media Markt-Sheriff-Stern" – das klassischste Symbol des Gesetzeshüters – oder auch eine kleine rote Gesetzes-Bibel erreichten bisweilen Kultcharakter und wurden noch lange Zeit nach Beendigung der Werbeaktion in Auktionshäusern wie eBay gehandelt.

Der Media Markt-Sheriff-Stern mit der Aufschrift „Tiefpreisgesetzhüter"
Werbekampagne „MMTpG" aus dem Jahr 2000, Foto: privat

Dieser Werbefeldzug zählt zu den erfolgreichsten Kampagnen in der Firmengeschichte von Media Markt und schuf die Basis für zahlreiche spätere Marketingstrategien. Kaum eine Werbebotschaft kann eine derart lang anhaltende Wirkung vorweisen. „Bei uns zählt das Media Markt-Tiefpreis-Gesetz" wurde sogar oft als unterstützende Botschaft innerhalb des Verkaufsgesprächs eingesetzt. Eine gewisse Zeit hatten selbst die eigenen Mitarbeiter den Unterschied zwischen echtem und erfundenem Gesetz nicht mehr wahrgenommen (oder auch wahrnehmen wollen).

Wer ein solches „Gesetz" erfindet, wird des Öfteren sogar auf den Gesetzestext angesprochen. Auch in diesem Punkt war Media Markt vorbereitet. Gezielt wurde das „Gesetz" in Form von Zeitungsanzeigen, Beilagen, Gesetzesbüchern und Gesetzesrollen veröffentlicht:

Media Markt-Tiefpreis-Gesetz (MMTpG)

Nach dem ungeschriebenen Gesetz von 1979

Präambel

Im Bewusstsein seiner Verantwortung vor seinen Kunden, vom Willen beseelt, seinen Kunden immer den besten Preis zu garantieren, hat sich der Media Markt dieses Gesetz gegeben.

Gerechtigkeit

Artikel 1

(1) Vor dem Gesetz sind alle Menschen gleich. Das Gleiche gilt im Media Markt. Jeder Kunde hat das Recht auf den tiefsten Preis.

(2) Die konstant niedrigen Preise sind unabhängig von Geschlecht, Sprache oder Heimat des Kunden. Und von der Tageszeit.

(3) Kein Kunde darf zum Feilschen genötigt werden.

Sicherheit

Artikel 2

(1) Die Preise beim Media Markt sind unantastbar. Sie entsprechen der Media Markt-Tiefpreis-Garantie.

(2) Media Markt-Preise sind die niedrigsten der Region. Garantiert. Andernfalls hat der Kunde ein verbrieftes Recht auf Erstattung des Differenzbetrags.

Billigheit

Artikel 3

(1) Jeder Kunde zahlt nur für das, was er aus freien Stücken kaufen möchte.

(2) Zugaben, die vorher in das Angebot einkalkuliert werden, entfallen. Sie verteuern das Angebot und verschleiern den Preis.

(3) Aus dem gleichen Grund erübrigen sich Bonuskartensysteme und Rabattmärkchen.

Artikel 4

(1) Wir tun alles Menschenmögliche, um große Mengen einzukaufen.

(2) Denn wer am meisten einkauft, bekommt die niedrigsten Einkaufspreise. Diese werden direkt an den Kunden weitergegeben. Siehe Artikel 2 (1).

Artikel 5

(1) Jeder Kunde hat das Recht, seine freie Meinung über die schlichte Ladeneinrichtung zu äußern. Holzpaletten bleiben aber dennoch fester Bestandteil des ausgeklügelten Sparkonzepts.

(2) Denn um seinen Kunden Tiefpreise garantieren zu können, spart der Media Markt an allen Ecken und Kanten.

(3) Ausgenommen sind die Bereiche: Auswahl, Markenqualität, Freundlichkeit und Garantie.

Artikel 6

(1) Der Kunde genießt die Auswahlfreiheit.

(2) Denn der Media Markt nimmt sich das Recht, für seine Kunden massenhaft günstige Angebote aus einer Vielzahl von Lieferanten auszuwählen, alle Marken zu vertreiben und keinen Ramsch zu verhökern.

Artikel 7

(1) Jeder Kunde hat das Recht auf Selbstbestimmung. Auch beim Service.

(2) Deshalb bezahlen Kunden beim Media Markt nur für die Service-Leistungen, die sie wirklich haben wollen.

(3) Service steht in vollem Umfang zur Verfügung. Basis-Service kostenlos.

Ehrenwort

Das Tiefpreis-Gesetz gilt in jedem Media Markt Deutschlands. An über 130 Orten [Stand 2000]. Zu den gesetzlich geregelten Öffnungszeiten.

Ohne Worte! Dieser fingierte Gesetzestext beinhaltet die wichtigsten Details der Dauertiefpreispolitik von Media Markt. Eine humorvollere Beschreibung dieses äußerst wichtigen Konzeptpunktes gibt es nicht.

Glaubwürdigkeit und Preisklassen

Wer Dauertiefpreise propagiert, muss auch danach handeln und die unternehmensinternen Bereiche Einkauf, Marktbeobachtung und Verkauf instruieren. Einfach Tiefpreise ankündigen, um diese später möglicherweise nicht vorrätig zu haben, ist nicht nur unglaubwürdig und kontraproduktiv, sondern kann das gesamte Preisimage des Unternehmens dauerhaft belasten. Umso verständlicher ist es, dass das Media Markt-Management seit nunmehr über drei Jahrzehnten um die Einhaltung der Dauertiefpreis-Philosophie kämpft. Die berühmte „Arbeit hinter den Kulissen" zahlreicher Mitarbeiterinnen und Mitarbeiter ist nicht hoch genug zu bewerten. Insbesondere in diesem Punkt zeigen sich die Vorteile eines regional und dezentral handelnden Systems.

Um in Sachen Tiefpreise authentisch zu bleiben, müssen auch die Preisklassen stimmen. Alltäglich erleben wir dieses Steuerungsinstrument. Im Lebensmitteleinzelhandel gibt es zu fast allen Warengruppen (zum Beispiel Nudeln) eine Preisklassenbesetzung. Die günstigsten Nudeln – oft eine Eigenmarke – befinden sich in der sogenannten „Bückzone", das heißt im Regal ganz unten. Darüber folgt jeweils die nächstteurere Nudelmarke. Erst in der bequem zu erreichenden „Augen- oder Griffhöhe" zeigt sich die wahre Pracht des Nudelzaubers, in der Regel gehört die Platzierung dem Marktführer. Bei Media Markt ist es nicht viel anders: Vom günstigsten MP3-Player über die Preiseinstiegsklasse bei Staubsaugern bis hin zum Einstiegshandy – diese Geräte gehören zum Grundverständnis eines jeden Media Marktes.

Spätestens hier zeigt sich das verkäuferische Know-how der Fachberater/innen. Die Tätigkeit mit dem höchsten Qualifizierungspotenzial bei Verkäufer/innen ist die „Hochberatung" und meint, den Kunden von einem hochwertigen Gerät zu überzeugen. Dass die „Billigartikel" beziehungsweise Preiseinstiegsgeräte eher ungern verkauft werden, steht außer Frage. Diese Artikel bringen im Verhältnis weder Geld in die Kasse (somit keinen Umsatz), noch werden hiermit betriebswirtschaftlich sinnvolle Erträge erzielt – von der Produktqualität und den Folgen für Service und Firmenimage ganz zu schweigen. Würden diese unteren Preisklassen jedoch fehlen, würde der Endkonsument die Einkaufsstätte als (zumindest preislich) nicht aktuell oder gar als inkompetent bewerten – immer bezogen auf das Einzelhandelskonzept eines Discounters. Der Endverbraucher möchte nicht nur Auswahl vorfinden, viele Kunden möchten auf die preiswerteren Geräte zurückgreifen, um überhaupt am Konsum teilhaben zu können.

Der wichtigste Warenträger: Die Euro-Palette

Um dem kostenbewussten Konzept betriebswirtschaftlich gerecht zu werden, achtet Media Markt bis heute darauf, dass die Ladenbaugestaltung aufs Einfachste reduziert bleibt – optisch zumindest. Zudem würde eine teure oder gar hochwertig anmutende Geschäfts- und Warenpräsentation dem Endverbraucher schlussendlich nur teuere Verkaufspreise suggerieren. Auch vor dem Hintergrund einer Dauertiefpreispolitik ist es wichtig, dass die Geschäftsdarstellung konform ist mit dem Charakter des Handelsmodells. Echtholzparkett im Verkaufsraum von IKEA passt genauso wenig wie ein edel präsentierter Warenaufbau bei ALDI. Bei IKEA ist es in der Regel ein billig wirkender Boden aus Linoleum, bei ALDI wird die Ware zu einem großen Teil direkt aus den Lieferkartons heraus angeboten.

Was uns heute als selbstverständliches Erscheinungsbild vorkommt, kam in der Gründungsphase von Media Markt einer Revolution gleich. In den 1970er und 1980er Jahren war es geradezu verboten, Verkaufsartikel direkt von der Palette oder einem anderen „billig wirkenden" Warenträger zu verkaufen. Es war den Unternehmensgründern daher nur recht, sich auch in diesem Punkt vom Markt deutlich abzuheben. Schließlich kann nichts Neues entstehen, wenn alte Gewohnheiten übernommen werden.

Zweckmäßige und kostengünstige Holzpaletten mit den Grundmaßen 80 mal 120 cm, die der Euro-Norm entsprechen und daher im Volksmund auch „Euro-Paletten" heißen, werden im Media Markt-Ladenbau großzügig eingesetzt. Nach und nach lösten sie die fest verankerten Ladenregalkonzepte ab. Die Euro-Palette bewirkt nicht nur, sondern kreiert das gewollt einfache und billige Erscheinungsbild. Wir alle kennen die (heute immer noch) verwendeten Werbebotschaften zahlreicher Großvertriebsformen: „Wir sparen an der Ladengestaltung, und Sie profitieren davon."

Nebenbei erfüllt die Palette aber auch eine versicherungstechnische Auflage. Diese gibt im Falle eines Wasserschadens beispielsweise bei Löscharbeiten vor, dass die Ware losgelöst vom Fußboden gelagert werden muss.

Letzten Endes ist die Euro-Palette bei Media Markt und der darauf platzierte Warenaufbau eine der wichtigsten Präsentationsformen des Unternehmens. Konzeptionell ist der Stapelgutuntersatz (Duden) durchaus mit dem berühmten INBUS-Schlüssel des Möbelimperiums IKEA vergleichbar.

Der Stapelaufbau der Ware erzeugt „Warendruck" und dieser wiederum suggeriert einen günstigen Verkaufspreis. Zudem unterstützt er nicht nur den Angebots- und Schnäppchencharakter, sondern signalisiert auch die favorisierte Selbstabholung der Ware. Bei Media Markt wird daher auch gerne von einer „Selbstabgreifung" der (Posten-)Ware gesprochen.

Der wichtigste Warenträger bei Media Markt: die Euro-Palette.

Gekonnt einfach!

Stapelaufbauten sind so eine Sache. Sie sehen einfach aus und folgen dennoch dem legitimen Ziel, die Kundschaft zu verführen. Ein effektiver Warenstapel besticht bereits durch seine Optik. Zwei Staubsaugerkartons auf einer Palette geben ein kümmerliches Bild ab. Dieser Warenaufbau vermittelt der Kundschaft allenfalls, dass es sich bei den Artikeln um Bestandsreste handelt. Kein Kunde interessiert sich für das dominierende Holz der Palette. Wären stattdessen zehn derartiger Kartons auf gleicher Fläche gestapelt, würde der Warenaufbau suggerieren, dass es sich hier um ein Angebot handelt. Der Effekt, dass beim Einkauf dieses Artikels offenbar ein Mengenrabatt zustande kam, der nun an den Kunden weitergegeben werden kann, wird obendrein vermittelt. Natürlich entspricht dieses

Beispiel einer gewissen Schwarz-Weiß-Betrachtung, nicht alle Kunden empfinden ähnlich. Dennoch belegen zahlreiche Verkaufsstudien immer wieder, wie Menschen reagieren, wenn sie vor einem „Warenposten" stehen: Ein „brav" im Regal dekorierter Artikel wirkt in jedem Fall hochwertiger und damit schlichtweg anders. Die Faustformel für Discounter lautet daher „Masse ist Klasse"; sie unterstützt den Eindruck eines sehr günstigen Preises oder gar „Schnäppchens". Gezielt wird auf diese Weise das berühmte menschliche Jagd- und Beute-Muster aktiviert.

Wussten Sie, dass etwa 70 Prozent aller Menschen (Kunden) sich in einem Geschäft nach rechts ausrichten? Genau deshalb befinden sich die meisten Eingänge auf der rechten Seite, links sind meistens die Kassen platziert – nicht nur bei Media Markt oder der Unternehmensschwester Saturn. Auch die Preisklassenplatzierung – also vom günstigsten zum teuersten Artikel – verläuft vorwiegend nach dem Prinzip der Rechtsorientierung.

Wussten Sie, dass Warenlücken oder mäßige Stapelaufbauten rasch mit dem Prädikat unorganisiert oder inkompetent bewertet werden? Achten Sie beim nächsten Einkauf einmal darauf. Sie werden sich wundern, wie schnell Sie einem Abteilungsbereich oder gar der gesamten Einkaufsstätte leichtfüßig den Rücken kehren.

Wussten Sie, dass zu hohe Stapelaufbauten und enge Verkehrswege zwischen den Warensortimenten abstoßend wirken? Ein alter Schutzmechanismus unseres Gehirns (nicht in die uneinsehbare dunkle Höhle gehen zu wollen) sorgt für dieses Unbehagen. Daher wird bei Media Markt bereits bei der Einrichtungsplanung darauf geachtet, dass die nötige Durchsicht und auch der Rundumblick im Markt gewahrt bleiben. Ein Zustellen der Laufgänge oder ein „Zutapezieren" mit Deckenhängern würden dem Eindruck einer großzügigen Einkaufsstätte massiv im Wege stehen.

Die Gehirnforschung legt eine Fülle von Verhaltensmustern offen, die längst in modernen Geschäftsaufbauten Einzug gehalten haben. Anhand der Beispiele wollte ich lediglich vermitteln, mit welchen „psychologischen Tricks" auch bei Media Markt gearbeitet wird. Über die Zusammenhänge von Instinktverhalten, Farbassoziationen, Mytheneinfluss, Markenbewusstsein und dergleichen mehr ließe sich bequem ein spannendes Fachbuch schreiben.

Jede Warengruppe präsentiert sich anders. Fernseher und Elektro-Großgeräte nehmen den größten Verkaufsflächenanteil für sich in

Anspruch. Die bloße Größe dieser Produkte lässt keine andere Darstellungsform zu. Mobilfunkgeräte und MP3-Player sind dagegen diebstahlgeschützt auf einer Regalgondel platziert (halbhoher Warenträger), das Zubehör befindet sich in unmittelbarer Reichweite zum jeweiligen Warensortiment (zum Beispiel Druckerpatronen bei Druckern) und kommt in der Regel an den Rückwänden zur Geltung. Trendartikel, zum Beispiel Produkte aus dem Hause Apple, werden darüber hinaus imagefördernd in Szene gesetzt. Waren bei Media Markt „Fremdpräsenter" der Hersteller ursprünglich verpönt, so sind integrierbare Präsentationsformen mittlerweile erlaubt – einschließlich der Markenwerbung der relevanten Hersteller. Mit ihnen wird gewissermaßen auch eine Kompetenzsteigerung verbunden. So haben selbst hochwertige Espresso-Bars hier und da Einzug ins Erscheinungsbild eines Media Markts gehalten, obwohl das Risiko nicht von der Hand zu weisen ist, dass darunter der Discount-Charakter leiden kann.

Im Laufe der vergangenen drei Jahrzehnte hat sich auch bei Media Markt das Ladenbaukonzept verändert. Die Warenpräsentation ist einem deutlich professionelleren Systemauftritt gefolgt. Auch so mancher wackeliger Stapelaufbau wurde durch leicht zu bestückende Gitterkörbe ersetzt. Letzteres ist bereits unter dem Gesichtspunkt der Kapitalbindung kein uninteressanter Aspekt. Denn eine Euro-Palette kann Ware regelrecht „verschlingen". Wer nämlich einen sinnvollen Stapelaufbau mit einer elektrischen Zahnbürste herstellen möchte, benötigt nicht selten 150 bis 200 Gerätekartons, um den Effekt des Warendrucks zu erreichen, während der Gitterkorb dies mit nur etwa einem Drittel der Ware ermöglicht. Spezielle Regalaufbauten und kurze Produktinformationen (Gondel-Reiter) setzen innovative Themenbereiche wie zum Beispiel Smartphones, Navigationssysteme oder Tablet-Computer verbraucherfreundlich in Szene.

Ein kurzer Blick in die Zukunft: Das sogenannte Ladenmöbel wird immer häufiger eine Beratungsfunktion übernehmen, welche wiederum in Verbindung mit dem Personalstand zu setzen ist und die Anforderungen an die Mitarbeiter beeinflusst – zumindest in einigen Abteilungsbereichen. Innovative RFID-Systeme (radio frequency identification), wie sie heute längst im Bereich der Logistik Anwendung finden, wird es früher oder später auch im modernen Einzelhandelsbetrieb geben. Die Metro Group betreibt mit der Errichtung ihres RFID Innovation Centers in Neuss schon seit Jahren

Grundlagenforschung. Ein Ziel könnte sein, dass dem Kunden zur Unterstützung der Kaufentscheidung mittels kabelloser Übertragung eines neuartigen Tablet-Computers (der bekannteste derzeit ist das iPad von Apple) die wichtigsten Gerätedaten – quasi im Vorbeigehen – zur Verfügung gestellt werden. Die Ladenbauforschung wird die noch vorherrschende Ladenbautechnik zunehmend intensiver begleiten und eines Tages garantiert die Primärfunktion im modernen Ladenbau übernehmen. Der Bereich Ladenbau dürfte im stationären Einzelhandel folglich mehr als spannend bleiben.

Marktführer gleich Kostenführer

Es liegt nahe, dass ein Unternehmen, welches für sich in Anspruch nehmen darf, europäischer Marktführer zu sein, auch danach strebt, die Kostenführerschaft inne zu haben. Betriebswirtschaftlich betrachtet ist es im discountierenden Handel fast immer die Regel, dass das eine nicht ohne das andere funktioniert. Was sich so einleuchtend dahersagen lässt, ist mit großen Anstrengungen verbunden. Aber auch in diesem Punkt macht sich die dezentrale Struktur von Media Markt bemerkbar. Das unternehmensinterne Benchmarking (zu deutsch: Maßstäbe setzen), also das Zur-Verfügung-Stellen von Vergleichswerten, legt offen, welcher Standort gut wirtschaftet und welcher nicht den Vorgaben des Unternehmenskonzeptes entspricht. Mit einer Pauschalierung ist es aber nicht getan. Bereits beim Personal, dem größten Kostenblock, wird deutlich, wie unterschiedlich einzelne Media Märkte agieren. Eine Verkaufsstätte auf einer Ebene zu betreiben ist in der Regel deutlich einfacher als die gleiche Verkaufsfläche auf drei Verkaufsetagen betreiben zu müssen. Bereits abteilungsübergreifendes Arbeiten der Mitarbeiter ist dann nur eingeschränkt möglich.

Auch gibt es Media Märkte, die schlichtweg Standortsicherung betreiben. Wenn sich beispielsweise ein Mitbewerber ebenfalls für die Immobilie interessiert und der Vermieter nicht mehr auf Media Markt angewiesen ist. Oft müssen auch Flächen für Parkplätze oder ein Außenlager angemietet werden. Die Faktoren der Kostenbeeinflussung ließen sich noch um zahlreiche Parameter, wie beispielsweise die Werbekostenbeteiligung im Fall von Werbegemeinschaften, teurere Shopping-Center-Gebühren und dergleichen erweitern.

Die zahlreichen beratungsintensiven Produkte verlangen der Branche verhältnismäßig hohe Summen für qualifiziertes Personal ab. Im

Vergleich zu Lebensmittel-Supermärkten, die ihren Mitarbeiterstamm zum großen Teil über kostengünstigere Aushilfskräfte abdecken können, kann die Differenz in puncto Personalkosten erheblich sein.

In den meisten Branchen gilt ein gewisser durchschnittlicher Umsatz je Mitarbeiter als Maßstab. Vergleichbare Werte stellen teilweise Einzelhandels- oder Branchenverbände zur Verfügung, aber auch das hauseigene Benchmarketing. Selbstverständlich differieren sie innerhalb der Warengruppen. So bietet der Umsatzvergleich je Mitarbeiter eine der wichtigsten und fairsten Vergleichsmöglichkeiten, wenn es darum geht, die Verkaufskraft der eigenen Mannschaft zu beurteilen.

Liegt bei Media Markt der „Umsatz je Mitarbeiter" deutlich unter dem Durchschnitt aller vergleichbaren Geschäftskollegen, so wurde möglicherweise zu viel Personal eingestellt und eine Anpassung erscheint sinnvoll. Das kann auch eine Schulung beinhalten, die das Leistungsniveau des jeweiligen Media Markt-Teams verbessern soll.

Bereits vor etwa zehn Jahren hat das Media Markt-Management die Einführung eines einheitlichen Organigramms empfohlen, das die Organisationsabläufe und eine Stellenplanung berücksichtigt. Mitarbeiter sind nun einmal nicht 1:1 vergleichbar oder gar leicht austauschbar. Bekannt ist aber auch, dass beispielsweise ein hoch motivierter Fachberater die Kundenzufriedenheit und damit auch die Zahl der Kaufabschlüsse von zwei demotivierten Kollegen durchaus ausgleichen kann. Insbesondere in alteingesessenen Häusern kann sich leicht ein Personalüberhang ergeben. „Mitarbeiter-Speck" entsteht oft im Rahmen steigender Umsätze, die sich mit der Etablierung am Standort ergeben: Der Personalbestand wächst quasi mit der Umsatzentwicklung. In Zeiten gleich bleibender oder gar stagnierender Absatzzahlen besteht allerdings die Gefahr, die Personalstruktur nicht in der gleichen Geschwindigkeit anzupassen.

Einen weiteren großen Kostenblock stellen – wie könnte es bei Media Markt auch anders sein – die Werbekosten dar. Stadt-Standorte genießen zwar aufgrund einer oder mehrerer Stadtzeitungen eine hohe Haushaltsabdeckung, die Belegung dieser Medien ist jedoch oft recht kostspielig. Media Märkte, die sich in ländlicheren Regionen befinden, müssen dagegen ein sehr großes Einzugs- beziehungsweise Werbegebiet bearbeiten, profitieren im Umkehrschluss in der Regel von günstigeren Print- und Beilagenpreisen.

Auch darin zeigt sich, dass die Kostenstruktur der einzelnen Media Märkte einer individuellen Betrachtungsweise bedarf.

Wie alle aufstrebenden und erfolgsverwöhnten Unternehmen war und ist auch Media Markt nicht gänzlich vor dem Risiko gefeit, dass sich ein gewisser „Wasserkopf" entwickelt. Leopold Stiefel legte daher immer großen Wert darauf, die umlagefähigen Kosten der Hauptverwaltung im kalkulierbaren Rahmen zu halten. Dieser Punkt ist insofern erwähnenswert, als für die Unternehmensgruppe in Ingolstadt mittlerweile mehrere tausend Mitarbeiterinnen und Mitarbeiter tätig sind.

Die Vorteile der „Grünen Wiese"

Auch die günstige Mietsituation auf der „Grünen Wiese" trägt zu einem kostenbewussten Handel bei. Da das Media Markt-Konzept nur ein enges Kostenkorsett verträgt, konzentrierten sich bereits die Firmengründer auf leer stehende Lager- und Produktionshallen – vorzugsweise in Industriegebieten mit guter Verkehrsanbindung. Allenfalls verlassene Büroflächen, die sich für die Zwecke eines Einzelhandelsbetriebs umbauen lassen, standen noch im Fokus des Expansionsvorhabens. Für die Gründung des ersten Media Marktes wurde das Münchner Gewerbe-Mischgebiet Euro-Industriepark gewählt. Dass sich mittlerweile viele Media Märkte auch in Innenstadt- oder sogenannten 1a-Lagen befinden, spiegelt letztendlich die Immobilien-Entwicklung in Deutschland wider. Zudem ist Media Markt zu einem verlässlichen „Ankermieter" geworden, der zu einer Festigung eines Shoppingcenters oder einer Geschäftsansiedlung beiträgt.

Wo Media Markt ist, siedeln sich gerne auch andere Einzelhandelsunternehmen an. Der Elektro-Discounter hat sich seit langem zu einem wichtigen Frequenzbringer entwickelt. Diese für den Einzelhandel äußerst wichtige Funktion ist auch den Vermietern großflächiger Einkaufszentren nicht unverborgen geblieben. Deshalb forcieren alle namhaften Betreiber von Shopping-Centern gerne ein Mietverhältnis mit Media Markt oder alternativ mit der Firmenschwester Saturn. Dieser Umstand hilft der Unternehmensgruppe Media Markt, auch in Top-Lagen kalkulierbare Mietzinsen aushandeln zu können. Heute ist die Media Markt- und Saturn-Gruppe einer der wichtigsten Hauptmieter innerhalb der bundesweit agierenden ECE-Gruppe, die mit fast 100 Einkaufszentren in Deutschland den Marktführer im Segment der Shopping-Center stellt. Eine der betriebswirtschaftlich sinnvollsten Hauptaufgaben dieser Vermieter-Mieter-Schnittstelle ist, mehrere Einzelhändler zusammenzuführen und den Mietpreis der jeweiligen Branchen entsprechend anzupassen. Grundsätzlich steht bei diesem Ladenkonzept immer ein „Branchenmix" im Vordergrund. Der Endverbraucher dankt diese wohl überlegt zusammengestellte Mixtur aus verschiedenen Einzelhandelsanbietern und Dienstleistern mit hohen Besucherzahlen.

Metro

4

Media Markt wird entdeckt:
Media Markt, Kaufhof und Metro

Der unternehmerische Erfolg von Media Markt bleibt der Wirtschaftswelt nicht verborgen. Die Notwendigkeit des Handelns in Richtung flächendeckende Expansion rückt unweigerlich näher. Ziel ist, die Verbreitung des Geschäftskonzepts und die Markteroberung voranzutreiben. Jens Odewald, von 1985 bis 1995 Vorstandsvorsitzender der Kaufhof Warenhaus AG, wird auf das aufstrebende Unternehmen Media Markt aufmerksam. Der heute 70-Jährige, seit jeher ein Finanzstratege und bis zum heutigen Tag dem Beteiligungsgeschäft treu geblieben, forciert eine Kapitalbeteiligung. Ähnlich wie die Firmengründer erkennt auch er das Potenzial des Konzepts und die expansive Kraft von Media Markt.

Eine Fremdbeteiligung im Kreise des Gründer-Quartetts wird kontrovers diskutiert. So einfach wollen es sich Helga und Erich Kellerhals, Leopold Stiefel und Walter Gunz nicht machen, auch wenn erstmals das Gefühl aufkommt, mit den Großen des Einzelhandels mitmischen zu können. Das Lager ist gespalten. Besorgnis, Verunsicherung und Zukunftsängste sind Begleiter der Vorgespräche. Vor allem Gunz, der den Bieter Kaufhof in vielfacher Hinsicht mit seinen eher negativen Erfahrungen bei Karstadt in Verbindung bringt, hat Zweifel. Er wird später tatsächlich eine nüchterne Bilanz ziehen: „Man habe sich nach der Gründung naiv und gutgläubig mit einem Großkonzern [gemeint ist Kaufhof] eingelassen, der seine Versprechungen gegenüber den damaligen Geschäftsführern nicht eingehalten habe." – Quelle: Wirtschaftsmagazin „Impulse" vom 11. August 2009.

Bei aller Sinnhaftigkeit um den Vorteil eines finanzstarken und expansionserfahrenen Geschäftspartners, ist den Media Markt-Gesellschaftern durchaus bewusst, dass ein Bündnis mit Kaufhof auch mit einer Einschränkung der Handlungsmöglichkeiten einhergeht. Die Befürchtung, dass das gewohnte Spiel der kurzen Wege und der schnellen Entscheidungen zu sehr in Mitleidenschaft geraten könnte, ist nicht von der Hand zu weisen. Zudem wird darüber gesprochen, dass das zentralistische Konzerndenken der Kaufhof AG mit dem dezentralen Unternehmergeist der Media Markt-Gesellschafter nur schwer in Einklang zu bringen sein wird. Jens Odewald, der erfahrene Verhandlungsführer auf Seiten der Kaufhof AG, erkennt die Problematik der Bedenken und bietet an, sich nicht in das operative Geschäft von Media Markt einzumischen – vorausgesetzt das Unternehmen wird auch weiterhin erfolgreich geführt. Darüber hinaus wird eine Art Vetorecht zu Gunsten der Media Markt-Gründer vereinbart. Ein für beide Seiten annehmbarer Kompromiss scheint gefunden.

1988 zeichnet die Kaufhof Warenhaus AG ein Beteiligungskapital an der Media Markt-Holding, der damaligen Solventa GmbH, in Höhe von 54 Prozent. Das nun frei gewordene Finanzierungskapital dient vorrangig der Expansion des Unternehmens. Dem Aufbau der Vertriebsmarke Media Markt steht somit ein einzelhandelserfahrener und finanzkräftiger Partner zur Seite. Erwähnenswert ist ferner, dass sich Kaufhof bereits 1984 die Rechte an der in Köln ansässigen Saturn-Gruppe gesichert hatte, die damals als großflächiges City-Fachgeschäft für Furore gesorgt hatte. 1990 übernimmt die Media Markt-Holding die Kaufhof-Tochter Saturn-Hansa Handels GmbH mit ihren fünf Geschäftshäusern. Im Kapitel „Media Markt und Saturn" wird explizit auf dieses besondere Verhältnis zweier Firmenschwestern Bezug genommen.

Erst mit der Verschmelzung von Metro Cash & Carry mit der Kaufhof Holding AG, der Deutsche SB-Kauf AG und der Asko Deutsche Kaufhaus AG im Jahre 1996 und die damit einhergehende Entstehung der Metro AG fällt die Mehrheitsbeteiligung von Kaufhof an Metro. Mit einer Marktkapitalisierung von etwas mehr als zwölf Milliarden D-Mark (ca. 6,14 Milliarden Euro) notierte das Unternehmen erstmals im DAX an der Frankfurter Wertpapierbörse.

Im Laufe der Zeit erhöht die Metro AG ihre Beteiligung an der Media-Saturn-Holding. Der Firmenanteil beträgt aktuell 75,41 Prozent, nahezu ein Novum im ansonsten mit 100-Prozent-Anteilen versehenen Beteiligungsportfolio des drittgrößten Handelskonzerns der Welt. Die restlichen 24,59 Prozent teilen sich die Gründerstämme Kellerhals und Stiefel, nachdem Gunz seine Firmenanteile im Rahmen seines Ausscheidens verkauft hatte. Der ursprüngliche Hauptkapitalgeber, die Eheleute Kellerhals, sind nach der Metro AG der zweitgrößte Aktionär und verfügen über einen Firmenanteil von mehr als 20 Prozent.

Die Bedeutung von Media Markt für die Metro Group

Rückblickend ist festzustellen, dass die Finanzbeteiligung der Kauf-hof AG als ein „Glücksgriff par excellence" bezeichnet werden darf. Im deutschen Einzelhandel gibt es kein vergleichbares Joint Ven-ture, das einen derart lukrativen Erfolgszug unternommen hat.

Unstrittig ist auch, dass der „Deal" mit der Media- und Saturn-Gruppe – nach dem Stammgeschäft der Metro Group, nämlich die Cash & Carry-Märkte – die zweite große Erfolgsgeschichte im Kon-zern darstellt. Sowohl die Umsatz- als auch die Ertragszahlen spre-chen eine eindeutige Sprache und belegen den außergewöhnlichen Erfolg des Unternehmens.

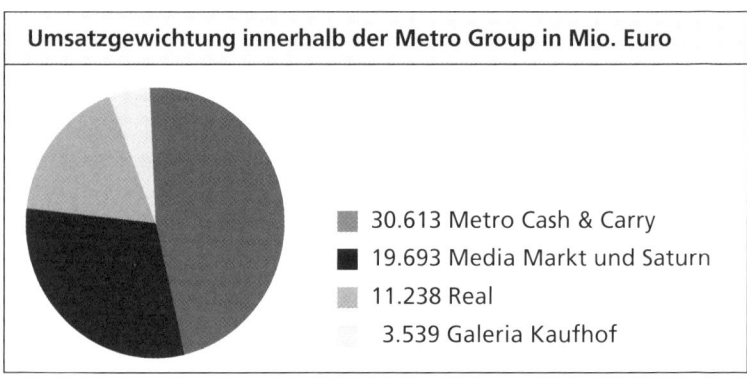

Umsatzgewichtung innerhalb der Metro Group in Mio. Euro

- 30.613 Metro Cash & Carry
- 19.693 Media Markt und Saturn
- 11.238 Real
- 3.539 Galeria Kaufhof

Umsatz (netto in Mio. Euro), Metro Group, ohne Sonstiges und Immobilien
Quelle: Geschäftsbericht 2009

Bereits der ehemalige Vorstandsvorsitzende der Metro AG (von Juni 2001 bis Oktober 2007), Hans-Joachim Körber, verkündete auf einer Pressekonferenz im Mai 2006: „Der Wert des Konzerns wird heute maßgeblich bestimmt von der Entwicklung bei Cash & Carry und Media-Saturn."

Auch sein direkter Nachfolger, Eckhard Cordes, präsentiert sich im aktuellen Geschäftsbericht stolz mit einer Media Markt-Beilage. Eck-hard Cordes im Interview: „An Media Markt und Saturn ist die Krise scheinbar spurlos vorübergegangen. Media Markt und Saturn ist eine Klasse für sich. … Das Konzept von Media Markt und Saturn ist einzigartig. Die Mitarbeiter der Vertriebslinie verfügen darüber hi-naus über einen ausgeprägten Unternehmergeist. … In allen Märk-ten, in denen wir vertreten sind, konnten wir 2009 Marktanteile hin-zugewinnen." – Quelle: Geschäftsbericht der Metro Group 2009.

Trotz eines schwierigen Marktumfelds und einer negativen Ergeb-
nisentwicklung in Osteuropa lag das EBIT (Gewinn vor Zinsen und
Steuern) im Geschäftsjahr 2009 der Media-Saturn-Gruppe bei
608 Millionen Euro, vor Sonderfaktoren. Zu den Sonderfaktoren gehören insbesondere jene Werte, die sich im Rahmen des in der
Metro AG langfristig angestrebten Effizienz- und Wertsteigerungs-
programms „Shape 2012" ergeben. „Shape", was gleichbedeutend
ist mit „etwas für die Zukunft gestalten", sieht ein Ergebnisverbes-
serungspotenzial für die Metro Group von 1,5 Milliarden Euro bis
zum Jahr 2012 vor, davon etwa 800 Millionen Euro im Zusammenhang mit Kosteneinsparungen. Im Hause Media-Saturn macht dieser
Wert im Berichtsjahr 2009 jedoch nur vier Millionen Euro aus, das
heißt nicht einmal ein Prozent des Gewinns (EBIT). Der „Shape-
2012-Effekt" für den gesamten Konzern betrug im Jahr 2009 208
Millionen Euro, was darauf schließen lässt, dass das Einsparpoten-
zial für die Media-Saturn-Gruppe im Verhältnis zu den anderen Un-
ternehmenssegmenten geringer ausfällt. Im Umkehrschluss lässt
dies auf eine positive Ergebnisstruktur der beiden Vertriebslinien
Media Markt und Saturn schließen.

Die Media-Saturn-Gruppe ist innerhalb der Metro AG eine sogenannte „Cashcow" – zu deutsch „Geldkuh". Vergleichbare Begriffe
wären Goldesel oder auch Melkkuh. In der Finanzwelt wird immer
dann gerne von einer „Cashcow" gesprochen, wenn ein Unternehmen (hier Media-Saturn) einen ausgesprochen hohen Anteil an der
Wertschöpfungskette der gesamten Unternehmensgruppe (hier
Metro Group) trägt. Um diese Bedeutung für den gesamten Konzern
bildhaft darzustellen, empfiehlt sich das folgende Kreisdiagramm:

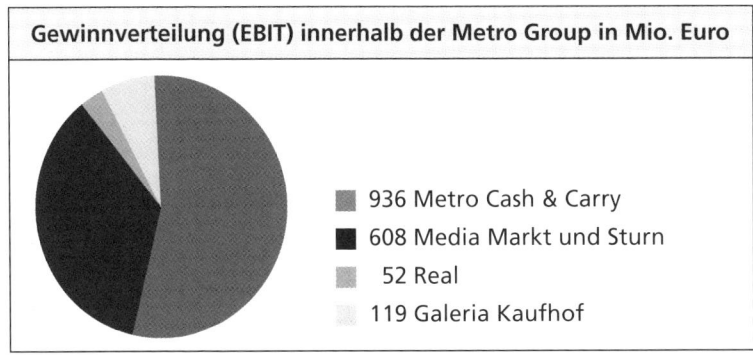

Gewinnverteilung (EBIT) innerhalb der Metro Group in Mio. Euro

■ 936 Metro Cash & Carry
■ 608 Media Markt und Sturn
■ 52 Real
□ 119 Galeria Kaufhof

Gewinn vor Zinsen und Steuern (EBIT) in Mio. Euro, Metro Group, ohne Sonstiges
und Immobilien, *Quelle:* Geschäftsbericht 2009

Media Markt und seine Wirkung

5

Interne und externe Wirkung

Die Geister, die sie riefen! Wir alle kennen diese beunruhigende Floskel, auf die auch im Wirtschaftsleben immer dann gerne zurückgegriffen wird, wenn auf die Schattenseite einer großartigen Idee oder Handlung aufmerksam gemacht wird.

Wie sieht die Außendarstellung eines Unternehmens aus? Wirkt eine Firma authentisch? Wie beurteilt die Belegschaft den Arbeitgeber? Wie ist das Verhältnis zwischen intern und extern? Sind Eigen- und Fremdbild stimmig? Die Stabsabteilungen aus den Bereichen Public Relations, Marketing, aber auch Vertrieb beschäftigen sich mit derartigen Fragestellungen. Das ist Teil ihrer innerbetrieblichen Aufgabe, deren Bedeutung für den Erfolg eines Unternehmens heute maßgeblich ist. Vor allem publikationsverpflichtete Unternehmen, vorrangig Aktiengesellschaften, sind kontinuierlich darum bemüht, in der Öffentlichkeit glänzend dazustehen; sie buhlen förmlich um die Gunst der Anteilseigner. Dabei geht es keineswegs nur um das stimmige Verhältnis von Zahlen wie Umsatz- und Gewinnentwicklung. Der oftmals weit schwierigere Part vollzieht sich im Bereich der einheitlichen (internen) Unternehmenskommunikation. Die Stimmigkeit ist die Grundvoraussetzung für ein positiv wirkendes Erscheinungsbild nach außen und harmonisches Miteinander nach innen!

Teamgeist gilt bei Media Markt seit jeher als eine der Erfolgsgrundlagen. Teamgeist wird täglich praktiziert und gelebt. Teamgeist führt schneller zum Erfolg. Teamgeist macht Erfolge noch schöner, besonders wenn diese hart erarbeitet sind.

Die fortschreitende Expansion von Media Markt stellte die Unternehmensgründer vor die Frage, welche Innen- und Außenwirkung ihr Lebenswerk haben soll. Wie stellen wir uns auf? Was passt zu uns, zu unserem Unternehmen, zu Media Markt? Sind wir authentisch? Wie sieht uns der Kunde, wie unsere Belegschaft, wie unsere Mitbewerber? Was und wer beeinflusst vor allen Dingen diese Wahrnehmung? Welche Kräfte sind interner, welche externer Natur?

Ein Unternehmen, welches sich von Anfang an auf die Fahne geschrieben hat, „anders zu sein als andere", setzt sich leicht der Gefahr aus, genau daran gemessen zu werden. Versetzen wir uns in die Zeit der Gründungsjahre, steht schnell fest, dass innerhalb des

Warenportfolios am ehesten die Unterhaltungselektronik (UE) dem gewollten Vermarktungskonzept von Media Markt gerecht werden konnte. In einer Zeit ohne Computer und Internet war es die Warenvielfalt der UE-Branche, die es vermochte, den heimischen Alltag zu versüßen. Das Fernsehen genießt noch heute den höchsten Rang in der „Pflichtbestückung" eines Haushalts. Die Unterhaltungselektronik kann daher durchaus als der wichtigste Wegbereiter für die Akzeptanz von Media Markt als Elektro-Fachmarkt und Discounter betrachtet werden. Mit dieser Warengruppe konnte anfänglich nicht nur der mit Abstand größte Umsatzanteil erzielt werden, ihre Innovationskraft machte zudem ein permanentes „Sich-zur-Schau-Stellen" möglich. Derjenige Händler, der als erster fabrikfrische Messeneuheiten präsentieren kann, hinterlässt nicht nur einen fachkompetenten Eindruck, sondern vermittelt den enorm wichtigen Faktor des „Trendyhaften".

Welcher Kunde möchte nicht gerne mitreden und von seinen neuesten Konsum-Errungenschaften berichten? Noch heute beweisen die hohen Besucherzahlen der Fachmessen das große Interesse der Verbraucher an Unterhaltungselektronik. Die weltweit größte Messe zur Darstellung digitaler Lösungen, die CeBIT in Hannover, kann sich mit immerhin 400.000 Besuchern rühmen. Die weltgrößte Fachmesse für Consumer-Electronics, die Internationale Funkausstellung in Berlin (IFA), lockt 230.000 Wissensdurstige in ihre Messehallen und die warenspezifisch aufgestellte Photokina in Köln kann immerhin 160.000 Besucher zählen.

Unterhaltungselektronik als Wegbereiter

Für Media Markt war es von vornherein von Vorteil, sowohl auf Branchenebene als auch gegenüber dem Endkonsumenten glänzen zu können. Es war naheliegend und geschickt, den Schwerpunkt der Warenpräsenz auf die beliebteste und sich ständig neu erfindende Unterhaltungselektronik zu legen. Kaum eine andere Branche stand (und steht noch heute) derart im Fokus des Interesses und bietet in diesem Maße die Möglichkeit, Kompetenz zu zeigen.

Erst die Einführung des Personal-Computers im Heimbereich, die Erfindung von Handy und Digitalkamera als Weiterentwicklung der Fotobranche veränderten den Interessenschwerpunkt zu Gunsten der allgemein als „Digitale Elektronik" bezeichneten Warengruppen, bei Media Markt umfassend und elegant tituliert als „Neue Medien". Daher ermöglicht die Unterhaltungselektronik den Machern von Media Markt auch heute noch einen Werbeauftritt, dessen marktschreierische Art und Wirkung die Firmengründer von Anfang an gerne forciert sehen wollten. Das begünstigte zusätzlich die Wahrnehmung der Vertriebsmarke und die Verbreitung des Media Markt-Konzeptes. Mit Produktgruppen wie Waschmaschinen, Kühlschränken und Staubsaugern wäre dies nicht gelungen. Das Endverbraucherinteresse an diesen Sortimenten ist schlichtweg zu gering. Ferner passt auch die Außendarstellung der sogenannten „Braunen Ware" – eine Bezeichnung, die sich an dem ursprünglich braunen Holzgehäuse der Fernseher und Stereoanlagen orientiert – mit ihren eher ungezwungenen Vermarktungsgedanken ideal zur (preis-)aggressiven Werbe- und Vertriebsstrategie des Unternehmens Media Markt.

Um die Aufmerksamkeit der Kunden zu gewinnen und sich auf dem Plateau des Marktes Gehör zu verschaffen, bot sich eine verstärkte Kooperation mit den Mächtigen der Unterhaltungselektronik förmlich an. Gemeint sind vor allem die Herstellerfirmen, die in der Handelslandschaft gerne auch als „Industrie" bezeichnet werden. Die vertrieblichen Strukturen innerhalb der „Braunen Ware" und der „Weißen Ware" – in Anlehnung an die überwiegend weißen Gehäusefarben der Elektro-Großgeräte – waren von jeher sehr unterschiedlich aufgestellt – sowohl hinsichtlich der produzierten Artikel an sich, aber auch bezüglich des vermarktungspolitischen Gesamtauftritts.

Das ursprünglich zweite Standbein von Media Markt, die Warengruppe Haushaltsgeräte, war technisch deutlich weniger innovationsfreudig und schon deshalb nicht mit der Unterhaltungselektronik vergleichbar. Selbst bedeutende Neuerungen bei Gefriertruhen und Kaffeeautomaten können in der Regel selten werbewirksam umgesetzt werden. Das Novum begeistert allenfalls eine kleine Gruppe von Endverbrauchern. Studien haben ergeben, dass sogar deutlich spürbare und ökonomisch sinnvolle Strom- und Wassereinsparungen beim Betrieb einer Waschmaschine nicht zu einem Neukauf führen, solange sich die Waschtrommel des alten Gerätes noch dreht.

Einen Fernseher mit einem drastisch reduzierten Preis bewerben zu können ist als Werbebotschaft weit effektiver, weil sie deutlich mehr Kunden aktiviert. Ein Fernseher betrifft die gesamte Familie –

in der Regel tagtäglich. Er stellt zudem für viele ein Statussymbol dar, möchte man doch ungern dem technischen Fortschritt hinterherhinken. Eine Waschmaschine hingegen muss lediglich funktionieren, kommt meist nur im Keller zum Einsatz und wird trotz fortgeschrittener Emanzipation zum größten Teil von Frauen bedient, was den beworbenen Kundenkreis einschränkt. Diesen schlichten, aber eklatanten Unterschied zweier Branchen wusste Media Markt von Anfang an strategisch zu nutzen.

Die Haushaltsgeräte-Industrie ist eindeutig konservativer aufgestellt. Es ist gerade einmal zwei Jahrzehnte her, dass auf den Visitenkarten vieler Vertriebsleiter der „Weißen Ware" noch der Titel eines Direktors zu lesen war. Bereits die deutschsprachige Titulierung sowie die Funktionsumschreibung machen den Abstand zur merklich agileren „Braunen Ware" deutlich, die schon früh mit internationaler Prägung aufgetreten ist. Entsprechend war auch der Marktauftritt:

Die in den Gründungsjahren von Media Markt ohnehin kaum ins Ausland expandierenden Weiße-Ware-Hersteller waren regelrechte „Platzhirsche"; sie bedienten vorwiegend den deutschsprachigen Raum. Auch heute spielen renommierte und geschichtsträchtige Markennamen, wie beispielsweise AEG oder Bauknecht, außerhalb unseres Landes kaum eine Rolle. Die Marke AEG gehört längst zum Portfolio der schwedischen Electrolux-Gruppe, deren eigenes Label Electrolux international viel bekannter ist. Das im Jahr 1919 in Baden-Württemberg gegründete Unternehmen Bauknecht zählt schon seit über zwei Jahrzehnten zur amerikanischen Whirlpool-Gruppe.

Auch die zähen Verhandlungen und vielfach ausgelebten Reglementierungen der Haushaltsgeräte-Hersteller hatten den Zugang zur Ware, aber auch die Vermarktungsstrategie von Media Markt immer wieder eingeschränkt. Der Vertrieb war nicht gänzlich frei. Immer wieder pochte die Industrieseite auf einen „sauberen" Verkauf ihrer Produkte. Selbst kartellrechtliche Bedenken wurden hart umkämpft und konnten oft erst in langjährigen Gerichtsverfahren nach und nach abgebaut werden. Spätestens mit der neu definierten Rechtsprechung innerhalb der Europäischen Union hat dieses „Bollwerk" der Vermarktungspolitik erhebliche Löcher bekommen. Nichtsdestotrotz existieren noch heute zahlreiche Fachhandelszusammenschlüsse, die von der Industrie bisweilen gesondert mit einer eigenen Gerätelinie beliefert werden. Gerätelinien aus dem

Hause Miele oder Liebherr repräsentierten schon immer die wichtigsten Vertreter derartiger Selektionsprogramme. Als einer der größten Zusammenschlüsse ist der Mittelstandskreis (MK) zu nennen, der auf die Produktlinien der Hersteller Siemens (extraKLASSE) und Bosch (EXCLUSIV) aufbaut.

Grundsätzlich muss der Haushaltsgeräte-Industrie jedoch bescheinigt werden, dass der selektive Vertrieb ihrer Gerätelinien auch für einen Handelsriesen wie Media Markt als existenziell wichtig eingestuft werden darf. Schließlich hat die Generierung einer hohen Handelsspanne den Vorteil, einen entsprechend höheren Rohertrag zu erzielen, der wiederum die Kostenseite bequem(er) abdecken kann. Media Märkte, die sich in ihrer Region einen Namen im Bereich „Weiße Ware" gemacht haben, sind in der Regel betriebswirtschaftlich effektiver unterwegs und werden nicht selten von unterhaltungselektronik- und computerlastigen Geschäftsführerkollegen neidisch beäugt.

Die Strategie, anders sein zu müssen

Noch zu D-Mark-Zeiten galt unter Insidern die Faustformel, dass eine Waschmaschine im Verkaufspreis rund eine D-Mark je Umdrehungstour kosten sollte. Ein Modell mit 1.200 Schleuderumdrehungen pro Minute entsprach daher oft einem Endverbraucherpreis von etwa 1.200 DM. Dieses einfache Kriterium galt mehr oder weniger stillschweigend als Richtwert für die gesamte Branche. Sollte oder musste eine preisaggressivere Geräteversion über die Handelskanäle vermarktet werden, weil beispielsweise der Absatz schwächelte, so wurde rasch eine Waschmaschine mit 800 Touren aufgelegt. Der Artikel wurde dann mit einem Schwellenpreis von 799 DM ausgezeichnet. Derartig simple Steuerungsinstrumente zählten zu den Standard-Kunststücken des Vertriebs, jedoch entsprach diese „beschaulich anmutende" Vermarktung von Produkten keineswegs der Media Markt-Philosophie. Sicherlich war und ist auch Media Markt einerseits daran interessiert, eine ausreichend hohe Handelsspanne zu erzielen, aber andererseits ist das Risiko zu groß, dass das „kleine Fachgeschäft um die Ecke" den gleichen Verkaufspreis kalkulieren kann. Worin sollte also der Vorteil liegen, beim anonymeren und allgemein serviceschwächeren Elektro-Discounter zu kaufen?

Der Kaufpreisunterschied gegenüber dem Fachhandel musste noch größer sein, damit das Firmenkonzept als Elektro-Discounter aufgehen konnte. War das nicht möglich, mussten andere Hilfsmittel herangezogen werden, beispielsweise eine Null-Prozent-Finanzierung oder ein Einkaufsgutschein. Was schon vor Jahrzehnten Anwendung fand, wird auch heute noch praktiziert. Die zum Jahresstart 2010 angelaufene Werbekampagne „Agenda 2010" bietet der Kundschaft exakt diese Einkaufsvorteile. Entscheidend war und ist für die Unternehmensgruppe noch heute, dass der Unterschied zum konkurrierenden Vermarktungskonzept der Fachgeschäfte, Warenhäuser oder dem Online-Handel schnell zu erkennen ist.

„Idyllische" Vermarktungsstrategien, wie sie bei den Fabrikanten von Haushaltsgeräten gerne verwendet werden, sind im Bereich der wesentlich preisaggressiveren „Braunen Ware" kaum durchführbar. Hier sind ständig neue Gerätetypen zu vermarkten. Ähnlich wie in der PC-Branche sind die Produktentwickler sofort zur Stelle, um dem von der Kundschaft geforderten Trend zu folgen. Waren es über Jahrzehnte die sogenannten Röhren-Fernsehgeräte, so vollzog sich der Wandel über die LCD- und Plasma-TVs zur aktuell trendigen LED-Technik bis hin zur sich momentan verbreitenden 3D-Technik (dreidimensionales Fernsehen) in kürzester Zeit. Zudem hat sich die Unterhaltungselektronik viel früher und massiver darauf eingestellt, neue Marktanteile zu erobern und die damit einhergehende Marktverdrängung von vornherein energischer verfolgt. Der Ordnung halber sei erwähnt, dass trotz allem auch in der UE-Branche zugelassene, das heißt kartellrechtlich geprüfte Vertriebsbindungssysteme existieren. Bekannte Vertreter sind vor allem Hersteller des Hochpreissegments wie Bang & Olufsen und Loewe.

Die höchst unterschiedlichen Auffassungen über den Vertrieb eines Produktes führten nicht selten zu Unstimmigkeiten zwischen Hersteller und Media Markt. Die von Media Markt forcierte Artikelvermarktung, die in der Regel eine Preis- und damit auch Spannenreduktion vorsah, wurde von einigen Lieferanten regelrecht boykottiert. Letztere litten darunter, sich von ihren übrigen Handelskunden nachsagen lassen zu müssen, sie müssten allzu oft auf die Verkaufspreise von Media Markt einsteigen und könnten deshalb nicht mehr die für ihr Geschäft erforderliche Marge erzielen. Für einen Hersteller muss dies einem Teufelskreis gleichkommen. Solide aufgestellte Lieferanten aber brauchen für ihr Tagesgeschäft beide Belieferungsschienen – die des Fachhandels und der Großvertriebsform.

Die Ansichten zwischen Industrie und Handel über den „richtigen" Vermarktungsweg waren und sind selten deckungsgleich. Manche Auffassung seitens der Industrie pass(t)e ohnehin nicht zu den vertrieblichen Zielen und Tugenden von Media Markt. Längst aber haben sich im Laufe der drei zurückliegenden Media Markt-Jahrzehnte beide Seiten arrangiert. Liefereinschränkungen oder gar Lieferstopps kommen nur noch in den seltensten Fällen vor und beschränken sich eher auf die Nichteinhaltung sogenannter Vertriebsbindungsverträge, die unter anderem eine (Hersteller-)Marke vor willkürlich gesetzten Verkaufspreisen schützen soll.

Ein Beispiel: Eine Traditionsmarke wie Miele, die seit über einhundert Jahren hochwertige und mehrwertorientierte Geräte im gehobenen Preissegment produziert, darf sich vor der „Verramschung" ihrer Produkte schützen. Miele muss dies sogar forcieren, da andernfalls die Glaubwürdigkeit und somit auch die Existenz des gesamten Unternehmens gefährdet wären.

Hersteller, die in der Vergangenheit keinen ähnlich konservativen (und steinigen) Weg konsequent eingeschlagen haben, werden es bereits heute aus kartellrechtlichen Gründen schwer haben, eine gesteuerte Vermarktungspolitik ihrer Produkte zu rechtfertigen. Auch innerhalb einer Herstellermarke kann es gleich mehrere, quasi parallel laufende Vertriebsbindungsabkommen geben. So ist beispielsweise das Produktprogramm aus dem Hause Sony „frei verkäuflich" und hinsichtlich der Preisfindung ungebunden, während die hochwertigen Produktsegmente des Hauses vertriebsseitig „sauber" zu vermarkten sind. Vorrangig ist, den vom Hersteller empfohlenen Verkaufspreis, die Unverbindliche Preisempfehlung (UVP), nicht zu unterbieten. Entgleisungen werden im Allgemeinen mit einer befristeten Liefersperre geahndet, was bei stark nachgefragten Artikeln zu Kompetenz- und letztlich zu Imageschäden führen kann.

Der „IKEA-Effekt" – geliebt und gehasst zugleich

Wer kennt sie nicht, jene berüchtigte Servicequalität, die viele IKEA-Kunden an den Rand der Verzweiflung treibt? Wer von uns erinnert sich nicht daran, als das „unmögliche Möbelhaus aus Schweden" noch zahlreiche hausgemachte Imageprobleme lösen musste? Wer konnte beim Kauf eines Möbels sicher sein, dass sich wirklich alle Teile im Karton befanden? Wer kennt nicht das Problem mit der unvollständigen Schraubentüte? Der Kauf bei IKEA war vor rund zwei Jahrzehnten noch ein regelrechtes Bonbonspiel. Nicht selten musste die Einkaufsstätte ein weiteres Mal aufgesucht werden, um das erworbene Möbelstück vollenden zu können. Wie viele Stunden haben Sie mit dem Aufbau eines IKEA-Möbels verbracht? Konnten Sie die Aufbauanleitungen wirklich nachvollziehen?

Serviceprobleme ähnlicher Natur sind auch dem Hause Media Markt nicht fremd. Die Kritikpunkte reichen vom generellen Mangel an Verkaufspersonal (auch ein oft zitierter Negativpunkt bei IKEA) über unzureichend geschulte Fachberater, nicht ausreichend vorhandener Werbeware bis hin zu fehlenden Batterien in den Originalverpackungen des Herstellers. Die Bandbreite der Beanstandungen scheint endlos, ist für „Vollblut-Verkäufer" allerdings eher als Herausforderung mit positivem Reiz zu verstehen, zumal sich darin eine der elementarsten Tugenden des stationären Einzelhandels verbirgt. Ein geradezu krasser Unterschied zum anonymen Online-Handel. Da Media Markt-Geschäftsführer und -Führungskräfte privat ebenfalls Endverbraucher sind, wissen sie sehr wohl um die Empfindungen ihrer Kundschaft. Trotz der Fülle und Verschiedenheit der zu lösenden Knackpunkte und der höchst unterschiedlichen „Abneigungsstufen" einzelner Konsumenten obsiegt immer noch der Faktor des beiderseitigen Verständnisses. Diesem „mitfühlenden" Verhältnis zwischen Verkäufer auf der einen und Käufer auf der anderen Seite bezeichne ich gerne als den „IKEA-Effekt". Es ist die Wechselwirkung eines „Geliebt-und-Gehasst-Zustands", der nach meiner Erkenntnis vielfach auch auf Media Markt übertragbar ist – nach dem Motto: Jeder beschwert sich über IKEA, und alle kaufen trotzdem dort ein. Diesen vermeintlichen Widerspruch nutzte IKEA sogar unlängst, daraus spezielle TV-Werbespots zu kreieren.

Der Journalist und Buchautor Rüdiger Jungbluth, der im Jahr 2006 das Buch „Die 11 Geheimnisse des IKEA-Erfolgs" veröffentlichte, sprach sogar von einer „Teflon-Company" – einem Unternehmen, an dem nichts Negatives hängen bleibt. Der Autor weiter: „Viele IKEA-Kunden empfinden dem Unternehmen gegenüber eine Hassliebe."

Wolfram Siebeck, Kochpapst bei DIE ZEIT, hat bei IKEA einmal einen kleinen Schreibtisch gekauft und zusammengebaut. Sein Fazit: „Ich habe dazu zwei Tage und eine Nacht gebraucht, verlor dabei zwei Kilo Gewicht, eine Ehefrau und den Respekt meiner Kinder." Heute gehören zumindest die eingangs erwähnten Serviceprobleme im Hause IKEA der Vergangenheit an. Der „Geliebt-Effekt" hat den „Hass-Effekt" (eigentlich müsste es „Enttäuscht-Effekt" heißen) übertrumpft. Eine Konstellation, die entscheidend dazu beitrug, dass sich das Möbelhaus über Jahre hinweg zum Weltmarktführer der Möbelbranche entwickeln konnte. Media Markt – und damit auch die Betriebsform des Fachmarktes – hat eine vergleichbare Entwicklungsphase durchlebt. Die Unternehmensgründer haben immer Wert auf Sympathie gelegt. Im Direktkontakt zur Kundschaft sollte diese Eigenschaft eine Selbstverständlichkeit sein. Doch wir wissen alle, dass Wunschvorstellung und Realität nicht immer beieinander liegen. Nichtsdestotrotz wird Sympathie im Einzelhandel immer ein Schlüssel des Erfolgs bleiben.

Der Einfluss der Presse

Als Marktführer einer Branche führt man den Markt (an) und steht schon deshalb im Fokus der Öffentlichkeit. Insbesondere der kritische Blick der Presse ist einem gewiss. Berechtigt oder nicht, die Enthüllungen gleich mehrerer Handelsgrößen zeugen davon. Ob LIDL, die Drogeriekette Müller, Real, Kik, Rewe oder Schlecker, um beim Einzelhandel zu bleiben, sie alle mussten sich in den letzten Jahren herber Kritik stellen. Thematisiert wurde durchwegs der Umgang mit Mitarbeitern – als hätten sich die Journalisten abgesprochen.

Auch Media Markt blieb nicht gänzlich verschont, wobei flächendeckende Bespitzelungsaffären à la LIDL oder Müller nicht zum Stil des Unternehmens gehören. Die Kritikschwerpunkte liegen vielmehr im Bereich der Werbung oder der Preisklarheit.

Genügte es in den Anfängen von Media Markt, eine Sekretariatsfunktion einzurichten, die sich um die Belange der anfragenden Journalisten kümmerte, so hat sich speziell dieser Bereich allumfassend verändert. Längst unterliegen alle großen Handelsketten dem schlagzeilengesteuerten Druck der Berichterstatter. Alle namhaften Unternehmen stehen im Headline-Ranking des Pressewesens an oberster Position. Über ALDI, LIDL, IKEA und Co. berichten die Medien gerne. Gezielt nutzen sie deren Bekanntheitsgrad, um die Aufmerksamkeit der Leser auf sich zu ziehen. Selten sind die Meldungen positiver Natur. Die Tatsache, dass sich schlechte Nachrichten besser verkaufen lassen als gute, können wir jeden Tag aufs Neue nachlesen und erleben.

Neben der Beeinflussung von außen legten auch interne Quengeleien den Aufbau einer professionell arbeitenden PR-Abteilung nahe. Die Auslöser für diese Entscheidung sind vielschichtig. Grundsätzlich kann dem Unternehmen aber attestiert werden, dass es sich für Streitigkeiten und den daraus möglicherweise resultierenden gerichtlichen Auseinandersetzungen nie zu schade war. Die Bandbreite ist weit gefächert. Eine Klage des Musikproduzenten Dieter Bohlen gegen Media Markt darf hier genauso wenig fehlen (Näheres siehe im Kapitel Werbung) wie die in die Öffentlichkeit geratene Selbstanzeige eines im Jahr 2001 gekündigten Media Markt-Geschäftsführers des Standortes Berlin-Hohenschönhausen. DER SPIEGEL berichtete in seiner Ausgabe Nr. 43 des Jahres 2002 über Untreue, Steuerhinterziehung, Bilanzfälschung und Versicherungsbetrug. Die Media-Saturn-Holding sah sich am 30. Dezember 2002 gezwungen, beim Landgericht Berlin Strafanzeige gegen unbekannt einzureichen, zumal spekuliert worden war, dass die Selbstanzeige des Media Markt-Geschäftsführers nicht von ihm stammen würde. Die Geschäftsführung der Media-Saturn-Holding verwahrte sich in ihrer Presseerklärung gegen den SPIEGEL und den erweckten Eindruck, dass derartige steuerrelevante Delikte systematisch betrieben worden seien. „In der Media-Saturn-Gruppe werden alle Märkte in Form rechtlich selbstständiger GmbHs von vor Ort ansässigen geschäftsführenden Gesellschaftern und damit nicht von der Media-Saturn-Holding geführt. Damit haben Media Markt-Geschäftsführer ein hohes Maß an Eigenständigkeit und Verantwortung", so die Presseerklärung der Media-Saturn-Holding. Weiter heißt es: „Dennoch kann es in einzelnen Fällen zu Fehlentwicklungen kommen. Diese Einzelfälle wurden in der Vergangenheit von der internen Revision erkannt, untersucht und die notwenigen Schritte unverzüglich eingeleitet – so auch geschehen im Fall des Media Marktes Berlin-Hohenschönhausen."

Ins Repertoire der Unheil bringenden Nachrichten gehören auch Mitarbeiter eines Media Marktes in Heidelberg, die im Jahre 2000 zugaben, für ihre Überstunden Ware erhalten zu haben, die nicht versteuert worden sei. Als die Steuerfahndung sich für den Fall interessierte, erstattete die Holding vorsorglich Selbstanzeige. Auch ein TV-Sender, der sich für diese Thematik interessierte, war schnell gefunden. Eine bundesweite Reaktion einschließlich einer Fülle von Reglementierungen für alle Beschäftigten der Unternehmensgruppe war die Folge. Gegen eine Nachzahlung in Millionenhöhe wurde schließlich ein Vergleich mit dem zuständigen Finanzamt in Mannheim geschlossen. Seither müssen sich Media Markt-Geschäftsführer jährlich erklären und eine gesonderte „Checkliste" zur ordnungsgemäßen Versteuerung von Löhnen und Gehältern abliefern.

Für das Tagesgeschäft weniger amüsant dürften auch die immer wiederkehrenden Auseinandersetzungen sein, die sich aus Differenzen mit Verbraucherschutzorganisatoren ergeben. So gehört der Bundesverband der Verbraucherzentralen (vzbv) längst zum großen Mahner in Sachen „irreführender Werbung". Die werbewirksame Rabattaktion „Am 3. Januar zahlt Deutschland keine Mehrwertsteuer" aus dem Jahr 2005 sei hier exemplarisch erwähnt. Der Kommentar der Zeitschrift „Computer Partner" am 10. Januar 2005: „Inzwischen haben fast alle Tageszeitungen und Online-Nachrichtendienste über die Beschwerden von Verbraucherschützern berichtet, dass Media Markt eigens für diese Aktion die Preise bestimmter Artikel heraufgesetzt habe. (…) Der Imageschaden ist enorm. (…) Viele Kunden von Media Markt, der in der Werbung dazu auffordert, sich nicht ‚verarschen' zu lassen, fühlen sich genau dies: verarscht."

Da bedarf es keiner Worte mehr! Die Verantwortlichen von Media Markt sahen das natürlich anders und zogen eine positive Bilanz der Werbekampagne: „Wir hatten volle Zufahrtsstraßen, volle Parkplätze und volle Märkte." – Quelle: FAZ.NET vom 6. Januar 2005. Vierzehn Tage später musste auch „Computer Partner" erkennen, dass „die Mehrwertsteuer-Aktion vom 3. Januar dem Unternehmen reichlich Platz in den deutschen Zeitungen eingebracht hat. Die Schlagzeilen waren nicht immer nett, aber dafür kostenlos."

Dass derartige Media Markt-Werbefeldzüge von der Konkurrenz oder den Verbraucherschützern nicht ungesühnt hingenommen werden, steht außer Frage. Dennoch ist es immer wieder erstaunlich, dass die meisten Klagen eingestellt werden mussten – oft aufgrund einer mangelnden Beweislage. Selbst diesem juristischen Gefecht kann die Presse noch etwas abgewinnen. In den Online-News sprach man gar von einer „erfolgreichen Aktion: Die Richter sahen keine Manipulation der Preise." – Quelle: computerpartner.de,

1/2005. Selbst konservativ recherchierende Zeitungen sprechen die Kritik des prozessführenden Gerichts in Heidelberg offen aus: „Der Kläger hat vor Abmahnung und Klageerhebung ganz offensichtlich sehr schlecht recherchiert." – Quelle: Frankfurter Allgemeine Zeitung vom 3. August 2005. Entsprechend siegessicher fiel die Konteraktion aus dem Hause Media Markt aus. Die PR-Abteilung schmetterte: „Mit miserabel recherchierten Vorwürfen, deren Haltlosigkeit nunmehr drei deutsche Gerichte unabhängig voneinander festgestellt haben, haben die Verbraucherschützer in Kauf genommen, das Image eines erfolgreichen Unternehmens zu schädigen." Weiterhin empfahl man dem Bundesverband der Verbraucherzentralen, „seine wichtige Aufgabe zukünftig mit weniger Überheblichkeit und stattdessen mit mehr Verantwortung wahrzunehmen". Dies darf als eine Ohrfeige sondergleichen betrachtet werden.

Auch das seit Juli 2004 aktualisierte Gesetz gegen den Gesetz gegen den unlauteren Wettbewerb (UWG), welches Händlern unter anderem vorschreibt, Sonderangebote mindestens zwei Tage verfügbar zu halten, wird immer wieder zum Anlass genommen, gegen Media Markt vorzugehen – sowohl mittels journalistischer Aufklärungsarbeit als auch kraft juristischer Abmahnungen. Vor allem die professionell aufgestellten Abmahnvereine legen den Handelsriesen in Sachen „Lockvogelangebote" immer wieder Steine in den Weg. Da jeder Media Markt juristisch eine eigene GmbH darstellt, muss jeder Wettbewerbsverstoß klageseitig einzeln geltend gemacht werden. Ein mühsames Unterfangen! Das aber entspricht dem Tagesgeschäft von Abmahnvereinen, so dass hier zwar ein erhöhter Arbeitsaufwand anfällt, jedoch die Rechnungsstellung der Anwälte anschwellen lässt.

Media Markt wehrt sich: Wer im Glashaus sitzt

Innerhalb der Branche ist längst bekannt: Mitbewerber, die Media Markt auch nur vordergründig ärgern, müssen mit einer Gegenoffensive rechnen. Auch wissen Insider nur allzu gut, dass folgendes Grundprinzip tunlichst beachtet werden sollte: „Wer im Glashaus sitzt, sollte nicht mit Steinen werfen." Insofern sind Konkurrenten gut beraten, sich im Vorfeld zu überlegen, ob nicht auch ihnen ein wettbewerbswidriges Vergehen zur Last gelegt werden kann. Denn schließlich sind auch Media Markt-Mitarbeiter mit sogenannten „C-Gängen" (frühere Schreibweise mit „C" für Konkurrenz-

oder Kontroll-Gänge) vertraut und können abmahnrelevante Missstände ausfindig machen, die in einer Strafanzeige münden können. Ein kleines Feuer ist schnell entfacht, doch wenn es um das Löschen geht, hat so mancher den finanziellen und auch zeitlichen Aufwand nicht bedacht. Selbst große Unternehmen wie ALDI, aufgrund seiner Standortdichte mit über 4.200 Filialen alleine in Deutschland einer der größten PC-Verkäufer, haben im Rahmen ihrer Abmahnbemühungen erkennen müssen, dass es wenig Sinn macht, gegen Media Markt vorzugehen, da Gegenschläge nicht lange auf sich warten lassen und in der Frage allenfalls Rechtsanwälte und Gerichte „Kasse machen". Für kleinere Unternehmen ist es fast aussichtslos, zumal ihnen auch die personelle Substanz fehlt. Wer sich gegen Goliath stemmen will, ist vielleicht besser beraten, sich auf die Vorteile seines eigenen Geschäftsmodells zu besinnen und diese Tugenden intensiv herauszustellen, zumal die Vorzüge eines kleineren und flexiblen Firmenapparates immens sein können.

Dass nicht der Eindruck entsteht, gegen Media Markt sei kein Kraut gewachsen, beweist ein erst 2009 erlassenes BGH-Urteil (Bundesgerichtshof, Az. I ZR 195/07): Der Handelskonzern ProMarkt verklagte seinen Konkurrenten Media Markt in Stuttgart-Feuerbach, der 2007 mit einem Preisnachlass von 19 Prozent (Mehrwertsteuer) auf bestimmte Warengruppen geworben hatte. Zwei Testkäufern ist der Rabatt zwar gewährt worden, jedoch wollte Media Markt diesen Vorteil nur bei vorrätiger Ware gelten lassen. Die Bundesrichter urteilten, dass Werbung eindeutig sein müsse. Der Verbraucher müsse seine Kaufentscheidung in Kenntnis aller relevanten Umstände treffen können. Er muss sich ferner über die Bedingungen informieren können.

Dieser simple Fall bestätigt den zuvor geschilderten Rahmen: Erstens konnte nur ein Media Markt-Betrieb von derzeit über 230 Filialen in Deutschland abgemahnt werden und zweitens: Der Konkurrent ProMarkt zählt zur Kölner Rewe-Gruppe, die sich derartige Rechtskämpfe durch mehrere Instanzen leisten kann. Drittens: Es kann durchaus zwei Jahre dauern, bis das abschließende Urteil – hier sogar seitens des Bundesgerichtshofs in Karlsruhe – gesprochen wird. Für solche Verfahren brauchen beide Parteien viel Geduld und nicht zuletzt ein „dickes Portemonnaie".

Preiswahrheit

Bei einem Preisvergleich Anfang 2004 stellte eine Studie der Fachhochschule Bonn-Rhein-Sieg fest, dass Media Markt bei 47 verglichenen Artikeln nur 28-mal preiswerter war als der Durchschnitt. 13-mal war das Unternehmen sogar teurer – Quelle: brandeinsOnline 4/2005. Im Nachhinein ergab sich allerdings, dass die vermeintlich repräsentative Studie die Examensarbeit nur eines einzelnen Verfassers war und zahlreiche Schwächen aufwies. Auch SPIEGEL Online konnte im Februar 2005 Ähnliches berichten. Die Redaktion überprüfte in Zusammenarbeit mit der Preisagentur „guenstiger.de" die Verkaufspreise attraktiver Produkte und stellte dabei fest, dass der Media Markt-Preis oft zehn, in einigen Fällen sogar mehr als 20 Prozent über dem Preis anderer Anbieter lag. Zu berücksichtigen ist jedoch, dass der Preisvergleich mit Händlerforen aus dem Internet erfolgt ist. Auch wenn in dieser Betrachtung etwaige Bearbeitungs- und Versandkosten einkalkuliert wurden, so dürfte ein 1:1-Vergleich mit der Dienstleistung eines stationären Einzelhandels kaum adäquat sein. Eine weitere Untersuchung stellte nämlich fest, dass der Warenkorb mit 50 gängigen Artikeln bei Media Markt um drei Prozent günstiger war als der Durchschnitt der Wettbewerber. – Quelle: SPIEGEL Online vom 9. Februar 2005. Dieser geringe Unterschied zur aufgefahrenen Werbemaschinerie des Marktführers mag im ersten Moment enttäuschen, und dennoch meinen Branchenprofis, dass „für viele Kunden die Frage interessanter sei, wie viel sie beim Kauf relativ sparen, als wie viel sie für die Ware absolut bezahlen". – Quelle: FAZ.NET vom 9. Januar 2006.

Leopold Stiefel erwiderte auf Anfrage im April 2005 mit den Worten: „Über einen Warenkorb von 100 bis 200 Produkten garantiere ich, dass Media Markt bei gleicher Leistung der günstigste Anbieter vor Ort ist. (…) Man könne die Menschen vielleicht kurzfristig blenden, aber nicht über Jahre." – Quelle: ComputerPartner vom 5. April 2005. Siegesgewiss fügte Stiefel hinzu:

„Jährlich 210 Millionen Kunden
können nicht blöd sein!"

Leopold Stiefel

Das Kartell: Intel und Media Markt

Die Publikationsvielfalt reicht bis zu jenen Presseberichten, dass es zwischen dem weltgrößten Prozessorhersteller Intel und der Media-Saturn-Gruppe zu illegalen Kartellabsprachen gekommen sei, die den zweitgrößten Chip-Hersteller AMD zum Nachteil gereichen. – Quelle: Financial Times Deutschland vom 2. Juli 2006. Die Zeitschrift „ComputerPartner" spricht gar von einem angeblichen Schreiben der Media-Saturn-Holding. In diesem stünde sinngemäß: Media-Saturn kaufe prinzipiell keine Produkte mit AMD-Prozessoren, da man eine entsprechende Vereinbarung mit Intel habe. Weiter heißt es in dem Bericht: „Intel honorierte dieses Entgegenkommen mit ‚Ausgleichszahlungen in Millionenhöhe'" – Quelle: Financial Times Deutschland vom 3. Juli 2006. Die Zeitung zitiert in ihrer Darstellung einen Kartellrechtler mit den Worten: „Ein marktbeherrschender Hersteller darf keine exklusiven Vertriebspartner haben." Dass Intel längst den Markt beherrscht, beweist die Tatsache, dass der weltweite Anteil an Hauptprozessoren, auch CPUs (central processing unit) genannt, bei rund 80 Prozent liegt – Stand 2010.

Mitte 2008 weitet die EU-Kommission das Verfahren aus. Die Brüsseler Wettbewerbshüter werfen Intel vor, „eine führende Elektromarktkette durch die Zahlung von beträchtlichen Beträgen dazu gebracht zu haben, ausschließlich mit Intel-Prozessoren bestückte Computer zu verkaufen". Schnell kursierten die Vermutungen, dass es sich um die Media-Saturn-Gruppe handle. – Quelle: Frankfurter Allgemeine Zeitung vom 19. Juli 2008. In der Tat wird es schwer fallen, in den Media Markt- und Saturn-Werbebeilagen einen PC ausfindig zu machen, der mit einem AMD-Prozessor bestückt ist. Auch dass die Kommissionsbeamten die Büros der Media-Saturn-Holding durchsucht hatten, untermauerte die Befürchtung. „Die Kommission hat den Verdacht, dass Media-Saturn für den Exklusivvertrieb von Intel-Prozessoren hohe Provisionen erhält." – Quelle: Frankfurter Allgemeine Zeitung vom 12. Juni 2008.

Im Mai 2009 bestätigt die Europäische Kommission schließlich, dass neben zahlreichen PC-Herstellern auch die Media-Saturn-Gruppe Zahlungen dafür erhalten habe, nur Computer mit eingebauten Intel-Prozessoren verkauft zu haben. – Quelle: Frankfurter Allgemeine Zeitung vom 14. Mai 2009. Schlussendlich wird über den amerikanischen Hersteller Intel das höchste EU-Kartellbußgeld aller Zeiten verhängt: 1,06 Milliarden Euro! Die Strafe belastet das Quartalsergebnis des Unternehmens mit rund 1,4 Milliarden US-Dollar. Der entstandene Verlust sorgt im Hause Intel für den ersten Gewinnrückgang seit 1986. Zeitgleich erfolgt eine Untersuchung der amerikanischen Kartellbehörde Federal Trade Commission (FTC). Die Anklagepunkte sind ähnlicher Natur. Der zwischen Intel und AMD im November 2009 gefundene Vergleich sieht vor, dass Intel an seinen Konkurrenten AMD 1,25 Milliarden Dollar zahlt und sich darüber hinaus bereit erklärt, künftig auf „bestimmte Geschäftspraktiken zu verzichten". – Quelle: Frankfurter Allgemeine Zeitung vom 17. Dezember 2009. Damit endete vorerst ein unsägliches Kapitel zum Wettbewerbsrecht, von dem auch Media Markt über viele Jahre betroffen war.

Der Bestechungsfall Philips

2006 macht ein Bestechungsverdacht bei den Unternehmen Philips, Media Markt und Saturn die Runde. Tatsächlich war die Hamburger Staatsanwaltschaft einem Bestechungsfall in der deutschen Landesgesellschaft des niederländischen Philips-Konzerns auf der Spur. „Die Philips-Vertriebsleute und Marketingmitarbeiter haben den Einkäufern der Elektronikfachmärkte Prämien bezahlt als Gegenleistung für das Erreichen eines bestimmten Umsatzes mit Philips-Haushaltsgeräten", so Rüdiger Bagger, Sprecher der Hamburger Staatsanwaltschaft. Das Verfahren, das sich gegen 118 Beschuldigte richtete, hatte im Juli 2006 immerhin zu 116 Durchsuchungsbeschlüssen in 14 Bundesländern geführt – Quellen: Lebensmittelzeitung vom 24. August 2006, Frankfurter Allgemeine Zeitung vom 25. und 27. August 2006. Obwohl die Geschäftsleitung von Media Markt ausdrücklich die eigenen Mitarbeiter sowie die Industriepartner fortwährend darauf aufmerksam macht, dass derartige Vorteilsnahmen unrechtmäßig sind und entsprechend geahndet werden, kommt es immer wieder zu verlockenden Angeboten, denen offensichtlich nicht alle Einkäufer widerstehen können.

Fälschlicherweise werden derartige Offerten gerne als „verkaufsfördernde Maßnahme" tituliert. Die Gefahr, sich der Bestechung und der Bestechlichkeit im geschäftlichen Verkehr auszusetzen, wird unterschätzt. Da hilft es wenig, wenn selbst beim Automobilbauer BMW oder bei Karstadt sports ähnliche Vorfälle zu beklagen sind und ein Oberstaatsanwalt und Korruptionsexperte aus Frankfurt am Main, Wolfgang Schaupensteiner, äußert: „Es ist kein Skandal, was da passiert ist. Ein Skandal sei etwas jenseits der Norm. Korruption ist aber etwas ganz Gewöhnliches in Deutschland." – Quelle: Frankfurter Allgemeine Zeitung vom 27. August 2006.

Mitarbeiterinnen ziehen sich für den Playboy aus

Eine Image-Werbung der besonderen Art! Kaum zu glauben, aber wahr. Erstmals in der Geschichte des deutschen Playboy ziehen sich Mitarbeiterinnen eines Unternehmens aus und binden sogar ihren Arbeitgeber werblich ein. Immerhin meldeten sich 200 junge Damen auf die Ausschreibung „Playboy sucht die schönsten Mitarbeiterinnen der Media Markt-Gruppe in Deutschland". Was viele als schlechten Witz oder Werbegag enttarnt wissen wollten, entpuppte sich rasch als nackte Realität. Vorläufer jener Fotostrecken gab es bereits beim Handelsriesen Walmart und der Kaffeekette Starbucks, jeweils in den USA.

Die Idee zum heimischen Shooting der besonderen Art entwickelte sich der Erzählung nach im Jahre 2004 in einer Münchener Edeldiskothek. Andreas Reiter, ein Star unter den Aktfotografen, galt mit seinen Kontakten zum Playboy-Magazin als Garant für einen ernstzunehmenden Fotozyklus. 30 weibliche Angestellte kamen in die engere Wahl und folgten der Einladung zu einem professionellen Foto-Shooting. Am Ende waren es zehn Mitarbeiterinnen, die sich unter der Überschrift „Media Markt-Frauen zeigen ihre Schnäppchen" entblößten. Die Titelseite der im Februar 2005 erschienenen Playboy-Ausgabe schmückten nicht nur drei der auserwählten Damen, sondern auch ein handelsüblicher Einkaufswagen mit einem originalen Media Markt-Wimpel. Das Firmenlogo und auch der leicht verfremdete Jingle „Wir sind doch nicht blöd!" zeugten von der Zusammenarbeit des Herrenmagazins und Media Markt. Es ist ein Mix aus modernem Product-Placement mit Hang zur Schleichwerbung. In Media Markt-Manier ließ der Stolz der Marketing-Abteilung nicht lange auf sich warten. Bernhard Taubenberger, damaliger Unternehmenssprecher: „Zwei kreative Marken, die in ihren Segmenten absolute Marktführer sind, passen schließlich gut zusammen."

Der Handelskrieg: Aufbau eines Feindbildes

„Wir befinden uns im Krieg." Leopold Stiefel war nicht der erste Unternehmer, der sich dieses Bildes bediente, um auf den Handelskrieg (s)einer Branche aufmerksam zu machen. Es ist ein Ringen und Raufen um Marktanteile. Die „Nummer 1" zu werden ist bereits eine mühsame Sache, die „Nummer 1" zu bleiben steht den Anstrengungen bisweilen in nichts nach. Ständig gibt es Nachahmer oder auch Trittbrettfahrer, die sich des Erfolges anderer Firmen bedienen – in der Regel ist es zuerst die direkte Konkurrenz. Der Lebensmitteldiscounter LIDL gibt im Einzelhandel ein Paradebeispiel der Kopierkunst ab. In diesem Fall trifft es den Mitbewerber ALDI.

Ein Unternehmen muss sein ureigenes (Vertriebs-)Konzept schützen, zudem gilt es die permanenten Anschuldigungen eines bestimmten Journalismus und die anhaltenden Streitigkeiten mit Abmahnvereinen, Verbraucherschutzorganisationen oder auch Mitbewerbern in Schach zu halten. Ein aufwändiges und „geschäftsblockierendes" Unterfangen. Das Ende der 1990er Jahre erreichte Ausmaß veranlasste die Media Markt-Geschäftsleitung schließlich zu fragen, ob nicht längst ein Großteil der Arbeitsleistung für derartig unproduktive „Nebenkriegsschauplätze" vergeudet werde. Ohnehin musste sich die Unternehmensgruppe eingestehen, dass die flächenbereinigte Umsatzentwicklung im wichtigen Stammland Deutschland zu wünschen übrig ließ. Als dann ausgerechnet auch die Konkurrenz – vor allem die in Handelskooperationen agierenden Unternehmen – Oberwasser hatten, war für die Geschäftsleitung von Media Markt offenbar die Zeit gekommen, eine „Tabularasa-Taktik" anzuwenden:

Media Markt wehrte sich mit Händen und Füßen. „Im Elektrohandel tobt ein juristischer Kampf zwischen Media Markt und kleineren Händlern", schreibt die Frankfurter Allgemeine Zeitung im November 2006. Die auf Wettbewerbsrecht spezialisierte Rechtsanwaltskanzlei Wienke & Becker aus Köln spricht gar von einer „massiven Welle, bestimmt 1000 Fälle". Zu ihren Mandanten gehören über 60 betroffene Einzelhandelsunternehmen, die teilweise von drei verschiedenen Media Märkten parallel abgemahnt wurden. Reiner Heckel, Gründer des Online-Shops „redcoon", bezeichnet das Vorhaben als „Schaffen monopolistischer Strukturen". Auch Carsten Fröhlisch, Justitiar bei „Trusted Shops", dem führenden Gütesiegel für Onlineshops in Europa, sagt: „Mehrere hundert Onlinehändler werden von Media Märkten mit bösartigen Methoden verfolgt. Denen geht es um eine Marktbereinigung." – Quelle: Frankfurter Allgemeine Zeitung, 6. November 2006.

Media Markt-internen Ausführungen zufolge musste der Mitbewerb sehr wohl eine lähmende Wirkung verkraften. Dieser „Generalangriff" machte allen Branchenteilnehmern – insbesondere dem Onlinehandel – bewusst, wie schnell, weitreichend und intensiv Media Markt in der Lage ist, seine Kräfte bundesweit zu bündeln und (zumindest) Unruhe in den Handel zu bringen. Erst als auch überregionale Tageszeitungen über die Vorgehensweise von Media Markt berichteten, wurde die Abmahnwelle eingestellt. Noch laufende Verfahren, die sich oft über mehrere Jahre hinziehen können, werden – falls nicht vorzeitig zurückgezogen – noch beendet werden. Alles andere käme einer Selbstanzeige gleich. Der „Haus- und Hof-Justitiar" von Media Markt, Joachim Steinhöfel, wollte nach Angaben von „bild.de" diesen Kuschelkurs nicht länger begleiten und legte das Mandat im Frühjahr 2007 – nach jahrzehntelanger intensiver Zusammenarbeit – nieder.

Die Macht der klaren Sprache

Die Branchen Unterhaltungselektronik und Computer sind zum Großteil noch heute eine männliche Domäne. Dies ergibt sich bereits aus der Affinität. Das männliche Geschlecht interessiert sich mehr für technische Produkte. Daher ist es nicht verwunderlich, dass in diesen Warensegmenten auch „wie unter Männern" gesprochen wird. Die Kernbotschaft

> *„Marketing ist Kampf und*
> *der Wettbewerber der Feind"*

wird vermutlich nur wenigen Frauen leicht über die Lippen gehen. Tatsächlich stammt dieser Leitspruch von Walter Gunz. Eine derartige „Kampfansage" mag im ersten Moment überzogen und nicht zeitgemäß klingen, umso mehr ist sie aber unmissverständlich! In einer der schnellsten Branchen der Konsumgüterindustrie können „Larifari-Botschaften" rasch missgedeutet werden. Schon die gemilderte Ausdrucksform wie „Marketing ist wichtig und der Wettbewerber ein Kontrahent" lässt individuellen Interpretationen weitaus mehr Spielraum. Das entspricht ohnehin nicht der Unternehmenskommunikation im Hause Media Markt, wo intern seit jeher auf „klare Worte" Wert gelegt wird.

Die bereits eingangs genannte Floskel „Die Geister, die sie riefen" spiegelt die Attitüde im Umgang mit der Konkurrenz in Idealform wider. Von Anfang an war es den Firmengründern wichtig, nicht nur anders zu sein, sondern dies auch (unmiss-)verständlich zu formulieren. Dennoch ließe sich vermutlich vortrefflich darüber debattieren, ob für das negativ anmutende Wort „Feindbild" kein freundlicherer Begriff zu finden gewesen wäre. Doch auch dieser scheinbar harten Formulierung kann etwas Positives entnommen werden: Zum einen symbolisiert sie das Selbstvertrauen des Unternehmens, zum anderen den klaren, schnörkellosen Umgang mit der Konkurrenz.

Wer das Ziel der Marktführerschaft vor Augen hat und Sieger sein will, wird selten um eine Handelsschlacht herumkommen. Dies ist vor allem dann der Fall, wenn es sich um ein Vertriebsunternehmen handelt, das gleiche Ware wie der Mitbewerb anbietet. Denn ein Nokia Handy 6700 bleibt nun einmal auch in einem Media Markt ein Nokia Handy 6700. Die Möbelbranche hat es dabei einfacher: Die Hersteller können das Grundgestell eines Sofas mit hundert verschiedenen Stoff- und Lederarten versehen und dem Produkt einen willkürlichen Namen geben. Ein 1:1-Vergleich wird so unmöglich. IKEA lebt von diesem Effekt und der Einzigartigkeit seines Warensortiments.

Die nach außen gerichtete Firmensprache ist stets klar und unmissverständlich. Der anfangs möglicherweise intuitiv praktizierte Stil bewährt sich; er schafft Abstand und bietet gewissermaßen Schutz vor den Anfeindungen seitens der Konkurrenz, der Verbraucherschutzorganisationen und der Presse, die verstärkt auf den Schultern der Unternehmensführung lasten. Mitunter erwächst daraus sogar eine Störung des Tagesgeschäfts, die die Entscheidungsgeschwindigkeit und -qualität der Geschäftsleitung lähmt. Die Hauptangriffsflanke der „Widersacher" ist immer wieder der Außenauftritt – insbesondere die aggressive Werbestrategie des Unternehmens, die schon immer die meisten Feindseligkeiten nach sich zog. Die Reibereien, die die Kundschaft wahrscheinlich noch nicht einmal mitbekommen, sind innerhalb der Branche immerfort präsent.

Vielleicht war es die Flucht nach vorn, als Walter Gunz sich nach einem jahrelangen Werbegemetzel mit der Konkurrenz entschloss, jenen die Hand zu reichen, die sich immer wieder über die Außendarstellung und den Stil seines Unternehmens beschwert hatten. Im Januar 1995 lud Gunz erstmals wichtige Vertreter der Branche zu einem Treffen nach Berlin ein. Argwohn war verständlicherweise die Reaktion auf diese publizistisch keineswegs still zelebrierte Veranstaltung. Es war der erste inszenierte Branchentreff überhaupt. Kartellrechtlich ein heißes Eisen. Weil die Presse ebenfalls vollständig eingeladen war, konnte eine mögliche Mutmaßung über geheime Absprachen sofort im Keim erstickt werden. In einem Gespräch mit der „Frankfurter Allgemeinen Zeitung" führte Walter Gunz aus: „Wir sind sicher auch sehr aggressiv gewesen, bis an die Grenzen des Machbaren gegangen und haben auch Abmahnungen eingefangen. Eben aus diesem Grund versuche seine Unternehmensgruppe aber nun zu zeigen, dass sie zu einer Änderung ihres Geschäftsgebarens bereit sei. Der Wettbewerb hat sich zu einer Art Krieg entwickelt, den keiner will." – Quelle: Frankfurter Allgemeine Zeitung vom 31. Januar 1995. Das Echo war recht unterschiedlich. Böse Zungen behaupteten damals gar, dass der Media Markt-Gruppe das Werbegeld ausgegangen sei und man sich nur deshalb zu diesem Entschluss und zu dieser Pressekonferenz hat hinreißen lassen, um gute Miene zum bösen Spiel zu machen. Wahrscheinlich stammt die treffendste Formulierung vom damaligen Vorstand der Geschäftsführung im Hause ProMarkt, Hans-Joachim Ziems: „Wir sind guten Mutes, aber misstrauisch."

Auffallen um jeden Preis?

Wer auffällt, hat die Trumpfkarte in der Hand! Unternehmen, die schnell expandieren und die Aufmerksamkeit auf sich ziehen wollen, haben selten eine andere Wahl. Welche Folgen hatte das auf die Belegschaft? Welcher Druck lastet vor allem auf den Führungskräften oder etwa auf den Einkäufern, die das Unternehmen hauptsächlich auf dem Parkett der Industriegespräche vertreten?

„Mit vollen Hosen lässt sich gut stinken!"

Diese Aussage des ehemaligen Geschäftsführers der Media-Saturn-Holding Klaus-Peter Voigt verdeutlicht die innere Einstellung des Unternehmens. Die „vollen Hosen" stehen durchaus für die Marktmacht von Media Markt. Auch die in der Wirtschaft oft zitierte Redewendung „volle Kriegskassen" wäre ein parallel wirkender Gedanke. Auch eine gewisse Arroganz blitzt durch und ist – schon aufgrund manch überheblich wirkender Werbeaussagen – kaum zu leugnen. Aber welche andere „Charaktereigenschaft" würde besser zum lauten Auftritt des Unternehmens passen? Kaum ein Branchenbeobachter wird behaupten wollen, dass Media Markt ein handzahmer Marktplayer ist. Selbst die Bezeichnung „Wolf im Schafspelz" käme den meisten nicht glaubhaft über die Lippen. In einer hart umkämpften Branche kann sich das „brave Entlein" – um in der Sprache der Tierwelt zu bleiben – nun einmal nicht lange über Wasser halten. Zu groß ist der Teich und zu machtgierig sind die mitschwimmenden Alphatiere. Denn die Handelslandschaft zielt schlussendlich darauf, neue Marktanteile zu erobern. Wer seine Anteile am Gesamtmarkt und somit seine Handelsmacht vergrößern möchte, darf keine Angst vor Gegenmaßnahmen haben und muss mit strategisch geplanter Marktverdrängung rechnen. Um es auf den Punkt zu bringen: In dieser Branche gibt es schlichtweg keinen Platz für drittklassige Vertriebsphilosophien.

Die Kommunikation im Einkauf und der Umgang mit den Industriepartnern

Spürbarer Erfolg und das Wissen um die Marktführerschaft prägten nach und nach den Habitus des „Wir-sind-wer!". Als interessierter und engagierter Mitarbeiter ist es schwer, sich diesem erbaulichen Unternehmenssog zu entziehen. Industriepartner, die das nicht respektieren oder zumindest akzeptieren wollen, sind gut beraten, dies nicht öffentlich kundzutun. Eine wie auch immer geartete Fehlinterpretation in puncto Wertschätzung des Arbeitgebers Media Markt kann für Geschäftspartner fatale Folgen haben; zumal die Dezentralität des Unternehmens den „Vor-Ort-Entscheidern" einen großen Spielraum einräumt. Schon das Ausgrenzen eines Lieferanten innerhalb einer Region könnte eine bundesweit wirtschaftliche Schieflage des Lieferanten zur Folge haben. Schwerwiegende Fälle wurden bereits in der Vergangenheit nicht selten auf der Ebene der Firmengründer beziehungsweise der Holding schlichtend geklärt. Selbst milliardenschwere Global Player à la Microsoft waren mitunter gut beraten, „kleinere Brötchen zu backen" und nicht allzu sehr aus der Reihe der Lieferanten auszuscheren. Namhafte Hersteller haben sich bereits die Zähne ausgebissen, wenn sie der Auffassung waren, dass ihre Produkte für Media Markt unerlässlich seien. Auf der Herstellerseite musste sogar einmal eine ganze Stabsabteilung ausgetauscht werden, um den vertrieblichen Schaden mit dem europäischen Handelsmarktführer einzudämmen. Auch nützen Verhandlungsergebnisse auf höchster Ebene wenig, wenn die Vertriebsbasis Gründe findet, sich dem (im Stillen) zu widersetzen.

Der bundesweite Zusammenhalt der Belegschaft ist ausgesprochen hoch, wenn es darum geht, einen Lieferanten zu stützen oder in die Schranken zu weisen. Existentiell gefährdete Hersteller würden heute vom Markt verschwunden sein, gäbe es diesen bundesweiten Zusammenhalt nicht.

Einkaufsgespräche im Hause Media Markt sind für Hartnäckigkeit, aber auch für den fairen Umgang und das partnerschaftliche Interesse bekannt. In den relevanten Warengruppen geht es nicht um Modekollektionen, über deren Design und zukünftige Marktakzeptanz genüsslich philosophiert werden kann. Bei den Media Markt typischen Sortimenten handelt es sich um Produkte, die hauptsächlich klar definierte Vorgaben erfüllen müssen. Entweder steht der Preis im Vordergrund – etwa wenn es darum geht, einen werbewirksamen Artikel einzukaufen – oder es wird Ware benötigt, die sich in das breit gefächerte Warensortiment einfügen soll. Darüber hinaus wird Wert auf Innovationen gelegt, um den Kompetenzanspruch von Media Markt zu erfüllen.

Was sich wie eine „Drei-Pfeiler-Einkaufsstrategie" anhört, entspricht natürlich nicht der ganzen Wahrheit. Dazwischen gibt es für die Einkaufsabteilungen eine Fülle unterschiedlichster Aspekte, wie, wann, warum und wie viel Ware eingekauft wird. Hinzu kommen regionale Besonderheiten, die es zu beachten gilt. So sind beispielsweise die Wohnungsgrößen in Ostdeutschland im Schnitt kleiner als die in den alten Bundesländern, was dazu führt, dass das Sortiment bei großflächigen TV-Geräten beispielsweise entsprechend anders zusammengestellt sein muss. Im Süden interessieren sich mehr Menschen für den Genuss von Espresso und Cappuccino, was – so Untersuchungen – primär auf die Nähe zu den südlichen Nachbarländern und deren Lebensstil zurückzuführen ist. Die nordisch geprägte Bevölkerung frönt hingegen dem Teegenuss. Diese einfachen Beispiele zeigen, welches Wissen, welche Erfahrung und welches Gespür der Einkauf von Ware verlangt und welche Risiken eine zentrale Warenbeschaffung in sich bergen würde. Zentralistisch geführte Warenhäuser erleben diesen Nachteil hautnah seit mehr als einem Jahrzehnt – bis hin zur Insolvenz des ehemaligen Spartenprimus Karstadt (Arcandor). Bereits das Handling von rund 45.000 Artikeln – das durchschnittliche Warensortiment eines Media Marktes – und das Agieren in mehreren ungleichen Branchen lässt erahnen, wie diffizil sich die Arbeit der Einkäufer gestaltet.

Gestöhnt wird immer

Einkaufsgespräche sind ein Kapitel für sich – man könnte Bücher darüber schreiben. „Gestöhnt wird immer" heißt es unter Handelspartnern. Dabei ist es seit jeher Aufgabe und Verantwortung des Einkäufers, unter anderem den bestmöglichen Preis für sein Unternehmen zu erzielen. Eine weitere Aufgabe besteht oft darin, die Lieferfähigkeit eines begehrten Produktes sicherzustellen. Hier kann es durchaus vorkommen, dass die Verhandlungsgespräche schnell etwas rauer werden, denn: Was nützt einem der beste Einkaufspreis, wenn die begehrte Ware nicht rechtzeitig geliefert wird?

Media Markt hat(te) immer wieder damit zu kämpfen, dass die Vor-Ort-Einkäufer – also jene, die für den heimischen Standort ordern – versuchen, ihre Marktmacht auszuleben. Insbesondere unerfahrene oder auch überforderte Einkäufer flüchten in ein hochmütiges Auftreten. Spätestens dann ist die Fähigkeit eines Vorgesetzten gefragt, aufgeschäumte Wogen im Sinne beider Gesprächspartner zu glätten. Selten aber wird so heiß gegessen wie gekocht wird, so dass auch bei harten Geschäftsverhandlungen das eigentliche Ziel im Vordergrund steht. Firmenhistorisch mag die rasante Expansion den Media Markt-spezifischen Umgang mit Industriepartnern begründen, aber Begleitumstände, insbesondere im Bereich der Personal-Rekrutierung, lassen Schwächen sichtbar werden. Für eine gute Einarbeitung, die den Ansprüchen des Einkaufs gerecht werden kann, fehlt oft die notwendige Zeit. Hinzu kommt die teilweise hohe Fluktuation der Mitarbeiter/innen, zu denen auch die Weiterempfehlung in neu entstehende Media Märkte zählt. Das erschwert die Beruhigung der Gesamtsituation. Wenig erfreulich ist auch, dass das vielseitig fordernde Tagesgeschäft die Chance, das Unternehmens-Know-how in seinen umfangreichen Facetten weiterzugeben, bisweilen blockiert. Denn mit dem Einkauf von Ware ist es bei weitem nicht getan. Auch die logistische Steuerung der Bestellung obliegt im Allgemeinen dem Einkäufer. Er ist es, der als Erster kontaktiert wird, auch wenn er für die meisten aufkommenden Logistikprobleme noch nicht einmal verantwortlich zu machen ist. Es bedarf etliche Jahre der Erfahrung und Weiterbildung, um ein kompetenter, kommunikationsbegabter und im Umgang mit der Industrie geübter und anerkannter Einkäufer zu werden. Die Aussage, dass sich viele Media Markt-Mitarbeiter mit dieser Aufgabe überfordert fühlen, scheint mir legitim, zumal sie aufgrund der dezentralen Einkaufspolitik und der damit verbundenen Unternehmensstruktur über eine Entscheiderkompetenz verfügen, für die sie mitunter nicht ausgebildet wurden. Den Ausbildungsberuf „Einkäufer" gibt es schlichtweg nicht. Bildlich gesprochen kann dies durchaus mit einem „Mit-der-heißen-Nadel-gestrickten-Zustand" verglichen werden. Dieser Punkt ist insofern von Interesse, als die Gesprächspartner aus der Industrie oftmals einen Universitätsabschluss vorweisen können. Deshalb ist es nicht verwunderlich, wenn sich beim Aufeinandertreffen solch „ungleicher Kräfte" Spannungen auftun und der souveräne Eindruck, den das Unternehmen gewöhnlich vermittelt, nicht mehr bestätigt wird.

Gerade in den letzten Jahren aber hat sich die Weiterbildungsqualität von Media Markt-Mitarbeitern rapide verbessert. Schon seit Mitte der 1990er Jahre gibt es neben einer Fülle frei zugänglicher Seminarangebote auch hausinterne Schulungsmaßnahmen, deren Angebotsvielfalt kaum Wünsche offen lässt. Die Zusammenarbeit mit Berufsschulen, universitätsnahen Schulungszentren und vergleichbaren Institutionen gehört seit langem zum Repertoire der Qualifizierungsmaßnahmen. Mit der FH Ingolstadt arbeitet Media-Saturn seit 2005 zusammen. Damals ging der deutschsprachige duale Studiengang „Internationales Handelsmanagement" ins Rennen, das internationale Pendant folgte im Jahr 2009. Längst haben sich Warenexperten und Einkaufsprofis entwickelt, die häufig sogar den Wareneinkauf einer ganzen Region – also für mehrere Media Markt-Standorte – koordinieren.

Bei all diesen Betrachtungen wird gleichzeitig die Entwicklung des Unternehmens erkennbar. Wer immerzu von einer positiven Geschäftsentwicklung beseelt ist, verliert unter Umständen den Bezug zur Realität. Dieser Aspekt ist von strategischer Bedeutung, da außer Frage stehen dürfte, dass eine gestörte oder nur schwerlich in Gang zu bringende Geschäftsverbindung sogar Handelsgiganten wie Media Markt schaden kann. Bereits das zu späte Beliefern einer Messeneuheit, die beispielsweise auf eine absichtlich verzögerte Auftragseingabe eines „gekränkten" Industrievertreters zurückzuführen ist, kann einen Wettbewerbsnachteil verursachen. Spätestens dieses simple Beispiel verdeutlicht, in welcher Abhängigkeit beide Handelspartner zueinander stehen. Im Idealfall sollte daher immer eine sogenannte „Win-win-Situation" geschaffen werden, die einen Gesichtsverlust vermeidet und den Wünschen beider Parteien gerecht wird. Die Entwicklung der eigenen Mitarbeiter birgt auch im Hause Media Markt ein gewaltiges Potenzial und ist von grundlegender Bedeutung für die zukünftige Entwicklung der Unternehmensgruppe.

Um einem möglichen falschen Gesamteindruck entgegenzuwirken: Der überwiegende Teil der Handelsgespräche verläuft fair und partnerschaftlich. Die Vor-Ort-Industriegespräche erfolgen offen und die meisten Einkäufer, die ich während meiner Tätigkeit bei Media Markt kennen gelernt habe, machen einen exzellenten Job. Der ehrliche Umgang mit den Handelspartnern ist nicht umsonst ein fester Bestandteil der Firmenphilosophie. Ohne die Innovationsfreudigkeit der Hersteller auf der einen Seite und die optimale Warenversorgung und Vermarktungsmöglichkeiten auf der anderen Seite wäre der Erfolg von Media Markt nicht darstellbar.

Media Markt ist Werbung

Media Markt ohne Werbung? Undenkbar! Zur Außendarstellung des Elektro-Discounters gehört – selbstverständlich – die Werbung. Kaum ein anderes „Gesicht" ist beim Endverbraucher so präsent und wird so spontan mit Media Markt in Verbindung gebracht. Nicht umsonst ist die Handelskette der größte Werbetreibende des deutschen Einzelhandels – vor ALDI und LIDL! Näheres zu den mit der Unternehmenskommunikation eng verzahnten Werbethemen ist im Kapitel „Macht durch Werbung" ausgeführt.

Media Markt ist Aktion

Für viele interessierte Besucher – besonders für (Stamm-)Kunden – ist Media Markt mehr als nur eine Einkaufsstätte für Elektroartikel. Das Unternehmen ist zugleich Messeplatz und Schaubühne einer sich ständig verändernden Welt der Technik. Media Markt schafft es zudem, jene bei der deutschen Kundschaft sehr beliebte Bazarstimmung zu erzeugen. Die preisaggressive und polarisierende Werbung, die das Gefühl des „Schnäppchenrauschs" suggeriert, darf nicht fehlen. Die Fachhochschule Stuttgart hat für diese Art des Einkaufserlebnisses eine treffende Formulierung gefunden:

Es geht nicht nur um die Gegenstände,
die man kaufen kann,
es geht um das Lebensgefühl:
Ich bin dabei. Ich bin mitten im Leben.

Die Motivationsmaschine

6

Media Markt zahlt gut

„Über Geld spricht man nicht", so lautet eine Redensart, die uns schon von klein auf nahegebracht wird. Bereits unsere Großmütter pflegten zu sagen: „Es ziemt sich nicht, über das Geld anderer Leute zu reden." Diese Ansicht hält sich bis heute hartnäckig, insbesondere in Europa. Gehalt ist ein Tabuthema. Und tatsächlich ist der sogenannte „Schweigepflichtparagraph" in nahezu allen Arbeitsverträgen ein fester Bestandteil und wird oft auch auf die Geheimhaltung des eigenen Gehaltes ausgedehnt.

Die Hintergründe sind denkbar einfach und beruhen fast immer auf der Erkenntnis, dass das „liebe Geld" sehr schnell (auch) zu einem „Motivationskiller" im Unternehmen werden kann. Neid oder auch das Gefühl, benachteiligt zu sein, sind keine guten Erfolgsmotoren.

Die Gehaltsstruktur bei Media Markt ist insofern erwähnenswert, als sie wesentlich ist für die Grundmotivation der Belegschaft. Trotz aller „Geheimhaltungsbeschwörungen" hat sich längst herumgesprochen, dass in der Unternehmensgruppe einerseits zwar deutlich mehr Verantwortung abverlangt wird, das Engagement aber andererseits auch gewürdigt wird und die Entlohnung entsprechend positiv ausfällt. Nach dem Motto:

Wer erfolgreich arbeitet, darf auch erfolgreich ernten.

Tarifverträge werden im deutschen Einzelhandel auf Bundeslandebene abgeschlossen. Demzufolge existieren aktuell 16 Tarifverträge, die jeweils nach Ablauf zwischen der Arbeitgeberseite und den Arbeitnehmervertretungen neu ausgehandelt werden.

Für die Media-Saturn-Gruppe hingegen dient der Tarifvertrag (allenfalls) als Orientierung. Die seitens des Holding-Managements ausgesprochene Vorgabe lautet nämlich, dass alle Mitarbeiter/innen über Tarif bezahlt werden – im Verkauf, in der Verwaltung und im Lager. Diese Regelung mag zahlreichen Mitarbeitern kaum bewusst sein. Spätestens beim Vergleich mit Freunden oder Bekannten aus benachbarten Berufszweigen (an)erkennen auch sie die bessere Entlohnung. Darüber hinaus können die Aufstiegschancen im Unternehmen als „sehr hoch" eingestuft werden. Auch hier gilt der Grundsatz: Wer mehr leistet und mehr Verantwortung übernimmt, verdient auch mehr. Die im Detail komplexe „Mixtur" aus Leistung, Verantwortungsbereitschaft und Flexibilität auf der einen und Verdienst und Karrierechancen auf der anderen Seite haben das Unternehmen bislang vor kritischen Pressestimmen oder gar vor „Lohndumping-Attacken" à la Schlecker und Co. bewahrt. Auch wenn es sich bei der übertariflichen Entlohnung oft nur um einige Prozentpunkte handelt, so hat sich die bislang praktizierte Handhabung bewährt und wird von der Belegschaft durchaus als eine gewisse Großzügigkeit im Gehaltsgefüge wahrgenommen.

Führungskräfte werden in der Regel großzügiger entlohnt. Hier ist eine tarifliche Anlehnung schon aus Gründen der überholten Tarifkriterien nicht gegeben: Media Markt läge es fern, ein Entlohnungssystem ausschließlich auf Basis der ausgeübten Berufsjahre und die Anzahl der unmittelbar unterstellten Personen zu praktizieren. Das würde schon deshalb nicht zum Unternehmen passen, weil die Belegschaft im Vergleich mit anderen Unternehmen deutlich jünger ist, die Bewertung nach Berufsjahren selten gelänge und zudem einen unfairen Charakter bekäme.

Ohne Prämie klappt es besser

Entgegen einer oft vertretenen Auffassung wird das Verkaufspersonal bei Media Markt mit einem fixen Gehalt entlohnt. Auf einen variablen Vergütungsparameter wird bewusst verzichtet. Verkaufsprämien, Boni und dergleichen gibt es im Verkaufsbereich des Unternehmens so gut wie nicht. Diese Handhabung stammt von den Firmengründern selbst: Der Kunde soll sich unbefangen in den Geschäftsräumen bewegen, eine wie auch immer geartete Beeinflussung durch einen „prämiengesteuerten" Verkäufer ist mit dem Bild eines ungezwungenen Kaufs nicht vereinbar. Dehalb sollte der Verkäufer erst dann auf den Kunden aktiv zugehen, wenn dieser signalisiert, dass er eine Beratung wünscht. Diese Vorgehensweise bezeichnete Media Markt früher sogar als „Stand-by-Beratung".

Der Ordnung halber muss erwähnt werden, dass Media Markt kein völlig prämien- und bonifreies Unternehmen ist; jedoch sind variable Vergütungsparameter fast immer mit Führungsaufgaben verbunden und werden daher bei Verkaufsleitern, Warengruppenleitern und anderen Führungskräften eingesetzt. Auch wenn „Geld nicht alles ist", so kann der Unternehmensgruppe weise Voraussicht bescheinigt werden: Eine faire Bezahlung trägt in der Regel nicht nur zur Motivationssteigerung bei, sondern prägt das Wohlbefinden am Arbeitsplatz nachhaltig. Das Gefühl, schlecht bezahlt zu sein, ist kaum zu entkräften!

Der Industrielle Robert Bosch (1861–1942) brachte es vielleicht am eindrucksvollsten auf den Punkt:

> *„Ich zahle nicht gute Löhne, weil ich viel Geld habe, sondern ich habe viel Geld, weil ich gute Löhne zahle."*

Von der Aushilfe zum Millionär

Media Markt ist nicht bekannt für ein „Low-Level-Arbeiten", das muss der Ehrlichkeit wegen gesagt werden. „Karriere – Das junge Job- und Wirtschaftsmagazin" bewertete Media Markt im Januar 2007 wie folgt: „Wer bei Media Markt etwas werden will, muss hart ran." In ihrem „Karriereurteil Media Markt" bewertete die Redaktion den sogenannten „Kuschelfaktor" und die „Work-Life-Balance" jeweils nur mit zwei von fünf möglichen Punkten. Wer nur einen Job haben will oder wenig Freude am Zupacken hat, sich schwer tut mit Veränderungen oder beim Gedanken an Teamgeist gar die Augen verdreht, ist gut beraten, sich erst gar nicht bei Media Markt zu bewerben. Er/sie würde sich, seinen/ihren Kollegen und dem Unternehmen keinen Gefallen tun. Ich kenne (glücklicherweise) keine berufliche Aufstiegsmöglichkeit, die nicht mit einer Gegenleistung, wie Engagement, Fleiß, Freude und Flexibilität einhergeht – auch nicht bei Media Markt.

Das Magazin „Brandeins" titelte im August 2006 einmal: „Von der Aushilfe zum Millionär: Beim Media Markt ist das zumindest nicht völlig unmöglich." Weiter heißt es: „Vielleicht sind die Mitarbeiter aber auch motiviert, weil sie wissen: Leistung lohnt sich bei Media Markt tatsächlich. Wer seine Freizeit für Weiterbildungsmaßnahmen und Schulungen opfert, wer sich auf den Geist des Unternehmens einlässt und stets mehr als Dienst nach Vorschrift macht, kann es auf der Karriereleiter bis ganz nach oben schaffen – bis zum eigenverantwortlichen Unternehmer mit eigenem Media- oder Saturn-Markt. Von der Aushilfe zum Millionär, das gibt es hier wirklich."

Der Mensch steht im Mittelpunkt

„Geld ist nicht alles!" – so lautet eine bekannte Redewendung. Auf Mitarbeiterseite gibt es eine Reihe von Wünschen, die der Arbeitgeber erfüllen sollte – ein menschliches wie legitimes Bedürfnis. Standen vor Jahren noch Themen wie Karrierechancen, Mitgestaltung und Weiterbildung im Vordergrund, so hat die Gesellschaft (und letztlich auch die Berufswelt) seit geraumer Zeit den „Faktor G" – „G" wie Glück oder neudeutsch „Flow" – entdeckt. Glück ist ein innerer Motor und ideal geeignet, neue Werte zu schöpfen und die Wertschöpfungskette zu verlängern. So lautet die Glücksformel:

Glückliche Mitarbeiter = glückliche Kunden = glückliche Unternehmen

Eine Vielzahl von „Glücksbüchern" unterstreicht diese Entwicklung. Der bekannteste Vertreter der Autorenzunft ist der Doktor der Medizin und Comedian Eckart von Hirschhausen mit seinem Bestseller „Glück kommt selten allein". Die Sehnsucht nach mehr Arbeitszufriedenheit stützen mittlerweile viele Motivations- und Trainingsprogramme, deren Bestimmung sich verbirgt hinter Wortschöpfungen wie „Well-Being", „Work-Life-Balance", „Faktor-Fit" oder auch „Diversity", um nur einige zu nennen.

Wenn wir ehrlich sind, so bedarf es nicht der Frage, ob der Mensch im Mittelpunkt steht; es sollte eine Selbstverständlichkeit innerhalb unserer Gesellschaft und – daraus ableitend – auch innerhalb der Beschäftigungsverhältnisse sein. Folgerichtigkeit ist nicht unbedingt Wirklichkeit! Bis heute räumt die Führungsetage im Hause Media Markt dem einst erkorenen Glaubenssatz „Der Mensch steht im Mittelpunkt" weitreichende Bedeutung ein. Stelle ich diesen Satz in meinem Freundes- und Bekanntenkreis zur Diskussion, denken und reden alle spontan über die Mitarbeiterinnen und Mitarbeiter in einem Unternehmen. Was aber ist mit den Wünschen und Bedürfnissen der Kunden und der Geschäftspartner? Auch daran haben die Gründer gedacht und die partnerschaftliche Dreiecksverbindung bestehend aus Kunde, Handelspartner und Mitarbeiter in der Unternehmenskultur von Media Markt als zentrales Geschäftsprinzip eingeführt. Der Faktor „G" zielte somit nicht nur auf die Bedürfnisse der Belegschaft.

Um dieser Leitlinie folgen zu können, benötigt das Unternehmen Menschen, die gerne eigenverantwortlich leistungsorientiert arbeiten und sich über den sogenannten Tellerrand hinaus engagieren. Hierbei ist insbesondere Teamfähigkeit gefragt. Leistung, auf dem Niveau des „Handelsüblichen", wird hingegen nur handelsübliche Resultate hervorbringen.

Menschen sind Individualisten; umso motivierender ist es für jeden Einzelnen, wenn seine Stärken Beachtung finden und sie im Sinne des unternehmerischen Gemeinwohls auch gelebt werden dürfen.

Mitarbeiter/innen sollen sich auf die Arbeit und an der Arbeit freuen.

Der Mitbegründer Leopold Stiefel umschrieb die Unternehmensleitsätze auch mit Kommunikation, kreative Unruhe, Bereitschaft zur Veränderung, Vertrauen und Fehlertoleranz. Wenn Motivation, Leistungsbereitschaft, die Zufriedenheit der Belegschaft und deren Identifikation mit dem Unternehmen als Gradmesser für den (gemeinsamen) Erfolg von Media Markt gelten, so muss die Personalstrategie durchaus als gelungen und nachahmenswert eingestuft werden.

Gelebte Dezentralität und flache Hierarchien schaffen ein im Handel nicht immer anzutreffendes „Wir-Gefühl". Jeder Media Markt ist eine eigenständige Gesellschaft (GmbH), die von einem geschäftsführenden Gesellschafter – einem „Vor-Ort-Geschäftsführer" – geführt wird. Die juristisch autonom operierenden Media Märkte zahlen nicht nur ihre Gewerbesteuern vor Ort, sondern nehmen auch entscheidenden Einfluss auf das Warensortiment (Einkauf) und das Preisgefüge (Vertrieb/Verkauf). Jeder Media Markt ist selbst für die Bereiche Personal, Organisation und Werbung verantwortlich. Die Systemzentrale mit Sitz in Ingolstadt übernimmt hierbei eine wichtige Beratungs- und Unterstützungsfunktion: Sie erstellt unter anderem die Buchhaltung und hat somit zeitnah Einblick in alle relevanten Daten der gesamten Unternehmensgruppe.

Das Mehr an Motivation

Die dezentrale Struktur kann doch nicht für alles herhalten? Da muss doch noch mehr sein? – Vor einigen Jahren begeisterte mich in der „Frankfurter Allgemeinen Zeitung" ein Artikel, in dem eine Angestellte auffallend positiv über ihren Arbeitgeber und ihre verantwortungsvolle Tätigkeit sprach. „Dass muss ein tolles Unternehmen sein … bestimmt amerikanisch", dachte ich. Erst kurze Zeit später registrierte ich, dass sich in dem Artikel eine Mitarbeiterin aus einem Media Markt zu Wort gemeldet hatte. In Anbetracht der Pressescheuheit des Unternehmens sicherlich ein Novum. Besagte Angestellte hatte ihre Karriere im März 1991 begonnen und ging im Media Markt Würzburg (damals der 24. Markt in Deutschland) einem Nebenjob nach. Ihr eigentliches Berufsziel war Dolmetscherin für Englisch und Spanisch. Sie bekennt: „Ich war jung, brauchte das Geld und kann auch was." Weiter heißt es: „Das Unternehmen infi-

zierte mich." Wie im Werbejargon sagt sie: „Das ist der Hammer."
Die Unternehmenskultur sei simpel: „Es heißt nicht: Darf ich's? Sondern: Will ich's, und was bringt es dem Unternehmen?" So darf sie
gleich nach dem Examen den Wareneinkauf für die Abteilung übernehmen. „Ich hatte keine Ahnung von Betriebswirtschaft, Wahn-
sinn, welch ein Vertrauen." – Quelle: Frankfurter Allgemeine Zeitung vom 29./30. Dezember 2007. Die Mitarbeiterin ist nach
mehreren Einarbeiterstationen an verschiedenen Standorten des
Landes längst geschäftsführende Gesellschafterin eines Media
Marktes und Chefin von über 60 Mitarbeitern. Stolz auf ihren Erfolg
sagt sie zutreffend:

„Alles hier ist auch meins.
Mein Markt, meine Mitarbeiter.
Es gibt keinen größeren Anreiz."

Manuela Piermaier-Klein

Vom Nebenjob zur Geschäftsführerin beziehungsweise Mitinha-
berin. Bei Media Markt ist das nichts Ungewöhnliches.

Auch die Kleinigkeiten sind es, die den (beruflichen) Alltag versüßen helfen und das Bewusstsein stärken, dem richtigen Unternehmen zu dienen. Die Bandbreite ist groß und in der Regel jedem
Vor-Ort-Geschäftsführer selbst überlassen. Ein persönliches Geburts-
tagsgeschenk für jeden Mitarbeiter, die Überreichung eines Danke-
schöns in Form eines schokoladigen Osterhasen oder Weihnachts-
mannes. Alles ist willkommen, solange es ehrlich gemeint ist und
authentisch wirkt.

Vor einiger Zeit musste ich schmunzeln, als ich in einer Tageszeitung
las, dass ein Professor für Wirtschaftspolitik und außermarktliche
Ökonomie an der Universität Zürich bedauerte, dass uns Deutschen
nach dem Zweiten Weltkrieg Auszeichnungen in Form von Titeln
und Orden abhanden gekommen seien. Wie der Zufall es will, schil-
derte er seine Ansichten in einem Zeitungsartikel, dessen Überschrift
lautete: „Anreize ohne Geld sichern den Unternehmenserfolg – Lob
ist unersetzlich." Als gebürtiger Rheinländer (eine Region, in der bekanntlich gerne Karnevals- und Schützenorden verteilt werden)
hatte ich für alle Mitarbeiter/innen einen „goldenen Verdienstorden
am roten Bande" anfertigen lassen und im Rahmen einer humorvol-
len Ansprache verliehen. Die nett gemeinte Geste sollte meine persönliche Anerkennung und Wertschätzung unterstreichen, und es
freut mich noch immer zu wissen, dass der „Verdienstorden" in der

privaten Wohnung vieler Mitarbeiter einen Ehrenplatz gefunden hat – ähnlich einer persönlichen Trophäe oder Urkunde.

Es gibt viele Möglichkeiten, sich als Arbeitgeber bei seiner Belegschaft erkenntlich zu zeigen. An den vier verkaufsoffenen Sonntagen in der Weihnachtszeit habe ich in meinem Media Markt immer einen Cateringservice beauftragt, der den Mitarbeiterinnen und Mitarbeitern ein mehrgängiges Mittagessen servierte. Bezahlen musste für diese Beköstigung natürlich keiner etwas. Auch lag mir viel daran, Müttern mit kleineren Kindern den Vortritt einzuräumen, wenn es um die Freizeittage an Brückentagen oder in der Weihnachtszeit ging – Tage, die für den Einzelhandel sehr bedeutend sind. Trotz kleinerer Bedenken war das Verständnis im Team groß und der Plan wurde – weil schlüssig vorgetragen – akzeptiert. Ähnliches galt bei der Urlaubsregelung. Familien mit schulpflichtigen Kindern sind in der Auswahl ihrer Ferienzeit eingeschränkt; das im Team zu berücksichtigen macht nicht nur Sinn, sondern hilft den Familien wirklich. Herkömmliche Regelungen à la „wer zuerst kommt, mahlt zuerst" nützt vielleicht dem Einzelnen, aber selten dem Team.

Zudem erinnere ich mich an zahlreiche „Treppenreden", bei denen ich als Geschäftsführer Wert darauf legte, dass die Mitarbeiter auf mich herabsahen, ich also auf der untersten Stufe stand und nach oben blicken musste, wenn ich in die Gesichter meiner Mitarbeiter blicken wollte. Zugegebenermaßen klappte das nicht immer, da die Treppenkonstruktion selten das gesamte Team von bis zu 100 Mitarbeitern aufnehmen konnte – und dennoch erschien mir die Symbolik stets wichtig, denn:

Media Markt-Geschäftsführer sind nur so gut wie ihre Mannschaft.

Diese Art der Zusammenkunft diente der Information, dem Erfahrungsaustausch und nicht zuletzt auch der Geselligkeit. Gerne erinnere ich mich an zahlreiche Feiern, gemeinsame Grillabende auf dem Firmenparkplatz oder auch „Public Viewing-Veranstaltungen" zur Fußball-Weltmeisterschaft. Immer konnten die Führungskräfte und ich diese entspannte Phase dafür nutzen, das Betriebsklima zu hinterfragen. Dies geschah fast automatisch, quasi unterbewusst. Mit welchem Kollegen gab es vielleicht Probleme – oder sogar mit dem Chef? Welche Mitarbeiterin, welcher Mitarbeiter wollte eventuell in eine andere Abteilung wechseln? Wer möchte beruflich weiterkommen? Wer hatte gar eine gute Idee oder einen tollen Verbesserungsvorschlag? Oder wer hatte vielleicht ein persönliches Anliegen, dass ihm beim Feierabend-Treff leichter von den Lippen ging? Die Bandbreite der möglichen Fragestellungen war schier endlos. Kommunikation ist das A und O guter Teams: Informationen weiterleiten und aufnehmen, den Austausch nutzen, zuhören können, Lösungen erarbeiten und Vertrauen schenken. In diesem Zusammenhang erinnere ich mich an ein Anliegen einer Auszubildenden, die zu Hause keine förderliche Umgebung vorfand. Rasch hatte ich angeregt, ihr ein Arbeitnehmerdarlehen zu gewähren, dass es ihr ermöglichte, eine eigene Wohnung zu haben und ihre Ausbildung fortan stressfreier fortzuführen. Ihre privaten Spannungsfelder wurden weniger, der Notenspiegel verbesserte sich zusehend und die Loyalität zum Unternehmen dürfte eine nachhaltige Qualität erhalten haben. Ein simples Beispiel, das die Handlungsfähigkeit und auch die Schnelligkeit eines eigenständigen Media Markt-Standortes dokumentiert. Derartige „Schnellschusslösungen" wären in zentralistisch organisierten Unternehmen nahezu unmöglich.

Dass dies gelebte Firmenpraxis widerspiegelt, beweist vielleicht eine Personalsuchanzeige für Geschäftsführer aus dem Jahre 1997. Die Headline lautet: „Bei uns haben Profis freie Hand."

Geschäftsführer-Suchanzeige in der „FAZ", Mai 1997

Born to be alive

Feiern im großen Stil – auch das ist Media Markt. Wer hart arbeitet, darf auch mehr verlangen. Da wundert es keinen „Medianer", wenn anlässlich des 25-jährigen Firmenjubiläums die komplette Kölnarena angemietet wird und sogleich alle der damals 14.000 Beschäftigten eingeladen sind. Stargast der Veranstaltung war übrigens Joe Cocker. Im Rahmen des 30-jährigen Jubiläums mietete die Firmenleitung für einen Tag das Areal des Expo-Messegeländes in Hannover. Sogenannte Give-aways (Werbemittel) wurden im Vorfeld an alle Märkte großzügig verteilt. Alle vier Firmengründer, Helga und Erich Kellerhals, Leopold Stiefel und Walter Gunz waren anwesend und begleiteten das Programm. Mit über 70 Bussen und Sonderzügen folgten immerhin 15.000 Mitarbeiter der Einladung und genossen eine Mega-Party, die unter dem Motto „Born to be alive" ausgerichtet wurde. Afro Look, Flower Power und Peace-Zeichen bestimmten das dekorative Umfeld. Der kulinarische Teil glich dem Aufgebot einer für das Expo-Gelände üblichen Messe-Veranstaltung. Als Moderator wurde Ingolf Lück engagiert. Stars wie der Comedian Michael Mittermeier, Liz Mitchell von Boney M, Robin Gibb (Bee Gees) und Mario Barth, der seit Ende 2009 die aktuelle Werbefigur des Unternehmens darstellt, begleiteten die Party. Höhepunkt des Abends war ein zehnminütiges Musik-Feuerwerk der Superlative.

Auf der Internet-Videoplattform „YouTube" ist eine Fülle selbst geschnittener Videofilme einzelner Media Märkte abrufbar. Alle lassen die besondere Stimmung, die erlebte Gemeinschaft und das Zugehörigkeitsgefühl zum Unternehmen erkennen. Personalchefs und Motivationstrainer nutzen die Ausschnitte des Öfteren als Vorbild für eine gelungene Unternehmenskultur.

Große Events haben bisweilen auch den Charakter, Danke zu sagen, und erhöhen die Identifikation mit dem Unternehmen. Wer glaubt, dass derartige Motivationsveranstaltungen nur anlässlich großer Jubiläen stattfinden, irrt. Jeder einzelne Media Markt feiert in der Regel mehrfach im Jahr: Firmengeburtstage, besondere Mitarbeiterjubiläen, Sommerfeste, Weihnachten, EM- und WM-Partys – es gibt viele Gründe, sich im Team zu begegnen. Was für derartige Events ausgegeben wird, ist im Handel sicherlich einzigartig. Derartige Veranstaltungen müssen im Übrigen steuerlich berücksichtigt werden, lediglich ein Aufwand von 110 Euro je Beschäftigten je Jahr gilt als steuerfrei. Auf derartige „Sonderbuchungen" sind die Personalabteilungen längst eingestellt. Als Arbeitgeber übernimmt Media Markt selbstverständlich die steuerlichen Zusatzkosten.

Die Buchung eines Schaufelraddampfers für eine nächtliche Elbtour in Hamburg, der Besuch eines Musicals oder die Anmietung diverser Freizeitparks in geschlossener Gesellschaft – es dürfte kaum ein Unterhaltungsprogramm geben, das nicht schon einmal von einem Media Markt für einen Belegschafts-Event genutzt wurde. Die Erfahrungen aus nunmehr drei Jahrzehnten haben gezeigt, dass die Großzügigkeit des Unternehmens mit der Festigung oder sogar Steigerung des Teamgedankens quittiert wird. Der Zusammenhalt innerhalb der Mannschaft wiederum intensiviert die Loyalität gegenüber dem Arbeitgeber im Allgemeinen und gegenüber dem jeweiligen Media Markt im Speziellen.

Der Faktor Motivation

Gallup, weltweit eines der führenden Markt- und Meinungsforschungsinstitute, stellt der Wirtschaftswelt seit 2001 ein Spiegelbild in Sachen Mitarbeitermotivation zur Verfügung. Die mit Spannung erwarteten Ergebnisse sind jedes Mal ernüchternd. Im internationalen Vergleich belegt Deutschland einen Platz im unteren Mittelfeld. Knapp 90 Prozent der Mitarbeiter, so die aktuelle Gallup-Studie 2009, fühlen sich ihrem Unternehmen nicht verbunden. Was für eine Horrorvorstellung! 67 Prozent, so die Studie weiter, machen Dienst nach Vorschrift. 20 Prozent haben bereits innerlich gekündigt. Nur 13 Prozent der Arbeitnehmer sind mit Engagement bei der Sache. Gallup rechnet vor, dass Deutschland der wirtschaftliche Schaden jährlich bis zu 109 Milliarden Euro kostet. Unmotivierte Beschäftigte fehlten bis zu vier Tage mehr im Jahr als engagierte Mitarbeiter. – Quelle: Gallup GmbH, Potsdam. – Bei Auswertungen anderer Institute hingegen hängt der Motivationszeiger nicht ganz so tief. Gallup aber wird von Personalverantwortlichen sowie Entscheidern gleichermaßen ernst genommen und genießt einen zu beachtenden Ruf. Vor einigen Jahren führte Media Markt zusammen mit Gallup eine Messung des Mitarbeiter-Engagements durch. Das Resultat erfreut: „Die Mitarbeiter von Media Markt und Saturn sind dreimal engagierter als der Durchschnitt der untersuchten deutschen Unternehmen", sagt Prof. Dr. Utho Creusen, von 2002 bis 2008 verantwortlicher Geschäftsführer der Media-Saturn-Holding für die Ressorts Personal und Revision.

Kritische Fragen betriebsinterner Controller folgen in der Regel immer dann, wenn sich der Eindruck einstellt, Maß und Ziel seien abhanden gekommen. Recherchen dieser Art habe ich während meiner aktiven Tätigkeit bei Media Markt jedoch nicht feststellen können. Auch hier obsiegt die Bedeutung der Eigenständigkeit jedes einzelnen Media Marktes. Jeder erfolgreiche Unternehmer hat Ausgaben und Kosten stets im Blick. Das System Media Markt funktioniert auch in dieser Hinsicht. Leopold Stiefel prägte (nicht nur) hierfür den legendären Satz:

> *„Viel Erfolg – viel Freiheit.*
> *Wenig Erfolg – wenig Freiheit."*

Der Joker: Die 10-Prozent-Beteiligung

Immer wieder wird mir die Frage gestellt, was den Erfolg von Media Markt – eigentlich – ausmacht? Die Antwort kommt spontan: die Beteiligung der Geschäftsführer an ihrem Media Markt. Dieses Alleinstellungsmerkmal trifft den Kern der unternehmerischen Intention.

Was der breiten Öffentlichkeit möglicherweise verborgen geblieben ist: In den vergangenen Jahren hat sich selbst die Politik für eine Aktivierung der Mitarbeiterbeteiligung ausgesprochen. Bundeskanzlerin Angela Merkel und auch der ehemalige Bundespräsident Horst Köhler gaben „dem Kinde" den Namen Mitarbeiterkapitalbeteiligung oder kurz MKB. Der politischen Führung ging es zunächst um eine Form von Darlehen (gegebenenfalls Lohntausch), die der Arbeitnehmer seinem Betrieb gewährt und die Bindung an seinen Arbeitgeber zugleich verbessern soll. Mit einem direkten Mitspracherecht hat dies allerdings wenig zu tun. Selbst die vermeintlich fortschrittlichste Variante des Geldgebers (gemeint ist der Arbeitnehmer als Gläubiger), das partiarische Darlehen, sieht zwar eine Koppelung an die Gewinnbeteiligung des Unternehmens vor, garantiert aber keinen Einfluss auf die Geschäftsentwicklung. Offiziellen Angaben zufolge sind Mitarbeiter in Deutschland nur in zwei Prozent aller Betriebe am Kapital und neun Prozent aller Unternehmen am Gewinn beteiligt.

Erst die Ausgabe von Aktien oder der Verkauf von GmbH-Geschäftsanteilen lässt eine direkte Einflussnahme auf das Management zu.

Das Media Markt-Beteiligungsmodell

Die Media Markt-Gruppe basiert auf einer GmbH-Struktur. Sie bedient sich einer juristischen Form, die sich mittlerweile über ein Jahrhundert gut bewährt hat und sich für fast alle Betriebsgrößen anbietet. Wird eine Mitarbeiterin/ein Mitarbeiter in den Geschäftsführerkreis berufen, erfolgt das in der Regel in Verbindung mit der Neugründung einer eigenständigen Gesellschaft mit beschränkter Haftung (GmbH) – sprich eines einzelnen Media Markt-Standortes. Ausnahmen sind Anteilsübernahmen bei bestehenden Media Märkten, die sich beispielsweise bei Personalrotationen ergeben. Wird eine Mitarbeiterbeteiligung gewünscht, so werden dem einsteigenden Geschäftsführer Firmenanteile in Höhe von zehn Prozent zum Kauf angeboten. Dieser Wert entspricht der gängigen Praxis im Hause Media Markt. Höhere Beteiligungskonstellationen soll es in älteren GmbH-Verträgen geben, die sich an die Gründungsphase des Unternehmens anlehnen. Ein Ablehnen des Anteilskaufs muss als Nichtakzeptanz des Firmenkonzeptes gewertet werden und käme einer Absage an die ausgesprochene Führungsposition gleich.

Wer glaubt, dass ein Minderheitsanteil von zehn Prozent ein gleichberechtigtes Mitbestimmungsrecht bedeutet, irrt. In den entscheidenden Fällen obsiegt bereits die rechtliche Konstellation der Stimmrechte. Im Interesse der Gesellschaft ist der Mehrheitsgesellschafter, die Media-Saturn-Holding GmbH (90 Prozent), jedoch bemüht, wichtige Entscheidungen immer einvernehmlich mit dem Minderheitsgesellschafter zu treffen.

An einem Media Markt Geschäftsanteile von zehn Prozent zu halten, erfordert Finanzmittel, die eine einzelne Person kaum „auf der hohen Kante" haben dürfte. Im Geschäftsbericht für das Jahr 2009 sind für die Media-Saturn-Gruppe Investitionen von 353 Millionen Euro aufgeführt. Der Schwerpunkt dieses Volumens geht zulasten von Neueröffnungen, die für das Berichtsjahr mit 50 neuen Standorten angegeben ist. Nehmen wir einmal an, dass etwa zwei Drittel dieser Ausgaben auf das Konto der neuen Media Märkte und Saturn-Häuser geht, so würde jeder Standort ein Investitionsvolumen von circa 4,6 Millionen Euro benötigen. Zehn Prozent dieses Wertes betragen 460.000 Euro. Spätestens bei dieser simplen Zahlenaufstellung offenbaren sich die finanzielle Kraft und das Haftungsrisiko eines (Minderheits-)Gesellschafters. Andererseits muss vom neuen Gesellschafter „nur" der Kauf des GmbH-Stammkapitals eingebracht werden. Da angenommen werden kann, dass die Gesellschaft kurzfristig Gewinne erwirtschaftet, werden eventuelle Verluste prolongiert, also nach vorne getragen beziehungsweise mit den späteren Gewinnen verrechnet. Dennoch wird deutlich, dass es Mechanismen geben muss, die ein derartiges Finanzierungsvolumen stemmen können. Bankinstitute, mit denen Media Markt seit langem Geschäftsbeziehungen pflegt, helfen dem Neueinsteiger bei der Finanzierung der persönlichen Geschäftseinlage.

Die Dezentralität des gesamten Unternehmenskonzeptes Media Markt fußt letztendlich darauf, den Vor-Ort-Geschäftsführer mit zehn Prozent am Unternehmen zu beteiligen und ihm einen größtmöglichen Einfluss zu gewähren. Es gilt das kaufmännische Prinzip:

So viel Dezentralität wie möglich, so viel Zentralität wie nötig.

Trotz einer Minorität am Stammkapital seines Media Marktes bietet diese Form der Firmenbeteiligung – nicht zuletzt auch aus psychologischer Sicht – die entscheidende Grundlage für Entscheidungsfreiheit, Eigeninitiative und Verantwortungsbereitschaft. Seit der Gründung des Unternehmens im Jahr 1979 prägen sie die Media Markt-Philosophie.

„Unternehmertum im Unternehmen" zu schaffen ist eine folgerichtige Konsequenz des dezentralen Urgedankens. Media Markt nutzt auf diese Weise die Vorteile einer flexiblen und standortbezogenen Unternehmensführung, ohne dabei die Vorteile eines großen und überregional tätigen Handelsunternehmens aus der Hand zu geben.

Auch andere Unternehmen haben die Chancen der Mitbestimmung erkannt. Selbst ALDI spricht in seinen Pressemitteilungen von einer dezentralen Firmenkultur, auch wenn diese mit der Struktur von Media Markt keineswegs vergleichbar ist. Bei ALDI – und bei fast allen anderen vergleichbaren Handelsunternehmen – obliegt die Leitung der Filiale dem (angestellten) Markt- oder Filialleiter, während bei Media Markt die Geschäftsleitung durch einen im Handelsregister eingetragenen Geschäftsführer erfolgt. Hinsichtlich Verantwortung und Haftung ein enormer Unterschied! Die Funktion eines Gesellschafters schmückt diese Position zusätzlich, was der Position eines Mitinhabers gleichkommt, wenn wir die juristischen Feinheiten einmal außer Acht lassen.

Bei Media Markt ist es ein ungeschriebenes Gesetz, dass sich die Freiheit des Vor-Ort-Geschäftsführers auch auf die ihm unterstellten Mitarbeiter übertragen soll. Nur so kann sich der Sinn des Motivations-Motors vervielfältigen und positiv ansteckend wirken. In einer älteren Unternehmensbroschüre heißt es: „In der Systemzentrale wie in den Märkten vor Ort herrscht ein Geist kreativer Gestaltungsfreiheit. Jeder Mitarbeiter kann in seinem Bereich eigenverantwortlich handeln und mit seinen Ideen und Anregungen zum Erfolg des Teams beitragen." Diese Umschreibung gefällt mir nach wie vor gut, obwohl die deutlich stärkere Flächenverdichtung des Vertriebsnetzes die frühere Gestaltungsfreiheit x minimiert hat. War in einer Stadt ursprünglich nur ein Media Markt angesiedelt, nehmen wir das Beispiel Berlin, so sind es heute allein im Stadtgebiet 13 Fachmärkte der Handelsgruppe, die sich in der Hauptstadt als Verbund darstellen. Eine „Einzelkämpfermentalität", wie sie die „Medianer" noch aus den Unternehmensanfängen kennen, ist hier heute deplaziert. Bei der aktuellen Marktkonzentration ist Teamengagement gefragt. Auch die ursprünglich noch regional unterschiedlichen Organisationsabläufe sind längst weitgehend einheitlichen Regelungen gewichen. Wird ein neuer Media Markt eröffnet, wird bereits im Vorfeld ein Stab von speziell geschulten Mitarbeiterinnen und Mitarbeitern aktiv, um das Vor-Ort-Team „auf den neuesten Stand zu bringen" und zu unterstützen.

Dass sich das Mehr an Verantwortung und Engagement auch im Gehaltsgefüge bezahlt machen darf, leuchtet ein. Meine Geheimhaltungsverpflichtung verbietet mir, hier konkreter zu werden. Ich nutze daher die aktuelle Vergütungsstudie der Kienbaum Consultants International, die in regelmäßigen Abständen die Gehälter von Führungskräften in der Wirtschaft hinterfragt und diese in Presseberichten oder auch auf ihrer Internetseite veröffentlicht. Kienbaum ist in Deutschland Marktführer im Bereich „Executive Search". Die aktuellste Vergütungsstudie bezieht sich auf Erhebungen per Mai 2009, also den Grundgehältern 2009 und die für das Jahr 2008 gezahlten Boni. Hierbei wurde ein durchschnittliches Einkommen für Geschäftsführer in Deutschland von 280.000 Euro ermittelt. Dieser Wert setzt sich aus dem Grundgehalt und der variablen Vergütung zusammen. – Quellen: Frankfurter Allgemeine Zeitung vom 27. August 2009, Kienbaum. Natürlich ist dies nur ein Orientierungswert. Neben den Faktoren Umsatzgröße, Mitarbeiterverantwortung und Branche drängt sich in allen Umfragen stets die Unternehmensrendite in den Vordergrund. Nicht viel anders verhält es sich bei Media Markt:

Erzielt ein Geschäftsführer nur einen geringen Gewinn oder gar eine „schwarze Null", so wird ihm auch nur sein fixer Gehaltsbestandteil vergütet. Erst kürzlich berichtete die Frankfurter Allgemeine Zeitung unter der Rubrik „Arbeitsmarkt – Vergütung im Einzelhandel" einen Eckwert von 90.000 bis 96.000 Euro. – Quelle: Frankfurter Allgemeine Zeitung vom 26. November 2010. Erst wenn der „eigene" Media Markt einen deutlichen Gewinn erwirtschaftet, profitiert der Geschäftsführer spürbar im Rahmen seines zehnprozentigen Firmenanteils. Der Geschäftsbericht der Metro Group wirft für die Media-Saturn-Gruppe einen EBIT (EBIT = Gewinn vor Zinsen und Steuern) von 608 Millionen Euro aus. Teilt man diese Summe durch das Marktportfolio von 818 Standorten, so ergibt sich ein durchschnittlicher EBIT-Wert von über 740.000 Euro. Zehn Prozent machen 74.000 Euro aus. Diese öffentlich zugänglichen Eckwerte mögen als Orientierung zum Gehaltsgefüge eines geschäftsführenden Geschäftsführers dienen.

Die Dienstwagenregelung

Die Dienstwagenregelung ist insofern erwähnenswert, da sie den Aspekt des „Anders-seins" unterstreicht, ein wichtiger Punkt der Philosophie von Media Markt.

Des Deutschen liebstes Kind soll das Auto ohnehin sein. Auch in Zeiten hohen Kostendrucks bleiben Dienstwagen tatsächlich eine der beliebtesten Nebenleistungen von Arbeitgebern und das Statussymbol Nummer eins. Der Grund: Ein Auto motiviert mehr als ein Gehaltszuschlag. So auch das Ergebnis diverser Studien.

Die Unternehmensberatung für Human Resources und Organisation Hay Group, mit Sitz in Frankfurt am Main, umschreibt die Bedeutung von Firmenfahrzeugen folgendermaßen: „Einerseits dokumentiert der Dienstwagen nach innen die Stellung des Mitarbeiters in der Unternehmenshierarchie. Andererseits stellt er nach außen hin das Unternehmen dar. Werden sonst bei Nebenleistungen unterschiedliche Mitarbeitergruppen weitgehend gleich behandelt, so wird der Vergabe von Dienstfahrzeugen streng nach Hierarchieebene differenziert." Der Anteil der Unternehmen, die Dienstwagen zur Verfügung stellen, hat sich in den vergangenen Jahrzehnten kontinuierlich erhöht und liegt heute bereits bei kaum noch steigerungsfähigen 98 Prozent. Zum Vergleich: 1989 waren es laut Hay Group nur 60 Prozent. Die Hamburger Personal Markt Service GmbH, die mit 250.000 Personalprofilen über eine der umfangreichsten Gehaltsdatenbanken verfügt, stellte in ihrer Darstellung Mitte 2009 fest, dass bei Topverdienern der Wert eines Dienstwagens durchschnittlich rund 51.500 Euro ausmacht, immerhin eine Steigerung zum Vorjahr von knapp sechs Prozent. In Deutschland sind unangefochten die beliebtesten Automarken Audi, BMW und Mercedes. Ausländische Automobilmarken haben bei deutschen Unternehmen selten eine Chance.

Nur etwa 30 Prozent der Firmen bieten ihren Führungskräften die Möglichkeit, sich für ein höherwertiges Modell zu entscheiden, wenn der Mitarbeiter bereit ist, die Mehrkosten selbst zu tragen. Bei Media Markt wird diese großzügige Regelung gerne wahrgenommen. Es ist daher keineswegs auszuschließen, dass auch ein Audi A8, ein 7er BMW oder die S-Klasse von Mercedes zum Fuhrpark des Unternehmens zählen. Wer gar ein exotisches Modell à la Porsche fahren möchte, der kann eine monatliche Ausgleichszahlung für den Dienstwagen in Anspruch nehmen und privat ein solches Gefährt erstehen. Firmenhistorisch betrachtet pflegten schon die Gründer, vorrangig Leopold Stiefel und Walter Gunz, eine Vorliebe für schöne und schnelle Autos, so dass das Unternehmen von Anfang an eine generöse Regelung bereithielt. Wer in seiner Autogarage schon einmal einem Ferrari, Mercedes-AMG oder Rolls-Royce Platz gemacht hat, bringt zwangsläufig mehr Verständnis für eine großzügige(re) Dienstwagenregelung mit. Im Vergleich zu den anderen Metro-Töchtern wie Real oder auch Galeria Kaufhof setzte diese Richtlinie mitunter den Neideffekt frei. Selbst auf Vorstands- beziehungsweise Holdingebene wurde manche Debatte über ein Dafür und ein Dagegen geführt. Überliefert ist gar ein Streit, in dem ein Auto-Großeinkauf bei Ford in Köln auch auf die Media Markt-Gruppe übertragen werden sollte. Walter Gunz sah darin eine Gefährdung seines strikten Dezentralitätsbemühens und lehnte derartige Vorstöße eisern ab.

Media Markt: Der Jobmacher

Wer schafft in Deutschland die meisten Arbeitsplätze? Diese Frage stellte sich bis vor fünf Jahren das Wirtschaftsmagazin „Wirtschaftswoche" und berichtete, dass im Jahr 2004 kein anderes Unternehmen in Deutschland so viele Arbeitsplätze geschaffen hat wie Media Markt und Saturn. 2005 kam es europaweit zu einer Steigerung von über 13 Prozent. Im Jahr 2008 konnte der Personalstand erstmals die Marke von 50.000 überschreiten. Im Geschäftsjahr 2009 waren 56.199 Mitarbeiter/innen in der Media-Saturn-Gruppe beschäftigt, davon 23.578 alleine in Deutschland (auf Vollzeitbasis).

Mit etwa 3.400 Auszubildenden im Mutterland Deutschland ist die Unternehmensgruppe Media-Saturn einer der größten Berufsausbilder der Bundesrepublik. Das Ausbildungsspektrum erstreckt sich über zehn Lehrberufe. Der Anteil der Auszubildenden am Gesamtpersonalstand beträgt über 14 Prozent und ist damit etwa dreimal so hoch wie der Branchendurchschnitt. Alleine bei Media Markt in Deutschland erlernten im Geschäftsjahr 2008 über 2.000 Auszubildende ihren Beruf. Bezogen auf die Anzahl der Standorte bedeutet dies, dass jeder Media Markt im Durchschnitt knapp neun Auszubildende beschäftigt. Dies blieb auch der Politik nicht verborgen. Im August 2003 konnte dem damaligen Wirtschaftsminister, Wolfgang Clement, im Rahmen der Media-Saturn-Ausbildungsinitiative „Wir schaffen Zukunft" ein symbolischer Scheck über 250 zusätzliche Ausbildungsplätze überreicht werden.

Entgegen einer landläufigen Annahme offenbart die Personalstatistik der Unternehmensgruppe, dass die Belegschaft der Media-Saturn-Gruppe nur zu vier Prozent aus geringfügig beschäftigten Mitarbeiter/innen besteht (Deutschland, Geschäftsjahr 2006). Auch dieser Wert dürfte im deutschen Einzelhandel eher die Ausnahme sein.

Wer weiterbildet, kommt weiter

Frühzeitig hat das Unternehmen mit der internen Weiterbildung begonnen. Nur so war und ist die jeweils erforderliche Mitarbeiterzahl und Expansion sicherzustellen. In Kooperation mit Berufsschulen und lehrverwandten Einrichtungen entstanden bereits Ende der 1980er Jahre unterschiedliche Weiterbildungsprogramme. Media Märkte bündelten später mitunter ihre Bemühungen und richteten hauseigene Schulungszentren ein oder gaben gar eine Personalstelle für die Aus- und Weiterbildung von Mitarbeiter/innen frei. Zum Repertoire der Personalrekrutierungsmaßnahmen gehört heute, das Unternehmen frühzeitig in Schulabgängerklassen vorzustellen. Der Aufwand für Schulungsräume, Lehrkräfte, Fehlzeiten der Schulungsteilnehmer in den Abteilungen wurde anfangs kritisch beäugt und stieß erst allmählich auf Akzeptanz bei allen Geschäftsführern.

Die Media Märkte des Hamburger Wirtschaftsraums gönnen sich schon seit fast zehn Jahren einen eigenen Schulungskatalog, an dem ich stolz und gerne mitgewirkt habe. Das Angebot wird jährlich neu herausgegeben und umfasst rund 40 Seminare. Für jeden ist etwas dabei, für Auszubildende, Fachberater/innen, Verkaufsleiter/innen, Warengruppenleiter/innen, Führungsnachwuchs, Disponenten, neue Mitarbeiter/innen, Brandschutzhelfer/innen, Kassierer/innen, Service-/Lager-Mitarbeiter/innen, Bürokräfte und auch für Geschäftsführer/innen. Kommunikations- und Führungsstrategien gehören genauso dazu wie Zeitmanagement, Produktschulungen, Kassencoaching-Programme. Selbst „firmenneutrale" Kurse wie Schulungen in Outlook, Excel oder Word stehen der Belegschaft kostenlos zur Auswahl.

Noten für den Chef

Um seine Mitarbeiterinnen und Mitarbeiter zu motivieren und zu begeistern, entwickelte das Unternehmen im Laufe seiner Firmengeschichte unterschiedliche Verfahren. Eines der spektakulärsten und aufwändigsten wurde 1997 durchgeführt. Unter dem Motto „Noten für den Chef" beauftragte die Media-Saturn-Holding Prof. Dr. Christian Scholz mit der anonymen Befragung der gesamten Belegschaft in Deutschland. Über 9.000 Mitarbeiter/innen aus allen Abteilungsbereichen erhielten einen mehrseitigen Fragekatalog, den es nach der sogenannten Multiple-Choice-Methode zu bearbeiten galt. Auf sechs Seiten konnte sich jeder Mitarbeiter per Kreuzchen „Luft machen" und insbesondere die Vorgesetzten bewerten – positiv wie negativ. Allein bei der Frage, wie man die unmittelbar vorgesetzte Führungskraft bewerte, gab es 32 Antwortmöglichkeiten. Auch die Holding-Geschäftsführer, damals noch fünfköpfig, konnten direkt beurteilt werden. Darüber hinaus wurden eigens eine Telefon-Hotline und eine E-Mail-Adresse eingerichtet. Der organisatorische und auch zeitliche Aufwand war enorm. Umso unerfreulicher war die schwache Ausbeute an Information: Trotz aller Bekundungen der Geschäftsleitung, dass die Auswertung anonym und auf neutralem Boden erfolge, gab es eine gewisse Ungläubigkeit und Verwirrung auf Seiten der Belegschaft. Insbesondere die

Mitarbeiter aus den neuen Bundesländern taten sich mit der Befragung schwer, wurden viele von ihnen doch zu sehr an die schriftliche Dokumentation des DDR-Regimes erinnert.

Bei der abschließenden Beurteilung der bundesweiten Mitarbeiterbefragung konnte interessanterweise festgestellt werden, dass die dezentrale Aufstellung der Unternehmensgruppe einem Vergleich zu anderen Media Märkten im Wege stand. So entpuppte sich beispielsweise eine direkte Gegenüberstellung zwischen Führungskräften aus verschiedenen Media Märkten als schwierig, da die jeweils hausinterne Organisationsstruktur seinerzeit nicht unmittelbar vergleichbar war: Ein Abteilungsleiter im Media Markt „x" war bezüglich der Umsatz- und Mitarbeiterverantwortung selten gleichzusetzen mit einem Abteilungsleiter eines anderen Media Marktes.

Die Auswertung, die sich auf zahlreiche Grafiken und Tabellen stützte, war für Media Markt am Ende eher untypisch. Nichtsdestotrotz konnte sich jeder Geschäftsführer und jedes Team ein genaues Bild vom eigenen Media Markt machen. Das ist grundsätzlich positiv zu beurteilen, da die Datenauswertung im Ergebnis bestätigend und nützlich-kritisch war. Letzten Endes aber überwog die negative Kritik an der Mitarbeiterbefragung „Noten für den Chef" so sehr, dass sich das Holding-Management entschloss, derartige „Nachforschungen" nicht mehr zu unternehmen.

Eine Folge dieser Erfahrungen war, dass beispielsweise die Media Märkte des Hamburger und des Berliner Wirtschaftsraums beschlossen, das persönliche Mitarbeitergespräch einzuführen. Einmal im Jahr muss jeder Vorgesetzte mit seinen unmittelbar unterstellten Mitarbeitern ein persönliches Gespräch führen: die Verkaufsleiter mit der Fachberaterin/dem Fachberater, die Kassenleitung mit den Kassierern/innen, der Geschäftsführer schließlich mit seinem Verkaufsleiter. Ein Leitfaden gibt die Fragestellungen zum Mitarbeitergespräch vor und verhindert, dass wichtige Themen, etwa eine gewünschte Fördermaßnahme oder auch die Einschätzung des Mitarbeiters im Hinblick auf seine persönliche Zukunft, im Laufe des meist mehrstündigen Gesprächs nicht in Vergessenheit geraten. Anschließend unterzeichnen beide Gesprächspartner das „Protokoll", das in einem separaten Ordner aufbewahrt wird, auf den nur der unmittelbare Vorgesetzte Zugriff hat. Ein Jahr später konnte das handschriftlich (also persönlich) verfasste Besprechungsprotokoll zum Vergleich und zur Kontrolle der besprochenen Maßnahmen herangezogen werden. Wechselte einer der Gesprächspartner das Unternehmen, so wurde die Unterlage vernichtet. Auf diese Weise war gewährleistet, dass der privat-persönliche Hintergrund der Besprechung sowie die Einschätzung vertraulich blieben. Nur mit Zustimmung des Mitarbeiters wurde eine Information an den Geschäftsführer weitergegeben – beispielsweise im Falle eines Beförderungswunsches. Die hier nur grob dargestellte Gesprächspraxis „zwang" das gesamte Team, sich einmal im Jahr zu einem intensiven Gespräch zusammenzufinden. Die Erfahrung der Vergangenheit hatte nämlich gezeigt, dass häufig nur „Zwischen-Tür-und-Angel-Gespräche" stattfinden, die selten dem Unternehmensanspruch entsprachen.

Um den Anforderungen an den Führungsnachwuchs gerecht zu werden, konzipierte die Media-Saturn-Gruppe in Zusammenarbeit mit der Fachhochschule Ingolstadt im Jahre 2005 den anerkannten Verbundstudiengang „Internationales Handelsmanagement" mit dem Abschluss eines Bachelor of Arts. Der mehrgliedrige Studienaufbau berücksichtigt auch die internationale Ausrichtung des Unternehmens, was sich wiederum in der Praxisphase im Ausland widerspiegelt. Alljährlich werden Hochschulabsolventen mit Auslandserfahrung für das Förderprogramm „Finance & Administration" ausgewählt. Zur Schulung der internationalen Warenbeschaffung wurde das Trainee-Programm „International Business Manager" ins Leben gerufen.

Media Markt und Saturn

7

Eigenständige Schwestern

Was hat Saturn eigentlich mit Media Markt zu tun? Diese Frage eröffnet sich vermutlich dem überwiegenden Teil der Verbraucher in Deutschland, würde man sie auf beide Unternehmen ansprechen. Nur ein einstelliger Prozentbereich der Konsumenten ist sich darüber im Klaren, dass beide Unternehmen miteinander verbunden sind. Wäre es nicht sinnvoll, diesen Wert zu Gunsten einer verbesserten Marktdurchdringung zu erhöhen? Die Dachgesellschaft des Unternehmens, die Media-Saturn-Holding, würde darauf sicherlich nach wie vor mit einem „Nein" antworten. Ganz bewusst hatte das Management – hatten die Unternehmensgründer – darauf gesetzt, eine „hausinterne" Konkurrenz zu schaffen, und es gab plausible Gründe:

Der verhältnismäßig junge Media Markt (Gründungsjahr 1979) übernimmt den traditionell gewachsenen Saturn (Gründungsjahr 1961) im Jahr 1990. Zu diesem Zeitpunkt gibt es noch eine Fülle von Strukturunterschieden, die man klugerweise nicht einseitig – also nicht zu Ungunsten des übernommenen Betriebes – kritisiert hatte. Auch das Gesamtkonzept von Saturn sofort über Bord zu werfen war kein Thema und wurde vom Management auch nie forciert. Irgendwelche Harakiri-Aktionen à la „Wir-sind-besser-und-schlucken-euch-einfach" hätten sich auf die Saturn-Belegschaft sicherlich kontraproduktiv ausgewirkt. Da das Verhältnis der Saturn-Belegschaft zu ihren Gründern, dem Ehepaar Waffenschmidt, als eng bezeichnet werden darf, war die Media Markt-Geschäftsleitung um Leopold Stiefel gut beraten, die langfristige Zusammenarbeit „sensibel" zu gestalten. So galt es, Wege und Lösungen zu finden, die den neuen Anforderungen entgegenkamen.

Bereits die Übernahme der meist deutlich größeren Verkaufsflächen sorgte im Hause Saturn für einiges Kopfzerbrechen; war es doch für Media Markt üblich und konzeptionell sogar überlebenswichtig, hohe Abverkaufs- beziehungsweise Lagerdrehzahlen der eingekauften Ware zu realisieren. Die Integration von teuren High-End-Artikeln oder die vielfach überdimensionierten HiFi-Studios der Saturn-Häuser – mitunter die größten Vorführstudios der Welt – betriebswirtschaftlich erfolgreich zu führen, galt seinerzeit als eine alles andere als leicht lösbare Aufgabe. Auch die Nutzbarmachung der kapitalintensiven Innenstadtlagen mit ihren teuren Mieten, den höheren Nebenkosten und der Parkplatzproblematik sowie andere,

Media Markt bislang fremde Konstellationen waren zu bewältigen. Hinzu kamen die strukturellen Unterschiede, die sich vor allen Dingen in den Bereichen Vertrieb, Organisation und Mitarbeiterführung/-motivation zeigten.

Saturn – die Unternehmenshistorie

Ein Blick hinter die Kulissen des Unternehmens Saturn ist im Rahmen einer Fusion unerlässlich: Friedrich Wilhelm Waffenschmidt, Jahrgang 1925, eröffnete zusammen mit seiner Frau Anni in Köln den ersten Saturn im Jahre 1961. (Es war das Jahr des Mauerbaus; ein historisches Jahr für die Bundesrepublik Deutschland.) Das erste Haus hatte mit dem Auftreten des heute europaweit agierenden Unternehmens nichts gemein. Waffenschmidt, der lieber auf den Namen „Fritz" hört, setzte auf den Verkauf hochwertiger Produkte. Auf ursprünglich nur 120 Quadratmetern verkaufte er sein überschaubares Warensortiment zunächst ausschließlich an Diplomaten in aller Welt. Ein Teil der elektronischen Produkte wurde gar via Herstellerkatalog angepriesen, verkauft und auf Wunsch weltweit verschickt. 1963 gründete das Ehepaar Waffenschmidt einen Großhandel für Fotobedarf, der sich dank der enormen Nachfrage in den Aufbaujahren Deutschlands sehr gut entwickelte. Im November 1968 wurde das Unternehmen Hansa-Foto gegründet, das sich von Anfang an werblich aggressiv darstellte. Die seinerzeit noch vielfach geltende Verkaufspreisbindung war Waffenschmidt von jeher ein Dorn im Auge. Die Botschaft seiner Werbekampagne lautete daher: „Wir machen Schluss mit der nicht funktionierenden Preisbindung in der Fotobranche – das Maß der allgemeinen Unterschreitung ist erheblich."

Die für damalige Verhältnisse ungewöhnlich plakativ-freche Werbestrategie machte das Unternehmen landesweit bekannt. Nach und nach wandelte sich die Firmenkonzeption. 1969 öffnete sich Saturn schließlich auch dem Privatkundenmarkt und wuchs rasch zu einem technischen Kaufhaus. Waffenschmidt folgte fortan seinem persönlichen Ziel, größte Auswahl zu bieten. Anfänglich von der Konkurrenz belächelt, konzentrierte er sich ab 1972 auf die Warengruppe Schallplatte, die er konsequent zur Abteilung mit der weltweit größten Auswahl aufbaute. Das Kunden-Einzugsgebiet kannte keine Grenzen mehr; nicht selten pilgerten Interessenten sogar in organisierten Busreisen aus verschiedensten Ländern in sein Geschäft, um sich ihren Musikwunsch zu erfüllen. Mag der Klangstil auch noch so exotisch gewesen sein, bei Saturn in Köln konnte dieser fast ausnahmslos befriedigt werden.

Friedrich Waffenschmidt: „Wenn man breiten Erfolg haben will, muss man etwas Besonderes bieten. Das ist eine meiner größten Stärken. Ich war immer Sieger." – Quelle: Kölner Stadt-Anzeiger vom 12. November 2008. Mit über 100.000 Titeln im Bereich Tonträger ist das Saturn-Haus am Kölner Hansaring noch heute Weltmeister. Bereits zweimal wurde es mit dem Musikpreis „Echo" als „Handelspartner des Jahres" ausgezeichnet. Die zuvor bereits aufgebauten weltweiten Handelsbeziehungen unterstützten Waffenschmidts Geschäftsidee doppelt – sowohl in Warenbeschaffung als auch vertrieblich und versandtechnisch. 1975 werden an guten Tagen 60.000 Vinylplatten verkauft. Ein typisch Kölner Vergleich durfte natürlich nicht fehlen; in einer Presseerklärung heißt es: „60.000 Platten entsprechen einem Turm von 300 Metern, fast doppelt so hoch wie der Kölner Dom." 1977 wurde schließlich das über die Grenzen von Köln hinaus bekannte rote Backstein-Hochhaus am verkehrsreichen Hansaring bezogen. Anfang der 1980er Jahre warb Saturn gar mit der unbestrittenen Superlative: „Die größte Schau der Welt."

Friedrich Waffenschmidt zählt zu den ersten Unternehmern, die den Discountcharakter in Deutschland eingeführt haben. Anlässlich seines 80. Geburtstages im Jahre 2005 schreibt das „Bergische Sonntagsblatt": „Nicht nur in seiner Branche hat Waffenschmidt Wirtschaftsgeschichte geschrieben. Zu Recht wurde er als ‚Fachmarktpionier' (DER SPIEGEL), als ‚Hai der Braunen Ware' (Handelsblatt) und als ‚Billigmacher mit Niveau' (Rheinischer Merkur) gefeiert."

Am 31. März 1984 verkaufte das kinderlos gebliebene Unternehmerpaar Waffenschmidt ihre Firmen an die Tertia GmbH, eine unter der Führung des Warenhauskonzerns Kaufhof geführte Gesellschaft. Kurz darauf eröffnete der erste „Saturn-Satellit" in Frankfurt am Main. 1990 schließlich übernimmt die Holding der Media Märkte, damals noch als Solventa GmbH firmierend, die Kaufhof-Tochter Saturn-Hansa Handels GmbH mit ihren fünf Geschäftshäusern. 1993 folgte die Mehrheitsbeteiligung an der Tertia Unternehmensbeteiligung GmbH, zu der seinerzeit die beiden Saturn-Häuser in Köln und der Saturn-Standort in Neuss gehörten. Die Übernahme der Saturn-Standorte durch Media Markt war notwendig, weil das

Einzelhandelskonzept Saturn auf „wackeligen Füßen" stand. Prof. Dr. Utho Creusen, von 2002 bis 2008 Mitglied der Geschäftsführung der Media-Saturn-Holding GmbH, sprach gar von einer „signifikanten Schieflage" des Unternehmens.

Ähnlich wie im Hause Media Markt wurde nun auch bei Saturn kontinuierlich die Expansion des Handelskonzeptes betrieben – auf nationaler wie auf internationaler Ebene. Der 250. Saturn eröffnete im Mai 2010 in Lyon. Heute ist das Unternehmen mit über 240 Standorten, davon 141 alleine in Deutschland, in 13 Ländern der Erde vertreten (Stand März 2010).

Getrennt marschieren – gemeinsam gewinnen

Maßgeblich Leopold Stiefel zeichnete für die Integrierung der Saturn-Märkte verantwortlich. Im Rahmen der Übernahme in den Jahren 1990 bis 1993 entstanden Gerüchte, die eine schlichte Umfirmierung der Saturn-Häuser in Media Märkte voraussahen. Weit gefehlt, denn Leopold Stiefel und seinen Managementkollegen gefiel die Zwei-Marken-Strategie. Ohnehin war Anfang der 1990er Jahre Media Markt noch nicht in der Lage, die größeren Verkaufsflächen eines Saturn-Marktes betriebswirtschaftlich erfolgreich zu führen, von den deutlich teureren Standortmieten der Citylagen ganz zu schweigen; sie passten ganz und gar nicht ins kostenreduzierte Geschäftsmodell von Media Markt. Das Management war daher gut beraten, sich zumindest den Versuch zu gönnen, Saturn zu reaktivieren und den Zwei-Marken-Auftritt zu forcieren. Das notwendige Kapital stand ohnehin zur Verfügung; schließlich ging der Verschmelzung beider Unternehmen ein Hilferuf aus dem Hause Kaufhof voraus: Der Warenhauskonzern hatte für das zugekaufte Unternehmen eine Strategie mit Aussicht auf Erfolg weder finden noch umsetzen können.

Media Markt und Saturn konnten sich fortan parallel entwickeln. Ungünstige Strukturen des Saturnkonzeptes wurden grundlegend verbessert. Das Geschäftsmodell Media Markt hatte sich in fast allen wichtigen betriebswirtschaftlichen Parametern erfolgreicher entwickelt, und es war logisch und erwünscht, dass Saturn von diesen Effekten insofern profitieren sollte, als es bislang nicht erkanntes Optimierungspotenzial ähnlich ausschöpfte wie Media Markt. Im Gegensatz dazu konnte die „blaue Unternehmens-Fraktion" Media Markt gute Ideen im Bereich der Warenpräsentation und Ladengestaltung und im Servicebereich bieten. Die wichtigste Errungenschaft für den angeschlagenen Saturn war allerdings die Einführung des Media Markt-Beteiligungsmodells, welches eine zehnprozentige Firmenbeteiligung des Vor-Ort-Geschäftsführers vorsieht.

Die „hausgemachte" Konkurrenzsituation entwickelte sich – trotz zahlreicher anders lautender Einschätzungen – letztendlich sehr positiv. Selbst für erfolgsverwöhnte „rote" Medianer erwuchs aus dem internen Wettbewerb ein erhöhter persönlicher Anspruch, es noch besser machen zu wollen als der „blaue" Kollege. Nur ungern wollte man dem anderen Geschäftsprinzip unterliegen müssen.

Auch der Wechsel von Media Markt-Mitarbeitern, darunter auch Geschäftsführer, zur Firmenschwester Saturn – und umgekehrt – ist erwähnenswert und erleichterte den Erfahrungsaustausch innerhalb der beiden Handelssysteme. Bekanntestes Beispiel ist der frühere Media Markt-Geschäftsführer in Braunschweig, Horst Norberg, der seit 1987 im Unternehmen ist. Er wechselte – auf Wunsch der Firmengründer – zu Saturn, wo er eine übergeordnete Funktion antrat und über viele Jahre als Vorsitzender der Geschäftsführung der Saturn Management GmbH (SMG), dem Pendant zur Media Markt Management GmbH (MMG), tätig war. Seit 2001 ist er als COO (Chief Operating Officer) in der Media-Saturn-Holding für die Ressorts Marketing, Personalentwicklung und Werbung zuständig. Der heute 63-jährige Norberg übernahm im Januar 2010 als CEO (Chief Executive Officer) den Vorsitz der Holding.

Unterscheidungsmerkmale der beiden Vertriebslinien

Die Unterschiede beider Handelsstrukturen haben sich von Jahr zu Jahr verkleinert. Sowohl Media Markt als auch Saturn verfolgen die Grundprinzipien der Unternehmensgruppe: dezentral aufgestellt zu sein, am Markt regional zu agieren, ein umfassendes Warensortiment zu führen (quasi als „Schaufenster der Branche" zu fungieren) und der Kundschaft Dauertiefpreise, Fachberatung und Service zu offerieren. Plakative Werbung ist ein weiteres Indiz der beiden Handelswelten. Zu den noch bestehenden diversen Differenzierungen der Systeme zählt beispielsweise auch die Tatsache, dass dem intern konkurrierenden Wettbewerb jeweils eigene Management- und Organisationsstrukturen zugrunde liegen mit zwangsläufig unterschiedlichen Entscheidungscharakteren.

Auch die sogenannte Verbrauchertypologie der beiden Handelssysteme ist in Teilbereichen recht unterschiedlich. Ohne zu sehr in die Theorie der verschiedenen Konsumententypen eintauchen zu wollen, so gibt es doch erwähnenswerte Vertretergruppen: den Qualitätskäufer, den Schnäppchenjäger, den Erlebniskäufer, den Smart-Shopper, den Zielkäufer. Viele dieser Käufertypbezeichnungen erklären sich fast von selbst. Dem Qualitätskäufer wird Markentreue zugesprochen. Er ist für hohe Qualität der Ware und Leistungen empfänglich und bereit, hierfür etwas tiefer in die Tasche zu greifen. Dieser Kundenkreis wird spontan eher Saturn zugesprochen. Der Schnäppchenjäger entspricht dem Klischee einer – gerade in Deutschland stark vertretenen – Kundengruppe, die sich fast einen Sport daraus macht, Ware mit erheblichen Preisvorteilen zu konsumieren. Vom Kundentypus Schnäppchenjäger profitiert Media Markt augenscheinlich besser. Der Smart-Shopper entspricht einer Verbrauchergeneration, die sich nicht von Marken und Markenstrategien beeinflussen lassen möchte. Sie will schnell, einfach und dennoch genau informiert werden und Qualität zum niedrigen Preis erwerben. Auch der Zielkäufer ist tendenziell eher dem Lager der Media Markt-Kunden zuzuordnen, die für ihre Einkäufe zielstrebig einen Fachmarkt aufsuchen. Der Kauftrieb wird hier in der Regel durch eine aktuelle Media Markt-Werbung – nicht selten der Computer-Flyer – ausgelöst.

Saturn entstammt der Einzelhandelsstruktur eines großen Elektro-Kaufhauses, ein Verkaufstypus, der sich bis heute weitgehend erhalten hat. Dementsprechend ist die Kundschaft mehr in die Kategorie der Erlebniskäufer einzuordnen. Handelsexperten wissen, dass den einzelnen Kundentypen mit ihren individuellen Bedürfnissen auch unterschiedliche Geldausgabementalitäten zugeordnet werden können. Vor diesem Hintergrund wird verständlich, dass ein Saturn-Markt im Allgemeinen höhere Artikelumsätze, höhere Handelsspannen und damit höhere Erträge erzielen kann. Der Kostenapparat bleibt bei dieser Betrachtungsweise unberücksichtigt. Ein Media Markt profitiert von seinem preisaggressiven Image, welches wiederum zu einer höheren Lagerumschlagshäufigkeit der Ware führt. Salopp ausgedrückt könnte man diesen Umstand auch als „Schnelldrehertum" beschreiben. Betriebswirtschaftlich geht die Rechnung insofern auf, als ein Artikel, der vielleicht eine geringere Handelsspanne ausweist, dennoch einen höheren Ertrag erwirtschaftet, wenn er massenhaft – also in sehr großen Stückzahlen –

verkauft wird. Trotz der generell zugrunde liegenden Unterschiede ist festzustellen, dass sich die Verkaufskonzepte von Media Markt und Saturn zunehmend vermischen. Die Gründe hierfür sind vielschichtig und bisweilen standortbedingt.

Anfänglich gab es innerhalb der Unternehmensgruppe eine klare Standortaufteilung: Während die Saturn-Häuser im Stadtgebiet positioniert waren, so war das Konzept Media Markt eher auf der „grünen Wiese" zuhause. Zumindest für den Standort Deutschland ist festzuhalten, dass aufgrund der Expansion beider Handelshäuser und der damit einhergehenden Verdichtung im gesamten Bundesgebiet die ursprüngliche räumliche Trennung immer seltener eingehalten werden konnte. Heute sind beide Vertriebslinien hinsichtlich der Standortbestimmung flexibel aufgestellt, eine Unterscheidung zwischen Citylage, Stadtrandlage beziehungsweise „grüner Wiese" und Shopping-Center findet kaum noch statt. Obwohl das Management bis heute bemüht ist, die ursprünglichen Standortkriterien schon aus Rücksicht auf Kundenerwartungen und -gewohnheiten einzuhalten, können die Vertriebslinien überall erfolgreich umgesetzt werden. Auch eine unmittelbare Nachbarschaft der Systeme beziehungsweise eine „Konfrontation der kleinen Schritte", hat im Unternehmen längst Einzug gehalten. In der Domstadt Köln beispielsweise liegen beide Handelshäuser nur wenige hundert Meter voneinander entfernt. Mit von der Partie ist zudem noch der Ur-Saturn am Hansaring, der Standort mit der größten Tonträgerabteilung der Welt.

Auch das Bestreben, einen Media Markt am besten eingeschossig beziehungsweise ebenerdig einzusetzen, wird zwar nach wie vor gerne gesehen, bedeutet aber nicht mehr das Aus für eine Standortbelegung. Zwischenzeitlich gibt es auch im Hause Media Markt verbraucherfreundliche Etagenlösungen, etwa der 8.000 Quadratmeter große Fachmarkt in Berlin am Alexanderplatz, der seine Warenvielfalt von rund 100.000 Artikeln im Einkaufszentrum „Alexa" auf vier Etagen präsentiert.

Das Marktforschungsinstitut IMAS international stellte in einer Studie 2006 fest, dass Media Markt ebenso wie Saturn die höchste Erinnerungsquote bei der Werbung erzielten. Der Werbende mit der unschlagbaren schreierischen Fähigkeit ist und bleibt jedoch Media Markt. Während der Bekanntheitsgrad von Media Markt fast die 100er-Marke erreicht, erzielt Saturn deutlich weniger. Einer Um-

	Media Markt	Saturn
Gründungsjahr	1979	1961
Erster Standort	München	Köln
Hausfarbe/Corporate Identity	rot	blau
Standorte in Deutschland	235	141
Standorte international	589	244
Auslandsvertretungen	14 (ohne Deutschland)	12 (ohne Deutschland)
Netto-Umsatz in Mio. Euro Deutschland (2009)	5.978	3.134
Netto-Umsatz in Mio. Euro Media-Saturn-Deutschl. (2009)	9.114 Media-Saturn	9.114 Media-Saturn
Netto-Umsatz in Mio. Euro international (2009)	19.639 Media-Saturn	19.639 Media-Saturn
Anzahl der Mitarbeiter in Deutschland (2009)*	15.234	8.358
Anzahl der Mitarbeiter international (2009)*	58.694 Media-Saturn	58.694 Media-Saturn
Nationalitäten	115	108
Verkaufsflächen	ø 3.200 bis 10.000 qm	2.500 bis 18.000 qm
Verkaufsflächen – Gesamt Media-Saturn	2.633 Mio. qm Media-Saturn	2.633 Mio. qm Media-Saturn
Standort des größten Marktes	München	Hamburg
Gesamtsortiment – Anzahl der Artikel	Ø 45.000; bis zu 100.000	bis zu 100.000

* Anzahl der Mitarbeiter auf Vollzeitbasis
Quelle: MSH-Unternehmenskommunikation, Metro-Group, JCL-Recherche,
Stand: 31. Dezember 2009
Standorte: Juni 2010
Auslandsvertretungen: November 2010

frage der Mainzer Agentur Forum zufolge zählt Media Markt zu den „deutschen Vorzeigefirmen". In der Rangliste steht Media Markt auf Platz 7, Saturn auf Platz 14. – Quelle: Capital 3/2004. Ferner heißt es in dem Wirtschaftsmagazin: „Wenn es um Werbung geht, mischt Holding-Chef Stiefel kräftig mit. Sie soll vor allem humorvoll sein. Zielgruppe? Gibt es nicht. 80 Prozent der Bevölkerung will er ansprechen – quer durch alle Schichten." – Mehr Details dazu folgen im Kapitel „Die Macht der Werbung".

Eine Erhebung der Marktanteile in Deutschland aus dem Jahre 2003, bezogen auf die relevanten Warengruppen der Unternehmen Media Markt und Saturn, ergab eine Quote von 15 Prozent. Etwa 50 Prozent wird dem Facheinzelhandel und 30 Prozent dem Versandhandel, dem Internet und den Einkaufsgenossenschaften zugesprochen. Alle anderen Ketten kommen zusammen auf fünf Prozent.

Die Macht der Werbung

8

Die stärkste Media Markt-Waffe

Internet-Suchmaschinen sind klasse! Sie bereichern unser Wissen, sie informieren und klären auf. Knapp 80 Millionen Ergebnisse liefert „Google", wenn nach dem Begriff „Werbung" recherchiert wird. Bei der Eingabe des Wortes „Verkauf" sind es noch 30 Millionen und beim Begriff „Einkauf" gerade etwas mehr als zehn Millionen recherchierte Internetseiten. Diese simple Gegenüberstellung vermag zwar nicht über eine wissenschaftlich fundierte Gültigkeit verfügen, dennoch zeigt sie sehr anschaulich, welche Begehrlichkeit die jeweiligen Themenbereiche innerhalb unserer Gesellschaft augenscheinlich erwecken. Man könnte auch sagen: Werbung interessiert alle und erfreut sich ganz offensichtlich einer überproportional großen „Fangemeinde". Vielleicht stecken aber auch jene Reize dahinter, die erst im zweiten Anlauf mit Marketing in Verbindung gebracht werden, etwa die Manipulation durch Reklame oder auch die Werbebotschaft als Lockmittel und Kauflenkung. Für den Dienst am Kunden sind die äußerst facettenreichen Betätigungsfelder unabdingbar, nicht nur die Hirnforschung ist damit intensiv befasst. Seit Jahrtausenden ist der verkäuferische Ur-Instinkt eine Grundvoraussetzung. Handelsunternehmen sind täglich auf Brautschau, täglich darauf bedacht, zu gefallen und zu begeistern. Der Kunde ist das präferierte Ziel der Eroberung. Die „Braut", um im Wortbild zu bleiben, muss sich hingezogen fühlen, quasi verführt werden, immer wieder aufs Neue.

Media Markt begeistert mittels einer „Wir-sind-lustig-und-anders-Taktik". Von der ersten Stunde an waren die Unternehmensgründer daran interessiert aufzufallen – nicht selten sogar um den Preis der Ablehnung. Werbebotschaften haben das Unternehmen von Anfang an begleitet. Die Bandbreite der Werbekampagnen ist groß: Von einzigartig und sensationell über verrückt, mutig und tonangebend bis hin zu kritisch, beleidigend, arrogant oder schlichtweg wettbewerbswidrig. Schnell wurde bemerkt, dass es gerade die exotisch anmutenden Werbestrategien sind, die nachhaltigen Effekt versprechen. Seitdem gelten die Media Markt-spezifischen Werbeparameter als gesetzt:

Die Werbung soll aus dem Rahmen fallen, darf frech sein und muss Aufmerksamkeit erzielen. Sie sollte provozieren und darf polarisieren, was einer Verstärkung von Meinungsunterschieden gleichkommt. Eventuelle „Nein-Sager" zu geplanten Kampagnen müssen ihre Bedenken gut begründen können, bloße Anti-Bekundungen reichen nicht aus. Hauptsache ist – so eine interne Faustformel –, dass Media Markt im Gespräch bleibt. Werbliche Kniffe sind erwünscht. (Fast) alles ist erlaubt und das Werbebudget lässt kaum Wünsche offen. Ein Eldorado für Kreative.

Für das werbende Unternehmen ist ein kontinuierlicher Werbezyklus von größter Bedeutung. Wie lange kann Neugier, die einen wesentlichen Teil des Werbeerfolgs ausmacht, beim Betrachter aufrechterhalten oder aufs Neue geweckt werden? Ist die Werbekampagne noch ausbaubar? Bleibt der Reklamezyklus auch über einen längeren Zeitraum steuerbar? Wann wirkt er stumpf und müde? … lauten die wichtigen Kernfragen zur Beurteilung einer Werbestrategie. Was sonst so schwer umzusetzen ist, glückt den Werbemachern von Media Markt recht häufig. Ein Beispiel:

Während die Kampagne „20-?-Mooment!" das 20-jährige Firmenjubiläum und gleichzeitig den Jahreswechsel (1999) vorbereitet, wird im Nachgang der „Media Markt-Jahrtausend-Start – Sparen Sie jetzt, nicht später!" eingeläutet. Auf nahezu paralleler Zeitachse kündigt die Werbeserie „Mooment – jetzt schlägt's 21!" das 21. Media Markt-Jahr lautstark an. Dieser Ausschnitt zeigt exemplarisch, wie eine bereits gut verlaufende Werbekampagne in die nächste und übernächste transferiert werden kann. Obgleich er bereits über ein Jahrzehnt zurückreicht, veranschaulicht er die für Media Markt auch heute noch typische Werbestrategie und deren Wirken.

Auffallen um jeden Preis!

Nicht alles, was Negativschlagzeilen verursacht, muss schlecht sein, sagt eine uralte Erkenntnis aus der Entertainment-Branche. Tagtäglich erleben wir die Film- und Fernseh-Stars und -sternchen in ihrer Schein- und Glimmerwelt, wie sie in permanenter Gier um Medienpräsenz buhlen. Längst dienen blanke Busen, Alkoholsüchte oder auch der zugegebene Drogenkonsum als „stimulierende Faktoren" zur Steigerung des Bekanntheitsgrads. Die Werbebranche tickt in vielfacher Hinsicht ähnlich, unter Werbefachleuten heißt es nicht ohne Grund: Auffallen um jeden Preis!. Langbeinige Blondinen im knappen Bikini oder auch eine vollbusige Domina in Latex-Montur, als schlagkräftige Missionarin gegen Preiswucher sind nur zwei der zahlreichen Figuren aus dem Werbefundus bei Media Markt.

Aber auch angriffslustig verzerrte Anspielungen auf die Dogmen der katholischen Kirche zählten früh zum Repertoire provokanter Werbebotschaften. Reaktionen von Feministinnen oder Kirchenverbänden ließen meist nicht lange auf sich warten. Deren kritische Stimmungsgröße konnte selten einkalkuliert werden, so dass manche Werbekampagne mit einem „Hoffentlich-geht-alles-gut-Gefühl" an die ausführenden Medien – Rundfunk, Fernsehen, Zeitungsverlage – weitergereicht wurde. Manchmal drückte die Öffentlichkeit ein Auge zu und manchmal war bundesweiter Gegenwind die Folge. Dass der Deutsche Werberat – eine Organisation, die über vierzig im Zentralverband der deutschen Werbewirtschaft zusammengeschlossene Organisatoren bündelt – so manche Media Markt-Werbekampagne gerügt hat oder auch gerichtlich verbieten ließ, war in einigen Fällen fast zu erwarten. Auch regionale Wettbewerbszentralen und Verbraucherschutzorganisationen hatten und haben stets ein wachsames Auge auf die Werbung von Media Markt.

Die werbewirksamsten Medien

Der deutsche Werbemarkt hat sich in den zurückliegenden 30 Jahren nahezu vollständig geändert. Insbesondere die Online-Werbung stellt die Branche immer häufiger auf den Kopf. 2009 konnte der Werbeumsatz, der über das Internet generiert wurde, erstmals den Wert der Publikumszeitschriften hinter sich lassen und belegte im Werberanking den dritten Platz. Zudem wurde in Deutschland erstmals die Umsatzmarke von vier Milliarden Euro überschritten, immerhin ein Plus von zwölf Prozent zum Vorjahr. Zum Vergleich: Das Gesamtvolumen des Werbemarktes hat laut Zentralverband der deutschen Werbewirtschaft (ZAW) im Jahr 2009 rund 29 Milliarden Euro erwirtschaftet. Der Bundesverband Digitale Wirtschaft (BVDW) hält nach Befragung aller großen Netzwerkagenturen eine Steigerung des Online-Werbemarktes von bis zu 25 Prozent im Jahr 2010 für realistisch. Ein rasantes Wachstum.

Verlierer dieser Entwicklung werden vor allem die Zeitungen und Zeitschriften, also die gedruckten Medien, sein. Stabil – wenn auch mit leichten Blessuren – halten sich dagegen die Medien Fernsehen und Radio. Die Anteile des Werbemarktes in Deutschland stellen sich wie folgt dar:

- 38 Prozent Fernsehen

- 21 Prozent Zeitungen

- 17 Prozent Online-Werbung

- 14 Prozent Publikumszeitschriften

- 5 Prozent Hörfunk

- 4 Prozent Plakat

- 2 Prozent Fachzeitschriften

Quelle: OVK, Nielsen, Media Research (auf-/abgerundet), Stand 2009

Das Kino hat mit einem Rückgang von fast 30 Prozent alleine im Jahr 2009 einen dramatischen Einbruch verzeichnen müssen und bekleidet im Werbemarkt längst das Schlusslicht. Dieser kleine Exkurs in die Werbelandschaft verdeutlicht, welche Medien Media Markt bedienen muss, um wahrgenommen zu werden und möglichst alle Endverbraucher zu aktivieren.

Werbepower pur!

Als Marktführer der Branche ist eine Beschränkung auf nur ein oder zwei Medien, wie es die meisten Mitbewerber von Media Markt handhaben, nahezu ausgeschlossen. Während die direkt vergleichbare Konkurrenz wie ProMarkt oder auch MediMax keine oder nur vereinzelt TV-Werbung betreibt, muss Media Markt mit ineinander verzahnten und groß angelegten Werbekampagnen bundesweit – sozusagen flächendeckend – unterwegs sein. Mit einem Werbeetat von 480 Millionen Euro für das Jahr 2008 ist die Media-Saturn-Gruppe der mit Abstand größte Werbetreibende im deutschen Einzelhandel, noch vor den großen Lebensmittelkonzernen ALDI und LIDL. Dies entspricht einem Werbekostenaufwand von rund 4,8 Prozent des Umsatzes, was in der Gegenüberstellung mit vergleichbar großen Handelsunternehmen einen sehr hohen Wert darstellt. Bei der Konkurrenz stehen oft nur zwei bis maximal drei Prozent des Umsatzes zur Ausgabedisposition. Addiert man die Werbeetats der größten deutschen Mitbewerber von Media Markt, also Expert, Euronics, ElectronicPartner (EP) und MediMax (zu EP), ergibt sich ein Gesamtvolumen von gerade einmal 15 Prozent im Vergleich zum

Werbeeinsatz der Media-Saturn-Holding in Deutschland – Quelle: Lebensmittelzeitung von 2/2009, Nielsen Media Research, Bruttowerte. Diese schlichte Gegenüberstellung der Zahlen verdeutlicht die Werbepower von Media Markt.

Die historische Werbeentwicklung von Media Markt

Die Werbemaschinerie von Media Markt ist eng verknüpft mit der (Werbe-)Historie des Unternehmens. Anfänglich machte Media Markt lediglich durch ausgefallene Zeitungsinserate von sich reden. Es war die Zeit der Print-Medien, der gedruckten Werbung in Tageszeitungen. Die große Warenvielfalt und der kleine Preis standen bei Media Markt seit jeher im Vordergrund. Schließlich eröffnete das Unternehmen 1979 einen der ersten großvolumigen Elektro-Fachmärkte in Deutschland. Dem diskontierenden Geschäftskonzept war auch werblich Rechnung zu tragen!

Die heute üblichen Zeitungsbeilagen, auch Flyer genannt, hatten in den Gründungsjahren von Media Markt noch keinen großen Stellenwert. Bisweilen waren in den Zeitungen und Magazinen keine Verteilplätze zu buchen. Es war eine Zeitungsepoche, in der die Redaktionen noch das „große Sagen" hatten und der Vertrieb nur eine untergeordnete Rolle spielte, in der die Auflagenhöhe stabil und ohne größere Anstrengungen zu halten war. Eine Zeitung gehörte damals „zum täglich Brot" und musste kaum Konkurrenz scheuen. Diese Traumzeiten sind längst vorbei. Die Online-Werbung hat auch im Bereich der Printmedien zu großen Umbrüchen geführt, an die in den 1980er Jahren noch keiner gedacht hatte.

Anfang der 1980er Jahre erst wechselte im Hause Media Markt das Werbemedium vom herkömmlichen Inserat zur mehrseitigen Werbebeilage. Damals wie heute wird sie nicht selten vom Zeitungsverlag selbst gedruckt, um der hauseigenen Tageszeitung beigelegt zu werden. Für Media Markt war es – kaum zu glauben – auch eine Zeit des Sparens, denn die Investitionsmöglichkeiten waren begrenzt. Das noch recht junge Unternehmen finanzierte die Expansion zunächst aus Eigenmitteln, musste die Kostenseite genau abwägen und hätte sich größere (Werbe-)Patzer nicht leisten können.

Für Furore sorgten damals die „hausgestrickten" Ideen der Firmengründer, die sie mitunter aus dem Ausland aufschnappten und auf ihren Betrieb übertrugen. Auch Marketingaktivitäten anderer Branchen dienten als Grundlage für Werbeentscheidungen. Ein „Video-Rekorder-Weitwurf" findet hier genauso statt wie die „Haushalts-Olympiade", in der die Siegerin beziehungsweise der Sieger im „Staubsaugen auf Zeit" mit Werbegeschenken oder auch mit großzügigen Rabatten belohnt wurde. Die Aufzählung und Beschreibung aller Werbeschachzüge der letzten Jahrzehnte würden den Rahmen dieses Buches bei weitem sprengen. Nur so viel: Auch die zahllosen Vor-Ort-Aktivitäten und kreativen Ideen einzelner Geschäftsführer und ihrer Teams haben entscheidend zum Erfolg von Media Markt beigetragen. Erfolgreiche Konzepte vervielfältigen sich in Windeseile!

Neben dem wichtigen Werbeparameter „Auffallen" steht vor allem der Preis im Vordergrund – die „knallhart kalkulierte Vorteils-Leistung". Zudem sollte das angebotene Produkt innovativ sein, ein Muss für das Unternehmen Media Markt; das „Schaufenster der Branche" hat sich selbst der Trendsetter-Funktion verpflichtet. Den günstigen Verkaufspreis größer darzustellen als den beworbenen Artikel selbst, wurde in den beginnenden 1980er Jahren noch als optisch schwere Kost empfunden. Zeitweilig wurde solche Werbung sogar als unseriös eingestuft, weshalb diese plakative Darstellungsform nicht von allen Werbefachleuten forciert wurde. Die erst später praktizierte Hervorhebung der Werbeanzeige durch die für Media Markt typische Zusatzfarbe Rot als Kontrast zum üblichen Zeitungsschwarz unterstreicht den marktschreierischen Charakter.

Bekannte Persönlichkeiten kommen zum Einsatz

Mit zunehmender Expansion des Unternehmens erfolgte eine stetig ansteigende Präsenz bei regionalen und später überregionalen Rundfunksendern. Mit der breit angelegten Werbekampagne „Willi Butz" war Media Markt einer der ersten Werbetreibenden, der nicht seine Produkte in den Vordergrund stellte, sondern mittels lustiger Sketche à la „Willi butz mal die Fenster" die Rundfunkhörer auf sich aufmerksam machte. Schon damals stand der Gag im Vordergrund; der beworbene Artikel folgte erst im Nachgang. Hans Clarin hat mit seiner markanten Pumuckel-Stimme eine Fülle von Media Markt-Spots besprochen. Dieter-Thomas Heck schloss sich mit dem Werbespot „Die Schlagerparade" der langen Reihe der charakteristischen Stimmen an und penetrierte wie nahezu alle Werbe-kampagnen die außergewöhnliche Preiswürdigkeit von Media Markt. Auch Sky du Mont oder Harald Juhnke, der parallel die erste TV-Werbereihe, die „Total-Blöd-Show", moderierte, durften nicht fehlen. Selbst Johannes – „Jopie" – Heesters brillierte in der Werbe-show im Gewand seiner Paraderolle als Graf Danilo aus der Ope-rette „Die lustige Witwe" von Franz Lehár. Mit Smoking, schwarzem Umhang, Zylinder und seinem berühmten weißen Seidenschal ver-kündete er die ihm zugeteilte Werbebotschaft: „Wer jetzt noch ins Maxim geht, der muss total blöd sein!"

Auch Joachim Steinhöfel, der streitbare Rechtsanwalt von Media Markt, intern auch als „Haus- und Hof-Justiziar" tituliert, mode-rierte so manchen Werbespot. Steinhöfel war als TV-Moderator für die Sender RTL und RTL2 tätig. Mit den Fernsehsendungen „Die Re-daktion", „Kreuzfeuer" und „Achtzehn 30" bewies er schon früh sein Talent für provokante Rhetorik. Mit dem Werbeboten Steinhö-fel schlug Media Markt gleich zwei Fliegen mit einer Klappe. Der Anwalt als Unternehmenskenner auf der einen und der Rhetorik-künstler als Werbefigur auf der anderen Seite.

Im Mai 2000 veröffentlichte Joachim Steinhöfel beim Hamburger Plattenlabel Edel sogar (s)eine eigene Media Markt-CD mit dem Titel „Ich bin doch nicht blöd". Der Refrain „Hey, Hey Mr. Media Man …" war ein klares Bekenntnis zur Unternehmensgruppe, aber auch eine Hommage an sich selbst. Steinhöfel wollte mit dieser Maxi-CD gar den Top-1-Titel der deutschen Charts erklimmen – wah-res Ziel oder nur ein PR-Gag?

Geschadet haben Steinhöfel diese Auftritte als Werbebote von Media Markt keineswegs. Im Gegenteil. Der eher extrovertierte Ver-treter seiner Zunft genoss laut Marktforschungsgruppe Gesellschaft für Konsumforschung (GfK) bereits im Jahre 2001 einen Bekannt-heitsgrad von 60 Prozent. Steinhöfel kommentierte seinen Habitus in einem Interview der Zeitschrift „Tomorrow" mit den Worten: „Manche Minister sind sicher wesentlich weniger bekannt als ich – zu Recht!"

Mit dem Instinkt des „gemeinen Volkes" und dem sicheren Lacher-folg stieg der Bekanntheitsgrad der Media Markt-Gruppe, die sich anfänglich nur im bayerischen Raum der Republik niedergelassen hatte, unaufhaltsam. Werbeaktivitäten wie „Die Jodelaktion", „Das Preisgebräu" oder auch das „Umpftata!" (Letzteres ist als eine typisch bayerische Geräuschimitation zu verstehen) ließen lange Zeit immer wieder erkennen, aus welcher Region das Unternehmen Media Markt ursprünglich stammt. Mittlerweile haben längst auch Mundarten aus den „nördlicheren Gefilden" einen festen Platz in der Media Markt-Werbung Einzug gehalten.

Die Unternehmensgruppe erstarkte rasch und stetig. Der Werbeslogan „Media Markt. Stark!" schien nur noch eine konsequente Wahl in die richtige (Werbe-)Richtung zu sein. Erst Mitte der 1990er Jahre wurde einer der einprägsamsten Jingles der deutschen Werbebranche kreiert:

„Media Markt. Ich bin doch nicht blöd."

Walter Gunz, Firmengründer und Werbemann der ersten Stunde, suchte lange Zeit nach einem allgemein gültigen Slogan für sein Unternehmen. Die Züricher Kreativagentur Weber Hodel Schmid erhielt den Auftrag und baute die Idee des Firmengründers aus. Bis heute liegt der hieraus entstandene Jingle, der mit einem klingenden Kassengeräusch untermalt wird, im Trend. Trotz seiner jahrelangen Verwendung braucht er um „Abnutzungserscheinungen" nicht zu fürchten. Er ist griffig, zeitlos und erreicht bei Umfragen einen gestützten Erinnerungswert von 99 Prozent, der spontane Bekanntheitsgrad liegt mit immerhin 76 Prozent auf dem vordersten Platz. – Quelle: Icon Added Value-Analyse 2006/2007. Alles grandiose Werte, die sich vor den Marketingauftritten namhafter und traditionsreicher Unternehmen wie die Allgemeine Elektricitäts-Gesellschaft, besser bekannt als AEG („Aus Erfahrung gut"), Bauknecht („Bauknecht weiß, was Frauen wünschen"), Ritter Sport („Quadratisch. Praktisch. Gut.") oder Audi („Vorsprung durch Technik") keineswegs verstecken müssen. „Media Markt. Ich bin doch nicht blöd." rangiert bis heute auf einem der vordersten Plätze in der Bekanntheits- und Beliebtheitsskala der deutschen Werbelandschaft. Letztes Endes ist genau dieser Aspekt die eigentliche Kunst in der Werbeszene. Reklamesprüche, die bereits nach Tagen oder gar Stunden wieder aus dem Gedächtnis der Endverbraucher verschwunden sind, erhalten allenfalls das Prädikat des Alltäglichen. Sie begeistern nicht und sind daher genau so schnell aus den Köpfen verschwunden, wie sie gekommen sind. Dagegen haben Slogans von Media Markt längst Kult-Charakter. Die zahlreichen Auszeichnungen spiegeln dies eindrucksvoll wider.

Allenfalls der Slogan „Geiz ist geil" der Schwestergruppe Saturn stellte zunächst eine ernst zu nehmende (interne) Konkurrenz dar. Diesen Jingle, der schnell in allen Kreisen unserer Gesellschaft Einzug hielt (Stichwort: Geizwelle) und nicht selten negativ beurteilt wurde, kreierte die renommierte Werbeagentur Jung van Matt im Jahre 2002. Für Saturn begleitete er die bislang erfolgreichste Werbekampagne in der Firmengeschichte. Fünf Jahre später hatte sich die Werbebotschaft abgenutzt und wurde durch den wenig erfolgreichen Slogan „Wir lieben Technik. Wir hassen teuer." ersetzt. Dieser Jingle kann nur auf eine kurze Verweildauer verweisen. Nur kurze Zeit später bekannten sich die Werbeleute von Saturn wieder zu ihrem Ursprung und griffen mit dem Einsatz des Altrockers Alice Cooper (62) die Thematik des Sonnensystems auf. Hierfür wurde der Reklamesatz „Sternhagel günstig" kreiert. Im Sommer 2010 erfolgte der Wechsel zum Slogan „Jetzt rockt's richtig!", den die Werbefigur Bill Kaulitz (21), Leadsänger der Band Tokio Hotel, unterstützte. Mit der Jahresstartkampagne 2011 läutet Saturn den 50. Geburtstag des Unternehmens ein und knüpft an den früheren Erfolgsslogan an: „Geil ist geil" tönt der amerikanische Entertainer Michael Buffer (67), der weltweit bekannteste Ansager großer Boxveranstaltungen. Auf das Wort „Geiz" wurde bewusst verzichtet. Begleitet wird die Kampagne vom Ohrwurm „Live is life". Die österreichische Rockband Opus landete mit diesem Song im Jahre 1985 einen internationalen Nr. 1-Hit. – Die immer wieder neuen und veränderten Werbeslogans zeigen, wie schwierig es ist, die zum Unternehmen passende Werbebotschaft zu finden, die sich möglichst nicht abnützt und lange gültig ist. Werbeerfolg muss sich in gewisser Weise auch im Bekanntheitsgrad des Unternehmens widerspiegeln.

Ob Media Markt oder Saturn, die Werbeslogans der beiden Unternehmen werden von anderen Personen und Institutionen immer wieder genutzt. So beschrieb beispielsweise der baden-württembergische IG-Metall-Bezirksleiter Jörg Hoffmann die tarifliche Auseinandersetzung im Mai 2007 mit den Worten: „Das ist Tarifpolitik frei nach dem Motto sau-, sausaubillig und noch viel mehr! Darauf können wir nur antworten: Wir sind doch nicht blöd."

Die ständig zunehmende Flächenverdichtung der Media Märkte in Deutschland verstärkte den Ruf nach einem bundesweiten Werbe- und Imageauftritt. Die Erneuerung der Medienlandschaft durch private Sender, die im Januar 1984 mit RTL Plus und Sat1 erstmals den öffentlich-rechtlichen Sendeanstalten die Stirn boten, erlaubte schließlich auch im TV-Bereich werblich aktiv zu werden. Die bei Media Markt anfänglich intern als äußerst kostspielig verschrienen TV-Kampagnen erschlossen neue Kundenschichten, wurden immer erfolgreicher und erreichten schließlich Kultcharakter. Nicht selten wurden sie mit Preisen der nationalen wie internationalen Werbejury ausgezeichnet.

Einer der ersten aufwändig inszenierten TV-Spots war die „Total-Blöd-Show" mit dem beliebten Entertainer Harald Juhnke und der Schauspielerin Ingrid Steeger, die in der Rolle der „Ingrid S." bekennen musste, „blöd zu sein". Bedauerlicherweise musste diese recht erfolgversprechende Werbekampagne früher als geplant eingestellt werden, da der gesundheitlich angeschlagene Juhnke, die Hauptwerbefigur, den Werbezyklus nicht länger begleiten konnte.

Viele Standorte erfordern Kreativität

Hervorzuheben sind auch die mannigfaltigen Werbekampagnen anlässlich der zahlreichen Firmenjubiläen und Geschäftseröffnungen, die immer wieder neu erfunden und auf den jeweiligen Standort beziehungsweise die jeweilige Region zugeschnitten werden müssen. Permanent ist die eigenständig operierende Werbeagentur redblue, die firmenintern wie eine Werbeabteilung agiert, gefordert, neue und stets kreative Konzepte auf die Beine zu stellen. Die redblue Marketing GmbH, mit Sitz in München, ist aus der Werbeagentur For Sale hervorgegangen und kann als ein Eigengewächs von Media Markt bezeichnet werden. Früh hatten die Gründerväter erkannt, dass es allein wegen der sogenannten Agenturprovisionen sinnvoll ist, eine eigene, juristisch dennoch selbstständige Werbeagentur zu gründen. Heutzutage ist das gelebte Realität in allen großen Unternehmen. Zwischenzeitlich arbeiten über 400 Mitarbeiter aus über 20 Nationen für redblue, die sich europaweit zu einer der größten Adressen im Handelsmarketing gemausert hat. Der Name redblue ist schnell erklärt: „red" steht für das rote Erscheinungsbild von Media Markt, „blue" für das Schwesterunternehmen Saturn, bei dessen Außendarstellung die Farbe blau dominiert.

Als die NEÖ-Kampagne – NEÖ steht für Neu-Eröffnung – für den Media Markt in Berlin-Tegel entwickelt wurde, verband man den hohen Bekanntheitsgrad des Flughafens Tegel schlichtweg mit dem zu eröffnenden Media Markt. Ein Heimspiel par excellence, doch selten hat es die Agentur derart einfach. Anlässlich der Neueröffnung des Standortes in Halstenbek (bei Hamburg) ergab sich die Herausforderung, den kaum bekannten Standort generell ins Licht zu setzen. Die Lösung war einfach: Die Agentur siegte mit ihrem Vorschlag, in allen relevanten Werbemedien plakativ und offensiv nach der geografischen Lage von Halstenbek zu fragen. Die zum Kreis Pinneberg gehörende, direkt an Hamburg angrenzende Gemeinde mit rund 16.000 Einwohnern ist allenfalls den Ortskundigen ein Begriff. Die Werbekampagne war ein voller Erfolg, was der damals größte Eröffnungsumsatz der Unternehmensgruppe unter Beweis stellte. Die Kundschaft konnte nicht nur aus der Zielgruppe in Schleswig-Holstein, sondern sogar aus den benachbarten Bundesländern Hamburg und Niedersachsen gewonnen werden.

Bei über 230 Filialen alleine in Deutschland ist die erforderliche Werbekapazität immens! Ob witzig, brüskierend, individuell, regional oder sonst wie effektvoll: Jede Aktion, jeder Werbeerfolg beginnt mit einer guten Idee, und die Kunst der Marketingexperten und Mediendesigner besteht darin, Optik und Text so unverwechselbar zu gestalten, dass sofort erkennbar ist: „Diese Werbung kann nur von Media Markt sein!"

Werberückschläge und der Sex-sells-Effekt

Nicht alle Strategien oder Werbekampagnen werden „Kassenfüller". Walter Gunz forcierte immer (s)eine Form der polarisierenden Werbung. „Wir sind anders" war einer seiner einfachen Richtungsweiser, denn nur wer anders ist, fällt auf.

Anfang 2000 wurde eine der angriffslustigsten Werbekampagnen kreiert. Die Entscheider von Media Markt bedienten sich der uralten „Sex-sells-Botschaft". So verführerisch, wie sich Heidi Klum für die Parfumkette Douglas kleidet, so spannungsreich zieht sich Charlize Theron für einen Werbespot der Marke Dior aus. Bei Media Markt sind es die Lasso schwingende Domina, die unter einer fiktiven 0190er-Telefonnummer leicht stöhnend die günstigste Einkaufsstätte verrät, oder die „3-busige Dame" in posender Stellung, die mit dem Aufruf „Mehr drin, als man glaubt" für die Media Markttypischen Vorteilsleistungen – große Auswahl, günstiger Preis, Schaufenster des Marktes – steht. Noch profaner vermittelte dies Joachim Steinhöfel in der Kampagne „20-?!-Moooment" zum 20-jährigen Jubiläum 1999: „Besser shoppen statt poppen".

Der „Effie" in Silber

Während der mit der Werbefigur Steinhöfel konzipierten Kampagne „Gut, dass wir verglichen haben!" einen der höchsten Awards der Werbebranche – den „Effie" in Silber – verliehen wurde, folgte dem knapp bekleideten Fotomodell von „Mehr drin, als man glaubt" der Zorn entsetzter Frauen und der katholischen Kirche. Schon früh hatten insbesondere die Bistümer Paderborn, Passau und Regensburg ein wachsames Auge auf Media Markt. Als das freizügig wirkende Plakat während der Weihnachtszeit in einem Leuchtkasten vor dem Kölner Dom zu sehen war, war es mit der spaßig gemeinten Werbung vorbei. Erzbischof Joachim Kardinal Meisner soll sich persönlich für die Entfernung der diskriminierenden und unchristlichen Werbung eingesetzt haben. Media Markt war für viele Wochen einmal mehr das Werbegespräch Nummer eins in Deutschland. Der von den Widersachern und der Konkurrenz erhoffte Boykott der Filialen blieb aus.

City Plakat – Foto: JCL

Wirkliche (Werbe-)Rückzieher gibt es im Hause Media Markt ohnehin nur selten oder dann, wenn juristische Konstellationen, etwa das Akzeptieren einer gerichtlichen einstweiligen Verfügung, dies unumgänglich machen. Ein frühzeitiges „Kleinbeigeben" steht kaum zur Diskussion und ist im „Media Markt-Vokabular" schwerlich zu finden. Ein eventuell stattfindender Rechtsstreit, die Kosten für Rechtsanwälte oder auch die Zahlung von gerichtlich veranlassten Vergleichssummen werden – entgegen verbreiteter Meinung – nicht gezielt einkalkuliert.

Bei provokanten Werbeauftritten lässt sich Kritik nicht verhindern. Intern ist sie eher willkommen und wird als wichtiger Bestandteil der Media Markt-Werbung verstanden. Denn sobald sich eine Werbekampagne – mit welchen (legalen) Stilmitteln auch immer – in den Köpfen der Endverbraucher „festbeißt" und sich zum Stammtisch-Gespräch entwickelt, ist der Erfolg meist sicher. Schließlich ist in der Business-Welt des Einzelhandels entscheidend, die Kundschaft immer wieder aufs Neue zu gewinnen!

Das Textilunternehmen Benetton ist eines jener Markenlabels, das sich dank seiner provozierenden Werbung, in der schon der Krieg in Ex-Jugoslawien oder auch die Immunschwäche Aids im Vordergrund standen, einen bis heute anhaltenden Ruf „erworben" hat. Auch wenn die Marke Benetton seit Jahren nicht mehr den einstigen Stellenwert in der Modebranche genießt und Marktanteile an H&M, Esprit und andere abgeben musste, so liegt der gestützte Bekanntheitsgrad immer noch bei respektablen 93 Prozent! Zu den stärksten Werbeattributen zählten schon immer Witz, Spaß und Freude. Aber auch Emotionalität zu bewirken durch einen geschickten Appell an die Vernunft oder das Mitgefühl der Verbraucher kann die Anhängerschaft begeistern.

Media Markt-Werbung ist klar, unmissverständlich und in vielfacher Hinsicht auch ehrlich. Natürlich wird es kaum abzustreiten sein, dass auch andere Anbieter die Ware günstiger anbieten können. Doch erstens ist diese Gefahr aufgrund der Preisfreiheit ständig gegeben, und zweitens würde kein Unternehmen seine möglichen Schwachstellen bewerben wollen. Daraus folgt: Verführung ist ein fester Bestandteil der Werbung. Wer stets nach dem günstigsten Gerätepreis Ausschau hält, wird den stationären Einzelhandel eher meiden und sein Glück mehr im Online-Handel suchen.

Lieber „ein wenig verrückt"

Untersuchungen belegen, dass ein Unternehmen seitens der Kundschaft schon deshalb als vertrauensvoll und ehrlich eingestuft wird, wenn es Anglizismen und eine komplizierte Sprache vermeidet. Ein Klassiker der Missverständnisse ist der Slogan „Come in and find out" der Handelskette Douglas. Die meisten sahen hierin die Aufforderung, „hereinzukommen und möglichst schnell wieder hinauszufinden". Heute heißt der Werbespruch übrigens: „Douglas macht das Leben schöner." Oder nehmen wir das Beispiel Vodafone mit seiner Werbebotschaft „Make the most of now", was viele interpretieren mit „Mach meist nicht alles" oder „Mach's meistens jetzt". Tatsächlich lautet die Botschaft: „Nutze den Augenblick." Media Markt spricht grundsätzlich in der jeweiligen Landessprache. Auf Anglizismen hat das Unternehmen bislang nahezu ausnahmslos verzichtet. Bloß keine Verwirrung schaffen, die erledigt die Branche meist selbst, verwendet sie doch eine Fülle technischer Fachbegriffe. Diese – möglicherweise nicht sofort ins Auge springende – Klarheit trägt dazu bei, dass Media Markt als authentisch wahrgenommen wird. Lieber ist das Unternehmen „ein wenig verrückt", als nur schöne, aber weniger anziehende Werbung zu kreieren.

Mitarbeiter als Werbefiguren

Auch wenn Media Markt-Mitarbeiter in der Regel nicht für Werbezwecke eingeplant werden, so gab es dennoch einige Einsätze mit Firmenangehörigen. Eine der erfolgreichsten Werbekampagnen, in denen sogar die Geschäftsführer selbst die Initiative ergriffen, war der als „Hosen-runter" bekannt gewordene Werbefeldzug, in der tatsächlich die Hüllen – nämlich die Hosen der Geschäftsführer – fielen. War diese Aktion ursprünglich nur als regionales Highlight geplant, so fand sie zunehmend Nachahmer und eroberte das gesamte Bundesgebiet. Einfach, aber umso eindringlicher war die „Hosen-runter-Maßnahme" ein Sinnbild für die extra günstige Preisgestaltung von Media Markt: … bei diesen Preisen mussten sogar die Geschäftsführer ihre Hosen runterlassen!

„Hosen-runter"-Kampagne, Hamburg – 2003
Foto-Shooting der Geschäftsführer

Schier grenzenloser Ideenreichtum

In den vergangenen Jahren machten bei Media Markt vor allem breit angelegte „Coole-Sprüche-Kampagnen" von sich reden. Das „Projekt 2003 – Ein Billiges Jahr für alle." war eine der ersten groß angelegten Jahresstartkampagnen, die aufwändig inszeniert wurden. Mit der Verpflichtung des Schauspielers Ronald Nitschke konnten wiederholt zwei Fliegen mit einer Klappe geschlagen werden. Nitschke gibt dem US-Schauspieler Tommy Lee Jones nicht nur die deutsche Stimme, sondern mimte sogar den Hollywood-Star in der Rolle des Media Markt-Texaners. Die Ähnlichkeit war verblüffend. Der Cowboyhut war längst zum Markenzeichen des Hollywood-Stars Jones geworden. Nun war es der optisch verblüffend ähnlich aussehende Media Markt-Sheriff Schulze, der nicht für Recht und Ordnung, sondern vielmehr für einen freien Markt und faire Preise sorgte. Die auch als „Tiefpreis-Aktion" bekannt gewordene Werbekampagne wurde über mehrere Monate von zahlreichen Marketingaktivitäten in sämtlichen Medien begleitet – Fernsehen, Rundfunk, Print, Kino, Plakate, Internet sowie marktinterne Auftritte vor Ort. Noch nie wurden so viele Werbeartikel, sogenannte Giveaways, verteilt. Auch die Mitarbeiter „profitierten" von aktionsbezogenen Sheriff-Sternen über eigens kreierte Tiefpreis-Gesetzbücher bis hin zu aus den USA importierten Cowboyhüten.

Werbeplakat zur Kampagne „Projekt 2003"
Foto: JCL

Aufgrund des herausragenden Erfolges wurde die Kampagne wenig später um die frühere DDR-Schauspielerin Christel Peters ergänzt. Mit einem Schottenmusterjäckchen und knallroter Media Markt-Tasche ausgestattet, wurde sie als „Mutter aller Schnäppchen" rasch der breiten Öffentlichkeit bekannt. Peters, Jahrgang 1916, trat bereits als vierjähriges Mädchen im Wandertheater ihres Großvaters auf und war zum Zeitpunkt der Werbereihe 88 Jahre alt. Das Magazin „Stern" schrieb seinerzeit: „Die ‚Mutter aller Schnäppchen' kennt jeder, der beim Werbeblock nicht wegschaltet." Peters selbst sagte einmal in einem Interview in der „Berliner Zeitung": „Erst durch Media Markt bin ich so bekannt geworden. Ich hätte nie gedacht, dass das so losgeht. Das kam wie ein Hammer. Auf der Straße möchte man mich sogar streicheln."

Die etwa einen Meter fünfzig große und omihaft wirkende Werbefigur wurde binnen weniger Tage zum beliebten Fernsehstar. Rasch mussten Autogrammkarten gedruckt werden. Die schier endlos wirkende Werbepower von Media Markt machte Christel Peters von heute auf morgen bekannter als die meisten Soap-Schauspieler, die sich oft über Monate und Jahre bemühen, ihren Bekanntheitsgrad zu steigern. In der Bevölkerung traf die Werbefigur auf höchste Akzeptanz, und: In der Werbebranche sprach man von ersten Parallelen zur legendären „Klementine" aus der Ariel-Werbung, die noch immer als die bekannteste Werbefigur aller Zeiten gilt. Letztendlich sollte die „Mutter aller Schnäppchen" den vorangegangenen Werbezyklus fortführen und dafür sorgen, dass ihr Werbesohn und Media Markt-Texaner mit Cowboyhut sich auch weiterhin vehement um die günstigsten Preise bemüht. Selbst das Drohen mit der Schrotflinte, die dem Gegner – also der Konkurrenz – symbolisch unter die Nase gehalten wird, schien geradezu passend.

Oscar der Werbung

Freche Slogans gepaart mit intelligentem Humor haben der Media Markt-Werbung längst zu Kultcharakter verholfen. Laut Umfragen der renommierten Institute Infratest und GfK gelingt es Media Markt immer wieder, die bekannteste Werbung innerhalb des Marktsegments zu kreieren. Sowohl das „Projekt 2003 – Ein Billiges Jahr für alle." als auch „Die Mutter aller Schnäppchen" im Jahre 2004 erhielten mit dem silbernen Effie, der vom Gesamtverband Kommunikationsagenturen GWA vergeben wird, je eine der höchsten Auszeichnungen der Werbeindustrie. Die begehrteste Auszeichnung der Werbe- und Kommunikationsbranche, den die Branche gerne als den „Oscar der Werbung" und die Frankfurter Allgemeine Zeitung „als die härteste Währung der Werbebranche" bezeichnet, hat Media Markt bereits mehrfach entgegennehmen dürfen.

Die Sache mit Dieter Bohlen

Eine bekannte Persönlichkeit, die aus Sicht von Media Markt spontan immer schon mit dem Prädikat „passend" eingestuft wurde, war (und ist vermutlich auch heute noch) Dieter Bohlen. Kaum eine andere „Person des öffentlichen Lebens", übrigens eine juristische Bezeichnung des deutschen Zivilrechts, genießt einen derart hohen Bekanntheitsgrad bei Jung und Alt. Kaum eine andere TV-Ikone ist bei Umfrageergebnissen so umstritten und wird mit Eigenschaften wie frech, arrogant und erniedrigend, aber auch mit cool, lustig und zielorientiert bedacht. Eigentlich die ideale Besetzung für einen Media Markt-Werbezyklus, auch wenn bisweilen plötzliche Negativ-Schlagzeilen über das auf mehreren Hochzeiten tanzende Multitalent ein gewisses Risiko bedeuten könnten. Bohlens norddeutsche „Schnodderart" ist trotz aller Kritik bei den meisten Menschen beliebt; insbesondere bei der primär zu bewerbenden Media Markt-Kundschaft im Alter von 14 bis 28 Jahren.

Doch an eine Zusammenarbeit eines der erfolgreichsten Entertainer, Songtexter und Musiker Deutschlands mit der Media Markt-Gruppe war nicht zu denken, im Gegenteil: Im November 2003 warben Media Markt-Filialen aus der Region Hamburg in der „Bild-Zeitung" mit dem überdeckten Konterfei des „ewigen Deutschland-sucht-den-Superstar-Jurors" und dem Werbetext: „Nur wo Media Markt drauf steht, ist auch Media Markt drin." Diese Anzeigenwerbung war mit Bohlen nicht abgesprochen. Zudem war eine Werbekampagne mit Bohlen des in Hamburg ansässigen Media Markt-Konkurrenten Makro-Markt und deren Slogan „Es lebe billig!" vorausgegangen. Media Markt betrieb nach eigener Auffassung eine in Deutschland zulässige vergleichende Werbung: das Produkt des Mitbewerbers kann 1:1 gegenübergestellt werden, um dann – natürlich – von Media Markt deutlich preisgünstiger angeboten zu werden. Obwohl Bohlen zunächst seine Persönlichkeitsrechte via gerichtlicher Unterlassungserklärung per Eilverfahren durchzusetzen versuchte, verlor er den Prozess vor dem zuständigen Landgericht. Der Richter stufte den Kläger Bohlen als „absolute Person der Zeitgeschichte" ein, der die Verbreitung von Fotos seiner Person in den Medien grundsätzlich dulden müsse. Dieter Bohlen selbst soll die richterliche Einschätzung seiner Person im Endeffekt sogar als Kompliment eingestuft haben. Letzten Endes haben offenbar beide Parteien von der Auseinandersetzung profitiert, zumindest hat Bohlen von der Möglichkeit, in die Berufung zu gehen, abgesehen.

25 Jahre Media Markt

Der Werbezyklus „Kaufen. Marsch, Marsch!" (Mai-Kampagne 2004) bescherte dem Unternehmen trotz schwieriger Wirtschaftszeiten spürbare Umsatzzuwächse. Wegen des zeitgleich startenden 25-jährigen Firmenjubiläums wurde erstmals sogar die Grundfarbe Rot in Gold getauscht und war für einige Wochen auf allen Titelseiten der Werbebeilagen zu sehen. Eine goldene „25" zierte das Firmenlogo und verdrängte die bekannte Wirbelrosette zwischen den Wörtern „Media" und „Markt". Die Farb- und Logo-Veränderung gilt bei Medianern bis heute als Novum und war intern umstritten.

Die verbotene Sportwette

Internationale Sportereignisse genießen hohes gesellschaftliches Ansehen und werden von vielen Millionen Zuschauern aufmerksam verfolgt. Der Unterhaltungselektronik stellen sie eine willkommene Umsatzmaximierung in Aussicht, die Zahlen belegen dies eindeutig: Anlässlich der Fußball-Europameisterschaft 2008 wurden in Deutschland alleine im Mai, dem Monat vor dem EM-Start, rund 500.000 Fernseher verkauft. Das waren 22 Prozent mehr als im Vorjahreszeitraum! 60 Prozent davon entfielen auf das Warensegment der großen Flachbildschirme.

Die sogenannte „Braune Ware" mit ihren TV-Geräten, Video-/DVD-Rekordern und SAT-Empfangssystemen hat schon immer von Sportereignissen profitiert. Folgerichtig musste zur Fußball-Europameisterschaft 2004 in Portugal eine entsprechende Werbekampagne her. Highlight des Werbefeldzugs war die Wette, dass ein am 1. Juni 2004 (also vor dem EM-Finale am 4. Juli 2004) gekaufter Fernseher kostenlos sein sollte, wenn die deutsche Elf die Europameisterschaft gewinnen würde. Für Media Markt war dies in gewohnt superlativer Form die „größte EM-Wette aller Zeiten".

Das Internetmagazin „SPIEGEL ONLINE" beurteilte diese Werbe-kampagne so: „Mit diesem Wettangebot hat der Media Markt einen TV-Geräte-Kaufrausch ausgelöst." Diese außergewöhnliche „Sportwette" wurde in der Tat zu einem Mega-Erfolg. Manche Kun-den ließen sich sogar zum Kauf teurer Plasma- oder LCD-Fernseher hinreißen. Selbst im (unwahrscheinlichen) Fall ausbleibender Um-satzschübe konnte sich die Unternehmensgruppe zumindest der Aufmerksamkeit aller Käuferschichten sicher sein. Sicher sein konnte sich Media Markt auch, dass die Konkurrenz eine derartige Verkaufsidee missbilligen würde, zumal sie gleichzeitig eine Um-satzverschiebung zu ihren Ungunsten erwarten ließ. Der Hambur-ger Verein für lauteren Wettbewerb (VflW), zu dessen Mitgliedern unter anderem Karstadt, Otto-Versand und zahlreiche Einzelhan-delsverbände zählen, sorgte via Eilverfahren dafür, dass die Werbe-aktion gestoppt wurde. Der Widerhall der Media Markt-Geschäfts-leitung war eindeutig. Bezeichnungen wie „Spielverderber" und „Neidhammelei" machten die Runde. Nichtsdestotrotz musste auch Media Markt einsehen, dass sogenannte Glücksspiele in Deutsch-land eine besondere Rechtsauffassung genießen und nicht mit Ver-kaufsgeschäften zu verknüpfen sind. Die „Süddeutsche.de" kom-mentierte die Aktion ziemlich treffend: „Alle reden darüber. Wir auch." Fazit: Eine geniale Werbung zur passenden Zeit!

Lasst Euch nicht verarschen

Mit einem weiteren Effie, diesmal in Bronze, wurde das Werbeteam im Jahr 2005 geehrt. Der Reklamefeldzug „Lasst Euch nicht verar-schen. Vor allem nicht beim Preis." wurde mit dem frech und vorlaut auftretenden Oliver Pocher punktgenau besetzt. Erstmals wurde der Drehort in eine Media Markt-Filiale verlegt. Tagelang glich der Verkaufsraum einem TV-Studio. Um den regulären Handelsbetrieb nicht zu stören, entschied man sich, den Schauspielort gezielt in neu zu eröffnende Märkte zu verlegen. So wurde die Neueröffnung des Media Marktes in Mönchengladbach extra verschoben, um den auf-wändigen Dreharbeiten gerecht zu werden. Auch dieser – sehr auf die Person von „Olli" Pocher zugeschnittene – Werbezyklus erhöhte den beiderseitigen Bekanntheitsgrad. Nicht nur die üblichen Umfra-geanalysen neutraler Institute belegen dies eindrucksvoll, auch das Herrenmagazin „Playboy" schreibt in seiner Ausgabe 02.2005: „Den bislang vielleicht größten Erfolg dürfte Pocher mit jenen 30-Sekunden-Filmchen gehabt haben, die er 2004 für den Media Markt drehte. Seine Werbespots sind Kult."

Schmidt & Pocher und die Fußball-WM 2006

Selbst der ansonsten eher werbescheue Harald Schmidt verlieh im Jahre 2006 dem populär gewordenen Media Markt-Schwein seine markante Stimme. Erstmals wurde ein dressiertes Tier in einem Media Markt-TV-Spot als Hauptfigur eingesetzt. Das Schwein, seit jeher ein Sinnbild des Sparens, begleitete als keck-freches Ferkel wochenlang die Werbekampagne „Saubillig! – Und noch viel mehr."

2006 war auch das Jahr der Fußball-Weltmeisterschaft. Als austragende Nation war es ein äußerst euphorisches Jahr für Deutschland. Media Markt nutzte für diesen Mega-Event das Trio Oliver Pocher, Ronald Nitschke und Joachim Steinhöfel. Alle Teilnehmer waren dem Publikum bekannt und in der Vergangenheit bereits für die Unternehmensgruppe als Werbefigur tätig. Die Werbereihe, in der sich die Schauspieler in roten Media Markt-Trainingsanzügen präsentierten, wurde unter dem Slogan „Bester Fanausrüster aller Zeiten" bekannt und konnte die ohnehin landesweit beflügelnde WM-Stimmung optimal nutzen. Beim Media Markt-Texaner durfte der Cowboyhut als werbliches Wiedererkennungsmerkmal aus den vorangegangenen Kampagnen nicht fehlen. Pocher, Nitschke und Steinhöfel posieren in kollektiver Siegerhaltung, die den vermeintlichen Titelgewinn ankündigen soll. Vor allem die Werbeikone Oliver Pocher machte sich über die ausländischen WM-Teilnehmer – mitunter verunglimpfend – her und bediente sich einmal mehr des Klischees des Überzeichnens.

So erfolgreich die Werbeserien in Deutschland angekommen sein mögen, so unterschiedlich und kritisch wurden sie im Ausland bewertet. Ein TV-Spot aus der WM-Kampagne 2006, der das Klischee des „diebischen Polen" überzogen darstellte, musste nach heftigen Protesten aus dem In- und Ausland abgesetzt werden. Eine Welle der Empörung war entbrannt. Die Media Markt-Gesellschaft in Polen wurde scharf attackiert. Sogar die polnische Botschaft in Berlin entrüstete sich über das Werbevideo und bat schriftlich um einen Sendestopp. Die Geschäftsleitung von Media Markt lenkte letztlich ein und entschuldigte sich öffentlich, der Werbespot wurde zurückgezogen. Auf der Internet-Plattform „YouTube" ist dieser Spot weiterhin zu sehen.

Wie der Zufall es will, moderierten Harald Schmidt und Oliver Pocher ein Jahr später gemeinsam die Late-Night-Show, die zuvor nur als One-Man-Show bekannt gewesen war. Das neu formierte Duo „Schmidt & Pocher" sorgte eineinhalb Jahre lang für Unterhaltung im Spätprogramm der ARD.

Werbung(-skosten) im wirtschaftlichen Gleichgewicht

Umsatz- und Ertragsentwicklung geben die „Marschroute" vor. Was nützt die schönste Werbung, wenn der Erfolg in Form „schwarzer Zahlen" ausbleibt! Bekanntheit hin oder her, entscheidend ist im Wirtschaftsleben stets die betriebswirtschaftliche Basis eines Unternehmens. Es ist kein Geheimnis, dass die flächenbereinigte Umsatzentwicklung von Media Markt in Deutschland nicht immer den Erwartungen der Geschäftsleitung und der Gesellschafter entsprochen hat. Besondere Absatzzuwächse werden heute vorwiegend in den ausländischen Tochtergesellschaften erwirtschaftet. Die bloße Gegenüberstellung der wichtigsten Werbekampagnen mit der Umsatzentwicklung verdeutlicht, dass die großen Sprünge oft ausgeblieben sind (siehe Seite 49). Zudem sind in diesem Zahlenwerk auch die neu eröffneten Märkte enthalten, die – würde man sie auf Basis einer Verkaufsflächenkorrektur berücksichtigen – mitunter zu einer Nullrunde tendieren würden. Lediglich das von allen Seiten bestaunte „Projekt 2003" und der mehrmonatige Werbefeldzug mit Olli Dittrich haben der Unternehmensgruppe einen entscheidenden Schub nach vorne gebracht.

Immer wieder versuch(t)en die Werbeverantwortlichen im Hause Media Markt daher, ihre Werbeserien ohne teure Schauspieler und bekannte Persönlichkeiten zu gestalten. Diese Experimente, die selbst vor dem Einsatz einer Comic-Figur à la Superman – genannt „Digi-Mann" – nicht zurückschreckten, konnten jedoch keinesfalls an die erfolgsgekrönten Werbeauftritte heranreichen. Kritisch betrachtet könnte die selbst geschaffene hohe Messlatte auch als eine Art „teurer Fluch" bezeichnet werden.

Der Aufwand, den Media Markt für die kostspieligen Werbezyklen betreibt, ist in der (Einzel-)Handelslandschaft einzigartig. Das Aufgebot an TV-Firmen liest sich wie ein „Who-is-Who" der Werbebranche – hier exemplarisch an den Werbespots zur Kampagne „Unsere härtesten Kunden" beschrieben: Regie führte Otto Alexander

Jahrreiss, der in der Vergangenheit bereits für acht Media Markt-TV-Kampagnen verantwortlich war. Zu seiner Kundschaft zählen unter anderem Firmen wie VW, OBI, Yello Strom und Peugeot. Die Filmproduktion wurde von Markenfilm, mit Sitz in Hamburg, übernommen. An der Realisierung waren weiterhin die Design- und Postproduktion Optix Digital Pictures, die Tonstudios Studio Funk Hamburg/Berlin, Exit Studios und Pictorion das Werk, beide mit Sitz in München, die Media-Agentur Universal, Frankfurt, sowie die in Hamburg ansässige Online-Agentur For Sale Digital beteiligt. Darüber hinaus dürfen die zahlreichen Mitarbeiter/innen der Werbeagentur redblue aus München und das unerlässliche Know-how der Media Markt-Abteilungen Einkauf und Vertrieb nicht unerwähnt bleiben. Zudem ist immer juristischer Beistand nötig, um den deutschen und europaweiten Wettbewerbsregeln zu entsprechen. Diese Übersicht verdeutlicht, welcher Kompetenztransfer notwendig ist, um typische Media Markt-Spots ins Leben zu rufen. Insgesamt setzt die Media-Saturn-Gruppe nahezu den deutschen Werbeetat des US-Giganten Procter & Gamble ein, zu dem zahlreiche Topmarken wie Blendax, Braun/Oral-B, Wella, Gillette gehören.

Die perfekte Werbeikone: Olli Dittrich

Oliver Dittrich, genannt „Olli", der vor allem als Komiker einen hohen Bekanntheits- und Beliebtheitsfaktor inne hat, fiel den Werbeleuten von Media Markt mit der Comedy-Serie „RTL Samstag Nacht" auf. In dieser Talkshow-Persiflage krönte sich Dittrich als Verwandlungskünstler selbst und portraitierte verblüffend ähnlich Personen wie Boris Becker, Michael Schumacher, Luciano Pavarotti und Franz Beckenbauer. Olli Dittrich, der einem breiten Publikum aus der tragikomischen Fernsehreihe „Dittsche – Das wahre Leben" bekannt ist, und der größte Werbende des deutschen Einzelhandels kommen Ende 2007 zusammen und entwickeln – dank Dittrichs Verwandlungskünsten – gleich mehrere Werbefiguren: der lehrerhafte Schlaumeier, der von seiner Frau versklavte Hausmann, der braungebrannte und leicht schmierige Managertyp, der Schüchterne, der Zugedröhnte im Afrolook, der machohafte Italiener und andere. Selbst zwei affektierte Damenrollen gehören zum Repertoire des Schauspielers. Zu den beliebtesten Werbe- und Kundenfiguren werden das unglücklich verheiratete Ehepaar Hans und Ingrid, der Computer-Narr Rüdiger, der Motivationsguru Guido und Petra, die Männer suchende Dauer-Singlefrau. Die Werbekampagne wird unter dem Titel „Die härtesten Kunden des Jahres!" bekannt und versucht, über einen monatelangen Werbezeitraum die verschiedensten Milieus unserer Gesellschaft überzeichnet darzustellen. Zahlreiche Sprüche, wie „Du kannst es! Djimbo!", „Ihr macht mich scharf?" oder der Siegerspruch „Das kauf ich Euch ab!", ein späterer Hauptslogan, begleiten die Kampagne.

Olli Dittrich verkörperte das Werbegesicht von Media Markt rund zwei Jahre lang. Kaum eine prominente Werbefigur, in der Fachsprache auch Testimonial genannt, konnte über einen so langen Zeitraum der Unternehmensgruppe als „Botschafter" in Sachen Reklame zur Verfügung stehen, und auch die Umsatzentwicklung des Elektro-Fachmarktes kann sich während der Dittrich-Ära sehen lassen. Die beiden Hauptkampagnen „Unsere härtesten Kunden" und „Das kauf ich Euch ab!" sorgten trotz schwieriger Begleitumstände (Stichwort: Finanzkrise 2008/2009) für eine sehr gute Umsatzentwicklung der Media-Saturn-Gruppe, wie nachfolgende Übersicht eindrucksvoll beweist.

Jahr	Werbekampagne	Umsatz
2003	Projekt 2003 – Ein Billiges Jahr für alle. Die Mutter aller Schnäppchen.	4,3 Mrd. Euro
2004	Kaufen. Marsch, Marsch! Lasst Euch nicht verarschen. Vor allem nicht beim Preis! Wir holen den Titel!	4,7 Mrd. Euro
2005	200 x Media Markt, 200 x Sparnünftiger 25 Jahre Media Markt	4,8 Mrd. Euro
2006	Saubillig! – Und noch viel mehr. Bester Fanausrüster aller Zeiten.	5,0 Mrd. Euro
2007	Unsere härtesten Kunden.	5,2 Mrd. Euro
2008	Das kauf' ich Euch ab! EM-Pfehlung	5,6 Mrd. Euro
2009	Das ist mein Laden!	6,0 Mrd. Euro

Quelle: JCL, Media Markt, Umsätze ohne Mehrwertsteuer

Die optimale Preisfindung

Die Radio- und TV-Spots haben die außerordentlich wichtige „An-lock- und Reinholfunktion". Bei aller Euphorie über die TV-Werbung, „Umsatz-Aktivator" sind ungebrochen die gedruckten Werbeme-dien. Kein Einzelhändler, auch nicht aus dem Bereich Lebensmittel, verteilt derart auflagenstarke Beilagen wie Media Markt mit einer durchschnittlichen Verteilquote von über 50 Beilagen im Jahr je Standort. Während die Radio- und TV-Auftritte einen marktschreie-rischen Charakter haben, übernehmen die gedruckten Medien die Darstellung der Angebotsvielfalt und des Preisgefüges und sind ein elementarer Marketingbaustein. Gleichzeitig müssen sie glaubwür-dig sein. Ein überzogen hochpreisiger Werbezyklus würde nicht nur den Gesamtauftritt des Unternehmens gefährden, sondern auch den Discount-Gedanken in Frage stellen. Deshalb ist es für alle Media Markt-Standorte immer wieder eine Herausforderung, das „opti-male" Preisgefüge zu finden. Aus diesem Grund werden Werbeflyer einschließlich Preisfindung regional, quasi vor Ort, konzipiert, nur Layout und Druck erfolgen über die Werbeagentur. Es gehört zur Media Markt-Philosophie, dass ein bestimmter Artikel in Lübeck durchaus einen anderen Verkaufspreis erzielen kann als in München. Nur so lässt sich die regionale Preisgestaltung umsetzen.

Sogenannte „Zentralbeilagen" tun sich schwer, den „gesunden" Preismix für das gesamte Bundesgebiet zu finden, ganz zu schwei-gen von der unterschiedlichen Spannenentwicklung, die sich im Er-trag jedes einzelnen Marktes widerspiegelt. Ein Media Markt, der von preisaggressiven Mitbewerbern „umzingelt" ist – dazu zählt auch die eigenständig operierende Saturn-Gruppe –, wird mit zen-tral vorgegebenen Preisen sehr zu kämpfen haben. Wer den güns-tigsten Verkaufspreis ausruft, dessen Werbung muss glaubwürdig sein; wer nicht aufpasst, gilt schnell als „teure Einkaufsstätte" oder gar als „Wucherer". Mit diesem Phänomen haben vor allem die zen-tral und behäbig geführten Waren- und Kaufhäuser zu kämpfen. Das dezentrale Media Markt-System bietet eindeutige Vorteile ge-genüber zentralistisch geführten Organisationen.

Längst Kult: Der Computer-Flyer

„Zentralität" wird von Medianern als Unwort empfunden. Kaum ein anderes Wort lässt die Unternehmensgruppe derart kollektiv zu-sammenzucken. Und doch gibt es eine große Ausnahme: den Computer-Flyer in Millionen-Auflage. Er zählt in Deutschland zu den am häufigsten gelesenen Beilagen und ist Pflichtlektüre der gesamten Branche. Im Vergleich dazu erscheint die auflagenstärkste Computerfachzeitschrift in Europa „Computer-Bild" zweiwöchentlich in einer Stückzahl von knapp 700.000 Exemplaren.

Der Media Markt-Computer-Flyer wird zentral organisiert. Das ist möglich, weil die beworbenen Artikel fast ausnahmslos gebündelt eingekauft werden. Ganze Schiffsladungen an PCs, Druckern und Monitoren werden im Verbund geordert und können auf diese Weise das Privileg eines günstigen Mengeneinkaufs nutzen. Ein entscheidender Preisvorteil, der an die Kundschaft weitergereicht werden kann und die Glaubwürdigkeit der Preisgestaltung unterstützt. Gehen wir davon aus, dass jeder Media Markt im Rahmen eines Computer-Flyers mit etwa 200 PCs und Notebooks bestückt wird, dann sind das bei 230 Standorten in Deutschland 46.000 Geräte allein dieses Warensegments. Kein Wunder, wenn Hersteller rege bemüht sind, in diesem Werbemedium vertreten zu sein.

Darüber hinaus wird der Computer-Flyer gerne auch als Innovations-Plattform genutzt. Die Industrie hat erkannt, dass eine Produktwerbung im Media Markt-Flyer nicht nur mehr Leser beziehungsweise potenzielle Kunden erreicht, sondern zudem eine bessere Marktdurchdringung ermöglicht. Leicht vorstellbar ist daher auch, dass Media Markt von den Werbeetats der Hersteller profitiert. Denn auch deren Werbeabteilungen müssen schließlich ihre Budgets den Marktgegebenheiten optimal anpassen. Dies ist ein strategischer Vorteil zu Gunsten von Media Markt, der nicht hoch genug bewertet werden kann. Hier zeigt sich eines der Grundprinzipien der Marktwirtschaft, dass bereits die schiere Größe einen Vorteil darstellen kann.

Mario Barth auf allen Kanälen

Wer bei Media Markt als Werbefigur gastiert, wird schlagartig bekannt. Alle Media Markt-Werbebotschafter durften dies bislang erfahren. Zur 30-Jahr-Feier des Unternehmens in Hannover, im Mai 2009, war Barth auf der firmeninternen Bühne zu sehen. Anlässlich der Internationalen Funkausstellung in Berlin (IFA) wurde die Zusammenarbeit mit Mario Barth als „Die größte Neuheit zur IFA!" angekündigt. Die Beliebtheit und Bekanntheit des Comedian spiegelt sich in einer Online-Befragung im Dezember 2009 wider, der zufolge er zu den am häufigsten genannten Namen in Deutschland zählt. Im Bunde mit Barack Obama und George Clooney durfte er sich zu den gern gesehenen Weihnachtsgästen zählen. Zeitgleich konnte Mario Barth zum fünften Mal in Folge den Deutschen Comedypreis in Empfang nehmen. Ein besserer Zeitpunkt für eine Zusammenarbeit zwischen Media Markt und Barth konnte kaum gefunden werden.

„Mit brachialer Gewalt", so die Frankfurter Allgemeine Sonntagszeitung vom 13. Dezember 2009, „treibt Media-Saturn den Umsatz in die Höhe […] Vor dem Komiker [Mario Barth] gibt es kein Entrinnen, sein Auftraggeber, der Media Markt, kennt keine Gnade. […] Wohl noch nie hat die Republik eine so massive Kampagne erlebt." Mit dem Slogan „Das ist mein Laden!" belegt Media Markt allabendlich die besten Werbeplätze. Kaum ein TV-Sender, der die Werbespots im typischen Barth-Bühnenauftritt nicht ausstrahlt. Die Kernbotschaft, die im Berlinerischen richtigerweise als „Dit is mein Laden!" verstanden und so auch auf dem T-Shirt von Barth verewigt ist, wird von der Werbebranche als Punktlandung bewertet: Das vom Comedian gern verwendete Klischee, die Unterschiede zwischen Frauen und Männern explizit zu betonen, bedient lückenlos die Media Markt-typischen Werbeparameter auffallen, polarisieren und zudem noch humorvoll sein.

Auch erfüllt der Barthsche Werbezyklus exakt die eingangs beschriebene Folgewerbung: Während „Das ist mein Laden" das breite Publikum aktivierte, erfolgte zum Jahresbeginn 2010 die plakativ konzipierte Werbereihe „Agenda 2010". Kaum ein politisches Konzept ist in der Bevölkerung unseres Landes so bekannt wie die „Agenda zwanzig-zehn", die eine Reform des Sozialsystems und des Arbeitsmarktes beschreibt und von SPD und Bündnis 90/Die Grünen sowie ihrem größten Befürworter, Bundeskanzler Gerhard Schröder, eingeläutet woren war. Von vornherein konnte Media Markt den hohen Bekanntheitsgrad des Slogans für sich nutzen. Bequemer kann Werbung nicht kreiert werden!

Auch wenn es bereits anlässlich der Geburtstagsfeiern 30 Jahre Media Markt und 15 Jahre Saturn (2009) eine vergleichende Werbung zwischen Media Markt und dem Schwesterunternehmen Saturn gab, so kam es im März 2010 zu einem Novum im Werbeverhalten der Media-Saturn-Gruppe. Erstmals in der Firmengeschichte bekämpften sich beide Unternehmen in ihren Jahreshauptkampa-

gnen, ihre aktuellen Testimonials traten gegeneinander an: der Comedian Mario Barth für Media Markt und der Skandal-Rocker Alice
Cooper für Saturn. Fazit: Media Markt und Saturn haben Spaß
daran, das Publikum in Staunen zu versetzen. Schließlich ist nicht
allen bekannt, dass Media Markt und Saturn in einem Unternehmen
aufgehen.

Sportereignisse steigern den Umsatz

Kaum eine Branche profitiert so sehr von internationalen Sportevents wie die Unterhaltungselektronik. Unter der Überschrift
„Sympathie hilft verkaufen" berichtete die Lebensmittelzeitung
(LZ) bereits 1997 vom Faktor Sport als Umsatztreiber. Einer Studie
zufolge gilt die höchste Sympathiebekundung den Olympischen
Sommerspielen. 77 Prozent sprechen sich für dieses Sportereignis
aus, dicht gefolgt von den Olympischen Winterspielen mit 75 Prozent und der Fußball-Weltmeisterschaft mit 74 Prozent. Schlusslicht
dieser Aufstellung ist im Übrigen die Tour de France mit 42 Prozent.
Entscheidend für den Einsatz von Werbemitteln ist die werbliche
Nutzbarkeit der Sportevents. Mit 64 Prozent liegt die Fußball-Weltmeisterschaft auf Platz 1, dicht gefolgt von der Fußball-EM mit
61 Prozent – Quelle: LZ 1997, UFA-Studie.

Print-Anzeige zur Fußball-WM, Mai 2010, KStA

Mit der Werbekampagne „WM-Agenda 2010 – Ganz Deutschland tippt mit! – Fernseher für umsonst!" kündigt Media Markt rechtzeitig vor der Fußball-Weltmeisterschaft in Südafrika seine verkaufsfördernde Maßnahme an. Wer bis zum 29. Mai 2010 einen Fernseher einer vorher festgelegten Marke käuflich erwirbt und sich im Rahmen eines „Tippscheins" für den Erfolgsverlauf der deutschen Nationalelf festlegt, bekommt bis zur Beendigung der WM einen Teilbetrag zurückerstattet:

10 Prozent des Kaufpreises, wenn das deutsche Team das Achtelfinale erreicht, 15 Prozent im Falle des Viertelfinales, 20 Prozent beim Halbfinale, 25 Prozent beim Finale und 100 Prozent bei Erreichen des Weltmeistertitels.

Der Exportartikel Werbung

Die meisten für Deutschland konzipierten Werbekampagnen werden von den ausländischen Media Markt-Gesellschaften gerne – auch aus Gründen der Kostenersparnis – übernommen, synchronisiert oder auch mit Untertiteln versehen.

Voraussetzung ist, dass der Gag ebenso griffig in die andere Sprache übertragbar ist. Der Slogan „Ich bin doch nicht blöd!" ist längst in alle Landessprachen übersetzt. Doch was so einfach klingt, musste so manchen Übersetzungsmarathon absolvieren. So lautet der bekannte Jingle im Französischen „Je ne suis pas fou!", in den Niederlanden „Ick ben toch niet gek!", „Yo no soy tonto!" die spanische Version. In Polen versagte gar die Umschreibung des Slogans. Dort lautet die Werbebotschaft „Nie dla idiotów!", was so viel heißt wie: „Nichts für Idioten!"

Zahlreiche TV-Spots werden für die Gesellschaften der einzelnen Länder auch individuell erstellt. So gibt es in Holland ein Werbevideo mit dem Fußballtrainer Louis van Gaal, der in rotem Media Markt-Trainingsanzug eine fingierte Konferenz in seiner Landessprache abhält. Das Video aus dem Jahre 2006 würde heute garantiert auch in Deutschland Aufmerksamkeit erwecken, zumal van Gaal zwischenzeitlich auf bundesdeutschem Terrain tätig ist und seit Juli 2009 den Erstligisten FC Bayern München trainiert und im Kontrast zum Video von damals eher streng und zugeknöpft wirkt. Es dürfte vermutlich ein größerer Kraftakt gewesen sein, ihn für ein Mitwirken in einem Media Markt-Werbespot zu begeistern. Für die

Werbemacher im Hause Media Markt scheint es kaum Grenzen zu geben, renommierte Persönlichkeiten, gleich welchen Kalibers, zu engagieren. Entscheidend ist fast ausnahmslos der Bekanntheitsgrad einer Person, den es für das Unternehmen zu nutzen gilt.

Andere Länder, andere Sitten

Der „Exportartikel Werbung", wie ihn Media Markt intern gerne selbst beschreibt, kann sich keineswegs auf in Deutschland erreichte Resultate verlassen oder gar von einer parallel verlaufenden Bewertung im Ausland ausgehen. Unterschiedliche Mentalitäten und Gepflogenheiten bergen eine Vielzahl von Risiken und „Fettnäpfchen". Das deutsche Publikum amüsierte sich köstlich über den von Olli Dittrich überzogen dargestellten Italiener „Toni", der in der Werbereihe „Unsere härtesten Kunden" gleich in mehrere klischeehafte Rollen schlüpfte. In einem Werbespot zur EM-Kampagne „EM-Pfehlung" (2008) macht sich „Toni" in „Machomanier" über die Kaufabsichten der Deutschen lustig: „… die kaufe nur billig, billig … total plemm, plemm." In nur einem Atemzug vermittelt er gleichzeitig, dass die Italiener lieber „den Schiedsrichter kaufen": „Loro comprano gli arbitri!" Dies war zu viel des Witzes. Das nachgeschobene „kleiner Scherz" beziehungsweise „scherzo" nutzte wenig. Italienische Tageszeitungen wie der „Corriere della Sera" oder die „La Repubblica", die zu den auflagenstärksten und bedeutendsten Zeitungen des Landes gehören, äußerten Kritik an gleich mehreren Werbespots des Handelsunternehmens. Einzelne Werbepassagen wurden als rassistisch beschimpft. Wegen anhaltender Zuschauerbeschwerden stellte Media Markt diese Spots schließlich ein.

Die Erfolgskontrolle

Die beste Werbestrategie nützt wenig, wenn sie nicht die für ein Wirtschaftsunternehmen überlebenswichtigen Voraussetzungen – sprich Umsatz und Ertrag – erfüllt. Neben dem Umsatzerfolg, der sich in der Regel an den Vorjahreswerten orientiert, eignen sich als Maßstab vor allem neutrale Umfrageanalysen und das EC-Cash-Prinzip. Führend auf dem Gebiet der Marktforschung ist in Deutschland die GfK-Gruppe mit Sitz in Nürnberg. Auch Media Markt nutzt die Dienstleistung des Full-Service-Instituts. Die GfK – Gesellschaft für Konsumforschung verfügt aufgrund ihrer Analyse- und Beratungsaktivitäten über jenes grundlegende Wissen, das Industrie, Handel, Dienstleistungsunternehmen und Medien für strategische Marktentscheidungen benötigen. Die Analyse der Konjunktur- und Einkommenserwartung sowie der Konsum- und Anschaffungsneigung ist ebenso Schwerpunkt wie der Konsumklima-Index, der alljährlich auch von der Bundesregierung mit großer Spannung erwartet wird und insbesondere für den Einzelhandel große Bedeutung hat. Die GfK-Gruppe ist in mehr als 100 Ländern aktiv, ihre Dienstleistung wird deshalb gerne auch in Expansionsfragen eingesetzt. Media Markt beauftragt das Marktforschungsunternehmen regelmäßig mit Analysen zu Marktvolumen, Marktanteil oder Bekanntheitsgrad, der sich auch am Kampagnenerfolg und deren Beliebtheit messen lässt.

Das EC-Cash-Prinzip wertet die Postleitzahlen-Zonen der einkaufenden Kunden aus. Das Befragen der Kunden im Kassenbereich ist im Handel gängige Praxis. Vor allem das Verteilgebiet der Werbemedien wird auf diese Weise überprüft. Aus der Gewichtung der Postleitzahlen kann eine genaue Wohnortspezifierung der Kundschaft abgeleitet werden, was insbesondere der Optimierung des Werbegebietes dient; uneffektive Streufelder können somit bei Folgeaktionen ausgeschlossen werden.

Aber auch Media Markt-interne Erhebungen werden in Auftrag gegeben, die sich aus Umsatz, Rohertrag, Handelsspanne, Stückzahl, Hochberatungsfaktoren und ähnlichen Einflussgrößen ergeben. Vor allem die „Hochberatung" hat mir in meiner Funktion als Geschäftsführer immer besondere Freude bereitet. Aus meiner Sicht ist es eben keine Kunst, den mit einem Niedrigpreis (und geringer Handelsspanne) beworbenen Laptop zu verkaufen. Dieses Verkaufsverhalten muss eher dem anonymen und beratungsschwächeren Online-Verkauf zugeschrieben werden, während das verkäuferische Talent seinen Höhepunkt im stationären Einzelhandel findet. Der Ansporn eines jeden Verkäufers muss es sein, die Kundschaft vom Nutzen eines höherwertige Gerätes zu überzeugen.

Ein kleines Fazit

Zwar deuteten sich im Hause Media Markt in den letzten Jahren bisweilen kleine Werbeflauten an, dennoch ist es dem Unternehmen nach wie vor gelungen, spannende und pfiffig-witzige Werbung zu kreieren. Media Markt zählt hinsichtlich der Kreativität zu den innovativsten Unternehmen in Deutschland. Werbung ist zweifelsohne auch eine Frage des Geschmacks. Dennoch ist den Machern von Media Markt die Anerkennung im Markt und auch Respekt gewiss. Der Außenauftritt und das „Herkunftszeichen" Media Markt hat die Handelslandschaft in den zurückliegenden 30 Jahren positiv beflügelt. Walter Gunz beschrieb es einmal so:

„Unsere Werbung ist auch humorvoll.
Sie macht uns sympathisch.
Und Sympathie verbindet!"

Der Markt

9

Umsatzentwicklung Konsumgüter

Die private Nachfrage nach Konsumgütern entwickelt sich – trotz einer Hochphase per Ende 2010 – seit Jahren „durchwachsen", wobei sich die einzelnen Branchen recht unterschiedlich darstellen. Das Gesamtvolumen beträgt für Deutschland im Übrigen fast 400 Milliarden Euro. Die Ausgaben für Nahrungs- und Genussmittel nahmen im Jahr 2008 im Vergleich zu 1998 (10-Jahres-Vergleich) um 8,4 Prozent zu und stellen mit über 150 Milliarden Euro das mit Abstand größte Warensegment im Konsumgüterbereich. Mit einem Volumen von 42,4 Milliarden Euro belegt die Textil- und Schuhbranche Platz 2, musste im 10-Jahres-Vergleich allerdings einen deutlichen Rückgang von 18,3 Prozent hinnehmen. Mit einem 10-Jahres-Plus von 0,5 Prozent zeigt sich der Do-it-yourself- und Baubereich hingegen unverändert (Platz 3 im Ranking). Das Marktvolumen beträgt 37,9 Milliarden Euro. – Quelle: BBE, Metro Group.

Der Consumer Electronics Marktindex, kurz CEMIX genannt und von der GfK ermittelt, belegt für die Unterhaltungselektronik ein Marktvolumen von 14,9 Milliarden Euro zu Endverbraucherpreisen im Jahr 2009 – ein Rückgang um 2,1 Prozent zum Vorjahr. In Anbetracht der deutlich günstigeren Endverbraucherpreise bedeutet dies, dass in manchen Warengruppen erheblich höhere Stückzahlen verkauft werden müssen, um der Umsatzentwicklung gleichzukommen. So hat sich das Preisgefüge bei Fernsehgeräten beispielsweise in nur einem Jahr um 20,5 Prozent nach unten verändert. – Quelle: Statistisches Bundesamt, Zeitraum von Mai 2009 zu Mai 2010. Betrug der Endverbraucherpreis eines Plasma-TVs im Jahr 2005 noch „satte" 2.141 Euro inklusive Mehrwertsteuer, so waren es vier Jahre später lediglich noch 845 Euro – ein Preisrückgang von 61 Prozent! Bei den deutlich gängigeren und marktbestimmenden LCD-TVs kostete ein Gerät 2005 im Schnitt 1.137 Euro, während im Jahr 2009 durchschnittlich nur noch 699 Euro zu erzielen waren – ein Minus von 39 Prozent! Anders gesagt: Wurden in Deutschland im Jahr 2005 noch 5,8 Millionen Röhren-, LCD-, Plasma- und TV-Projektionsgeräte verkauft, so waren es im Jahr 2009 bereits 8,6 Millionen Stück.

Legen wir zugrunde, dass immer mehr Haushalte über Zweit- und Drittgeräte verfügen, ist erkennbar, welche Werbekraft zu aktivieren ist, um das Umsatzniveau zu halten und auszubauen – von den geringen Handelsspannen und Roherträgen abgesehen. Umso mehr ist dem Handel mit Unterhaltungselektronik jedes größere Sporter-eignis willkommen, das die Nachfrage nach modernen TV-Geräten beflügelt: Anlässlich der Fußball-Weltmeisterschaft 2010 wurden in Deutschland von Mitte Mai bis Mitte Juli rund 800.000 Fernseher verkauft. Laut dem Branchenverband gfu (Gesellschaft für Unter-haltungs- und Kommunikationselektronik) stieg der Umsatz in eini-gen WM-Wochen gar um bis zu 77 Prozent.

Unterhaltungselektronik – die wichtigsten Warengruppen

Der *Computermarkt* entwickelte sich in den zurückliegenden Jahren zu einer der wichtigsten Umsatz- und Ertragssäulen innerhalb der für Media Markt relevanten Branchen. Mit einem Umsatzvolumen von über 6,8 Milliarden Euro (exklusive Speichermedien) hat der PC die Handelslandschaft auch im Hause Media Markt nachhaltig revolutioniert. Das Umsatzplus im Jahr 2009 betrug 19 Prozent; bereits 2008 gab es ein Wachstum von 9,2 Prozent, im Jahr 2007 von 10,3 Prozent. Zur Verdeutlichung: Addiert man das Marktvolumen der Abteilungsbereiche Satelliten-Systeme, Video, Camcorder, Digi-tal-Cameras, Foto-Zubehör, Audio/HiFi-Systeme, Personal-Audio/MP3/MP4, Car-HiFi inklusive Navigation und Audio-Video-Zubehör zu-sammen, so ergibt sich ein Wert von (nur) 5,8 Milliarden Euro. Ein-zelhändler sind gleichfalls „Flächendenker". Somit liefert dieser einfache Quervergleich der genannten neun Abteilungsbereiche – mit ihren jeweiligen Verkaufsflächen – eine ungefähre Vorstellung davon, wie hoch die Lagerumschlagshäufigkeit in der Computerab-teilung sein muss, um derartige Umsatzvolumina zu bewältigen.

Der Bereich *Telekommunikation* zählt zu den aktivsten Warengrup-pen der Consumer Electronics. Kaum eine Branche ist werbeseitig derart erbittert auf Kundenfang: Telekom, O², Vodafone und viele andere Anbieter überraschen uns täglich in aufwändig inszenierten Werbeauftritten. Das Handy und seine Möglichkeiten sind Kult ge-worden. 2010 war das Jahr der „Applemanie". Neben der fast schon legendären Markteinführung des Tablet-Computers iPad ist kein Produkt so begehrt wie das aktuellste Smartphone von Apple, das iPhone 4. Mit einer Verkaufsquote in den USA von 1,7 Millionen Stück in den ersten drei Tagen zählt das Internet-Handy zu den „erfolgreichsten Produktstarts in Apples Firmengeschichte", so Fir-mengründer Steve Jobs. Weltweit campierten tausende Kaufinteressierte vor den Geschäften, um an der ersten Produktverteilung teilzunehmen; das Phänomen konnte auch in Deutschland festgestellt werden. Trotz aller Euphorie aber hat der Telekommunikationsmarkt in Deutschland im Jahr 2009 über 24 Prozent einbüßen müssen, hauptsächlich im Bereich der Mobiltelefone, obwohl 17 Millionen Handys an private Konsumenten verkauft wurden! Diese Entwicklung ist vor allem auf eine Änderung des Kaufverhaltens zurückzuführen. Das Interesse an günstigen Telefontarifen stieg abermals an, während die früheren „Handy-Tauschwellen", die insbesondere mit Neuverträgen oder Tarifumstellungen einhergingen, abgenommen haben. Alles in allem keine zufrieden stellende Marktentwicklung. Das Warensegment Telekommunikation selbst kann auf ein Marktvolumen in Deutschland von 2,6 Milliarden Euro zurückgreifen.

Die Warengruppe *Videospiele*, bestehend aus den Produktbereichen Spielekonsolen (Wii, PlayStation 3, Xbox 360 und die portablen Systeme DS und PSP) sowie Software setzte 2009 knapp 2,0 Milliarden Euro um. Zum Vorjahr erlitt die erfolgsverwöhnte Branche erstmals eine herbe Umsatzflaute von immerhin 12,4 Prozent, was vor allem auf einen Rückgang der Videokonsolen zurückzuführen ist. Ausschlaggebend war nach Brancheninformationen jedoch die mangelnde Neupositionierung von gefragten Videospielen in 2009.

Der Warenbereich *Bild- und Tonträger* zählt noch immer zu den traditionsreichsten Segmenten von Media Markt und genießt trotz zunehmender Online-Nutzung und steigender Verbreitung von Raubkopien einen hohen Stellenwert. CDs und DVDs zählen zu den lukrativsten „Reinziehern". Mit dieser Warengruppe lassen sich nicht nur werbewirksam Käufer gewinnen, die Artikel sind zudem der Inbegriff für spontane Impulskäufe und kurbeln das Geschäft an. Darüber hinaus sind sie ideale Trostpflaster für nicht geglückte Einkäufe: „Wenn ich schon kein neues Notebook gefunden habe, sehe ich mich wenigstens noch in der CD-Abteilung um." Allerdings ist dieser Warenbereich vergleichsweise personal- und damit kostenintensiv – auch das gehört zur betriebswirtschaftlichen Überlegung dazu. Die flächenschluckende Präsentation und der logistische Aufwand für zehntausende Kleinartikel trüben die Deckungsbeitragskalkulation. Darüber hinaus hat der deutsche Musikmarkt in den letzten Jahren erheblich Federn lassen müssen: Betrug der Umsatz im Jahr 1998 noch 2,7 Milliarden Euro, so sank das Marktvolumen stetig auf heute gerade einmal 1,5 Milliarden Euro – ein Rückgang von 45 Prozent!

Das Marktvolumen in Deutschland 2009

Warengruppe:	in Mio. Euro
TV inkl. TV-Projektionsgeräte	6.013
Satelliten-Systeme	520
Video, DVD	496
Camcorder	241
Digital Cameras	1.737
Foto-Zubehör	487
HiFi, Home-Audio	826
Personal-Audio, MP3	692
Audio-Video-Zubehör	218
Car-HiFi inkl. Car-Navigation	990
CD-Rohlinge, Memory Cards, USB-Sticks usw.	741
Videogames: Konsolen und Software	1.967
Unterhaltungselektronik	**14.928**
Telekommunikation inkl. Mobilfunk	2.572
Informationstechnologie (PC-Markt) inkl. Netbooks und Smartphones	6.826
IT-Bereich	**9.398**
Bild- und Tonträger	**1.500**
Foto, Fotodrucker, Foto-Entwicklung	**9.900**
Elektro-Haushaltsgeräte	**11.500**

Marktvolumen zu Endverbraucherpreisen, Circa-Angaben
Quellen: GfK, gfu, Photo-Industrieverband, ZVEI
* Die Bereiche Digital-Camera und Foto-Zubehör sind sowohl im Bereich Unterhaltungselektronik als auch im Bereich Fotografie inbegriffen.

Laut Media Control kauften die Deutschen 2007 zwar 35 Millionen Lieder legal im Internet – ein Drittel mehr als ein Jahr zuvor – dennoch schätzen Branchenkenner, dass jedem bezahlten Song 20 illegale Kopien gegenüberstehen. Mussten im Jahr 2000 noch rund zehn Millionen CDs eines Charttitels verkauft werden, um als erfolgreichstes Album gekürt zu werden, so genügten 2008 bereits 2,9 Millionen Stück. Bei Media Markt heißt diese Abteilung übrigens „Entertainment", die neben den Bild- und Tonträgern auch den gesamten Softwarebereich beinhaltet.

Krisengeschüttelt ist auch das Warensegment *Foto*. Für viele Gerätehersteller vollzog sich der Wechsel von der analogen zur digitalen Technologie offenbar viel zu schnell. Vor allem Traditionsmarken wie Leica, aber auch Agfa und Kodak, spürten diesen rasant verlaufenden Generationswechsel. Der Verkauf herkömmlicher Fotoapparate, zu denen auch komplexe Spiegelreflexkameras gehören, ging in Deutschland alleine im Jahr 2006 um fast 50 Prozent zurück (von 970.000 auf 500.000 Stück). Der Photoindustrie-Verband taxierte das Marktvolumen für 2009 auf knapp zehn Milliarden Euro, inklusive Fotodruckern und -entwicklung.

Völlig anders stellt sich der Warenzweig *Einbaugeräte* (Einbauherde, -geschirrspüler, -kühlschränke) dar, der mitunter von eingefleischten „Medianern" unterschätzt wird. Raubkopien oder ähnlich negative Erscheinungen wie marktbeherrschender Innovationswechsel sind hier Fehlanzeige. Es ist eine traditionsreiche und in Deutschland immer noch vielfach produzierende Branche: die Elektro-Klein- und -Großgerätebranche, zu denen auch der Bereich Einbau gehört. Mittelständische Unternehmen prägen hier immer noch das produzierende Gewerbe; 50.000 Beschäftigte fertigen in 16 inländischen Fabriken. Das Marktvolumen wird seitens des Branchenverbands ZVEI – Zentralverband Elektrotechnik- und Elektronikindustrie – mit 11,5 Millionen Euro auf Basis von Endverbraucherpreisen beziffert.

Neben diesen für Media Markt relevanten Warengruppen gibt es noch eine Fülle von Dienstleistungsumsätzen, zum Beispiel Garantieverlängerungen, Geräteversicherungen, Finanzierungen, Reparaturen.

Alles in allem und unter Berücksichtigung möglicher Überschneidungen von Warengruppen – so sind Digitalkameras auch im Zahlenwerk Unterhaltungselektronik enthalten – kann ein Media Markt auf einen realistischen Nachfragemarkt von circa 47 Milliarden Euro zurückgreifen. Da das veröffentlichte Umsatzvolumen von Media Markt in Deutschland mit 5,98 Milliarden Euro exklusive beziehungsweise 7,12 Milliarden Euro inklusive Mehrwertsteuer angegeben wird, kann ein Rückschluss auf den Marktanteil erfolgen: rund 15 Prozent. Addiert man noch die Umsätze der Saturn-Gruppe hinzu, so wird ein gemeinsamer Anteil am deutschen Gesamtmarkt von knapp 23 Prozent erkennbar.

Media Markt und die Mitbewerber

10

Sterben Fachgeschäfte aus?

Bei kritischer Betrachtung der Branchenhistorie ist festzustellen, dass das „Mithalten" für kleinere Einzelhändler keineswegs einfach(er) geworden ist. Im Gegenteil. Bereits die Bruttowertschöpfung des Handels im gesamten Wirtschaftsbereich macht deutlich, dass der Anteil 1998 noch bei knapp 11 Prozent lag. Zehn Jahre später hat dieser Wert zwar „nur" um 0,5 Prozentpunkte eingebüßt, in Summe macht dies jedoch einen Rückgang von 35,2 Milliarden Euro aus. Während die Bereiche Gesundheit, Bildung, Finanzdienstleistung, Wohnen, Wasser, Energie stark zulegen konnten, waren in den meisten Branchen des Einzelhandels derartige Zuwächse bedauerlicherweise nicht festzustellen. In der Folge mussten viele Einzelhandelsbetriebe ihren Geschäftsbetrieb einstellen. Beleg dieser Entwicklung ist die steigende Zahl an Insolvenzen, die selbst vor alteingesessenen Häusern wie Escada, Hertie, Karstadt, Quelle-Handel, Sinn Leffers, Strauss Innovation, Wehmeyer und Woolworth keinen Halt gemacht hat. Auch wenn ein Großteil der genannten Unternehmen oder zumindest einige Unternehmensteile gerettet werden konnten, der Schaden für die Wirtschaft und die Verunsicherung sind enorm. Die Wirtschaftsauskunftsdatei Creditreform, mit Sitz in Neuss, rechnete aus, dass alleine in Deutschland rund 540.000 Arbeitsplätze von Insolvenzen betroffen sind. Der geschätzte Schaden, also primär Verbindlichkeiten (Schulden), die nicht mehr beglichen werden, beläuft sich für 2009 auf 48,6 Milliarden Euro, eine Zunahme von 68 Prozent gegenüber 2008. Diese Zahlen sprechen Bände .

Eine weitere Folge ist das Sterben zahlreicher Einzelhandelsunternehmen. Dabei gilt es zu berücksichtigen, dass natürlich nicht alle Schließungen mit einer Zahlungsunfähigkeit einhergehen. Insbesondere Rundfunk-, Fernseh- oder Elektro-Fachgeschäfte kämpfen bereits seit Jahrzehnten gegen eine Schließungswelle an, die vielfach damit begründet wird, dass schlichtweg kein Nachfolger zu finden ist. Oft hat sich sogar der Nachwuchs der Unternehmensgründer für einen anderen Berufsweg entschieden und steht für eine Geschäftsübernahme nicht zur Verfügung. Statistiken zufolge geben alleine in den für Media Markt relevanten Branchen jedes Jahr mehrere hundert Einzelhandelsbetriebe auf und schließen ihren Betrieb für immer. Neue Handelsbetriebe, die in Konkurrenz zu Media Markt oder Saturn treten müssten, werden nicht mehr gegründet. Allenfalls Nischenanbieter wie stark serviceorientierte

Facheinzelhändler (zum Beispiel Service Partner im Hause Electronic Partner) oder Vermarkter von Nobelmarken (zum Beispiel Bang & Olufsen) mit mehr oder weniger geschützter Vertriebsstruktur, haben noch eine Chance, sich auf dem Markt etablieren und behaupten zu können.

Marktverdrängung mit Folgen

Sinkt das Marktvolumen, findet zwangsläufig eine Marktverdrängung statt. Der berühmte Kuchen wird kleiner, und dennoch möchten alle ein Stück(chen) davon haben. Das Naturprinzip „der Stärkere setzt sich durch" gilt auch hier. Jedem realistisch operierenden Unternehmer ist bewusst, dass er an Stärke gewinnen muss, um gegenüber seinen „Kollegen" siegen zu können.

Anonyme Großunternehmen haben es in diesem Punkt deutlich einfacher, während es einem in der Region beheimateten und möglicherweise über Generationen vertretenen Facheinzelhändler schwerer fällt, in Feindbildern zu denken und zu handeln. Im Gegensatz dazu sagt der gesunde Unternehmerverstand aber auch, dass ein Bündnis mit ähnlich gearteten Handelskollegen eine Kräftigung bedeuten kann. Bereits die Vorteile des Erfahrungsaustauschs, der im Rahmen von Kooperationen sehr gerne genutzt wird, sind nicht zu unterschätzen. Neben der Bündelung des Einkaufsvolumens, der damit verbundenen Verbesserung der Konditionen, die Nutzung kooperierter und kostengünstiger Werbung oder auch die Möglichkeit, sich im Verbund eines Rechtsbeistands zu bedienen, sind nur einige der strategischen Vorteile, die sich Fachhändlern eröffnen können.

Die Mitbewerber

Zu den großen Verbundgruppen der Branche zählen Euronics (11.300 Händler in 29 Ländern, davon circa 1.900 Mitglieder und rund 2.000 Fachgeschäfte in Deutschland), Expert (243 Mitglieder in Deutschland, 430 Fachgeschäfte) und Electronic Partner (3.252 Mitglieder in Deutschland und 5.481 international). Vergleicht man die Umsätze von Verbundgruppen, so wird in der Regel der Innenumsatz genannt, also das Einkaufsvolumen der Mitglieder. Über nahezu deckungsgleiche Umsätze verfügen die Euronics Deutschland eG mit 1,71 Milliarden Euro und die Expert AG mit 1,70 Milliarden

Euro. Die Electronic Partner Handel SE erzielt einen Innenumsatz von 1,5 Milliarden Euro – Quellen: Unternehmensangaben sowie GfK für 2009.

Die Addition der Außenumsätze – der Umsätze zu Endverbraucherpreisen – ergibt, dass die drei großen Verbundgruppen in Deutschland zusammen ein Marktvolumen von knapp zehn Milliarden Euro erreichen. Der vergleichbare Bruttoumsatz von Media Markt beträgt 7,1 Milliarden Euro. Nur mit den Umsätzen der Unternehmensschwester Saturn übertrifft Media Markt die kooperierende Konkurrenz: Die Media-Saturn-Gruppe kommt auf 10,8 Milliarden Euro zu Endverbraucherpreisen.

Wer hinter die Kulissen der einzelnen Unternehmen blickt, stellt fest, dass beispielsweise die Expert AG in Deutschland zum fünften Mal in Folge eine Umsatzsteigerung verkünden und alleine 2009 auf ein Plus von 10,7 Prozent verweisen kann. Auch Electronic Partner spricht im Inland von einem Plus von 1,0 Prozent zum Vorjahr. Bei Euronics sind es 4,5 Prozent. Media Markt konnte im Jahr 2009 immerhin 6,6 Prozent zulegen (370 Millionen Euro), verdankt diesen Sprung jedoch der Expansion, die auf vier neue Standorte und diverse Flächenerweiterungen zurückzuführen ist. Bewertet man im Hause Media Markt diesen Expansionsfaktor, kann von einer Stagnation der Umsätze gesprochen werden. Ein Bericht der Lebensmittelzeitung titelt gar: „Umsatzschwäche bei Media Markt" – Quelle: LZ.net vom 22. Dezember 2010. Im Geschäftsbericht der Metro AG wird für Media-Saturn auf internationaler Ebene sogar ein flächenbereinigter Umsatzrückgang von 0,4 Prozent veröffentlicht.

Diese Zahlen belegen eindrucksvoll, dass der Mitbewerb, insbesondere der kooperierte Facheinzelhandel, noch in der Lage ist, seine Marktausbeute zu verbessern. Der Vergleich ergibt auch, dass in Deutschland den knapp 6.000 kooperierten Fachhändlern etwa 230 Media Märkte gegenüberstehen.

Wer sind nun die direkten Mitbewerber von Media Markt? Discountierende Fachmärkte können nicht mit kleineren Fachgeschäften und deren Vertriebsstruktur verglichen werden. Bereits die Verkaufsfläche, die bei einem durchschnittlichen Media Markt über 3.000 Quadratmeter beträgt, lässt keinen direkten Vergleich in der Auswahl und Markenvielfalt zu. Deshalb stellt die Gesellschaft für Konsumforschung (GfK) eine Auswertung für „Technical Superstores + Chains" („Technische Supermärkte + Ketten") zur Verfügung. Die Übersicht vergleicht Filialsysteme sowie Großflächen mit Vollsortimenten und einer Verkaufsfläche ab 800 Quadratmetern. Hinter den Media Markt- und Saturn-Häusern, die den ersten Platz einnehmen, folgt die Expert-Gruppe, die sich seit langem in der Großflächenvermarktung erfolgreich etabliert hat. Ein Beleg dafür ist die gute Umsatzkonstellation. Die 243 selbstständigen Mitglieder der Expert-Gruppe erzielen einen Umsatz, für den die Verbundgruppe Euronics fast achtmal mehr Mitglieder bemüht. Vor allem aber stützt sich der zweite Platz im Ranking der Superstores auf jene 193 Expert-Fachmärkte, die vorrangig in Gewerbegebieten und Einkaufszentren mit Verkaufsflächen von 1.000 bis 3.000 Quadratmetern ansässig sind. Weitere Konkurrenten sind ProMarkt (70 Märkte), der mittlerweile komplett zur Kölner Rewe-Gruppe gehört, und MediMax, die Fachmarktlinie von Electronic Partner (112 Standorte).

Von der Konkurrenz zum „Feindbild"

Marktverdrängung bedeutet das Verdrängen der Konkurrenz aus dem Markt. Zu den Feindbildern von Media Markt gehörten anfänglich noch regionale (vorwiegend bayerische) Handelsunternehmen. Schließlich hat Media Markt in den ersten Jahren seiner Firmengeschichte den „Weißwurstäquator" nicht überschritten.

Später waren schnell jene Vertriebssysteme entstanden, die einen ähnlichen Marktauftritt bevorzugten oder gar Media Markt kopierten. Aus Konkurrenten wurden Feindbilder. Hierzu zählen vor allem die Unternehmen ProMarkt und Makro-Markt, ursprünglich eine eigenständige ProMarkt-Kette aus Bremen. Zu einer ernstzunehmenden Markt-Konzentration kam es, als sich Anfang der 1990er Jahre ein ProMarkt-Verbund, bestehend aus der Kölner Rewe-Gruppe, dem süddeutschen Familienbetrieb Phora-Wessendorf und der in Berlin ansässigen Wegert-Gruppe, formierte. 1998 löste man die Verbindung wieder auf, die Geschäftsauffassungen und Zukunftsstrategien waren zu unterschiedlich und konträr. Der Gesellschafter Michael Wegert, der die Wegert-Gruppe zusammen mit seinem Bruder Matthias führte, sagte in einem Interview mit dem Berliner Tagesspiegel, dass bereits „die Integration verschiedener Unternehmenskulturen ein schwieriger Prozess sei." – Quelle: Der Tagesspiegel, 12. April 1999. Brancheninsider hatten sich ohnehin gewundert, dass die Zweckehe der drei – historisch unterschiedlich wie strategisch vielfach ungleich agierenden – Unternehmenstypen so lange gehalten hat. Aus Sicht von Media Markt war die Auflö-sung des ProMarkt-Konglomerats ein willkommener Abgesang eines nicht geglückten Vorstoßes gegen den Branchenprimus.

Facheinzelhandel zeigt sich stark

Erst einige Zeit später erkannte Media Markt, dass sich trotz aller Marktverschiebungen insbesondere der klassische Facheinzelhandel als resistent erwies. Speziell der einkaufs-, marketing- und vertriebs-seitig kooperierende Einzelhandel, beziehungsweise die bereits ge-nannten Verbundgruppierungen entwickelten sich bemerkenswert und stellen für Media Markt und das Schwesterunternehmen Saturn noch immer das größte Bollwerk dar.

Im Egebnis nimmt die Media- und Saturn-Gruppe unter den Top 7 der größten Unternehmen im Bereich Consumer Electronics in Deutschland immerhin knapp 46 Prozent für sich in Anspruch – Quellen: Geschäftsberichte, Lebensmittel Zeitung, GfK, Metro-Han-delslexikon.

Bruttoumsatz 2008 der Top 7 in Deutschland

Media Markt und Saturn	10.309
Mega Company u. a. (Euronics)	3.500
EP, MediMax (Electronic Partner)	3.108
Expert	3.060
PC Spezialist (Saynaxon)	3.060
EDA Telering	669
ProMarkt (Rewe Group)	640

Gesamtvolumen der Top 7 in Deutschland: 22.540 Millionen Euro

Quelle: Metro Handelslexikon 2009/2010

Media Markt und seine Feindbilder

11

Ziel: Marktführerschaft

Die „Schaffung von Feindbildern" darf in der Bewertung der Firmenchronik als Erfolgs- und Durchsetzungsfaktor für Media Markt gewertet werden. Dass es wichtig ist, sich ein Feindbild aufzubauen, entsprach vor allem dem Credo des Firmengründers Walter Gunz. Es kam (s)einer Lehrmeinung gleich, der zufolge in einer umkämpften Branche nur der Markteroberer zum Zuge kommt, der nicht nur besser ist als seine Konkurrenz, sondern es auch vermag, Letztere zu verdängen. Es wäre naiv zu glauben, dass Mitbewerber nicht ähnliche Ziele verfolgten. Der Unterschied zu Media Markt besteht allenfalls darin, dass die Unternehmensgruppe mit ihrer Strategie nie hinterm Berg gehalten hat. Vielmehr war die Geschäftsführung davon überzeugt, dass bereits in der Ankündigung, ernst zu nehmende Konkurrenten handelsseitig zu „bekämpfen", manchen Unternehmenslenker dazu bewog, sich besser nicht mit dem Handelsriesen anzulegen oder gar in die Branche einzusteigen.

Letztendlich streben alle am Markt beteiligten Unternehmen danach, Gewinne zu erwirtschaften, nur Verkaufserfolge sind der Weg zum Ziel. Da das Marktvolumen nicht unendlich ist und die Branche keineswegs zu den „Leisetretern" gehört, gilt es, die Umsatzanteile der Konkurrenz ohne Umschweife für sich zu erobern. Diese wettbewerbsorientierte und betriebswirtschaftlich nachvollziehbare Logik war insbesondere im Rahmen der Abwrackprämie im Jahre 2009 zu beobachten. Die Begrenzung der staatlichen Förderung entfachte einen „Mega-Run" auf die Automobilbranche; sie erhöhte sprunghaft ihre Werbeetats, in Sonderschichten wurden die nachgefragten Modelle produziert, die Belegschaft so mancher Autohäuser machte Überstunden oder wurde gar aus dem Urlaub zurückbeordert. Hersteller und Automobilvertreiber schenkten sich nichts.

Ein Vergleich zwischen den Gründerjahren von Media Markt und der Gegenwart lässt erkennen, dass sich die Handelslandschaft radikal verändert hat – insbesondere in der Unterhaltungselektronik: Home-Computer und Mobilfunkgeräte gab es seinerzeit nicht. Die Tatsache, dass in den letzten Jahrzehnten ein regelrechtes Sterben von Facheinzelhändlern stattgefunden hat, führte zu einer gänzlich anderen Handelskultur. Die neue Art der Online-Vermarktung von Consumerprodukten aller Art verstärkte die Veränderung. Die heutige Marktsituation des stationären Einzelhandels im Vergleich zur Unternehmensgründung im Januar 1979 kommt als geordnete

Form der Auseinandersetzung daher. Dem Handelsunternehmen Media Markt war es gelungen, den Abstand zum Mitbewerb kontinuierlich auszubauen und sich – zusammen mit der Firmenschwester Saturn – als europäischer Marktführer zu etablieren. Das Einnehmen der Media Markt- und Saturn-„Festung" scheint heute schwer vorstellbar.

Die Konkurrenz schläft nie

Schon früh erkannte die Branche, dass das Media Markt-Konzept zukunftsfähig ist. Schmäher des Fachmarktgedankens mussten bald erkennen, dass der Trend nicht aufzuhalten war. Media Markt verstand es am geschicktesten, die Faktoren Auswahl, Preis und Service miteinander zu verknüpfen. Das Unternehmen agierte frech und witzig und erntete die Sympathie der Endverbraucher. Das angestaubte Image der Radio-/Fernseh- und Schallplatten-Läden wandelte sich nach und nach. Nicht ohne Grund begeisterte sich der damalige Vorstandsvorsitzende der Kaufhof AG, Jens Odewald, für das Vertriebskonzept des Elektrodiscounters und ebnete schließlich den Weg für eine Kapitalbeteiligung, die seitens der Metro AG noch heute als eine der glücklichsten Schachzüge ihrer Firmenhistorie bewertet wird.

Viele Nachahmer versuchten, das Geschäftsmodell von Media Markt zu kopieren. Fast unbemerkt für Außenstehende sortierten sich Einkaufskooperationen und Verbundgruppen, um einen ähnlichen Vertriebskanal auf die Beine zu stellen. In den vergangenen drei Jahrzehnten musste sich Media Markt immer wieder den Angriffen von „Mitbuhlern" stellen, Großkonzernen à la Rewe (ProMarkt) ebenso wie milliardenstarken Verbünden wie Expert oder Electronic Partner (MediMax). Das Kopieren erfolgreicher Vertriebskonzepte schien eine Zeit lang en vogue zu sein. Paradebeispiel ist nach wie vor der Lebensmittelriese LIDL (Schwarz-Gruppe), der den Marktführer ALDI über Jahre hinweg perfekt kopierte und seinen Erzrivalen international sogar übertrumpfen konnte. Auch im deutschen Markt kommt LIDL seinem Vorbild ALDI immer näher. Deshalb beobachteten die Media Markt-Gründer die Marktentwicklung ihrer Konkurrenten nicht nur sehr genau, sondern gar mit Argwohn.

Auch in der unternehmensinternen Kommunikation war die Schaffung eines Feindbildes von Vorteil. Natürlich wissen Mitarbeiter, dass ihr eigentlicher „Brötchengeber" der Kunde ist. Doch schadet es der Unternehmenskommunikation nicht, darauf aufmerksam zu machen, dass Mitbewerber existieren, die das gleiche Ziel verfolgen und – sollten sie Erfolg haben – den eigenen Arbeitsplatz gefährden können.

Jeder Haushalts-Euro zählt

Jeder Haushalt in Deutschland gibt im Jahr 1.064 Euro für Technik aus, so das Statistische Bundesamt (Stand 2008). Für den Produktbereich Computer werden statistisch 140 Euro im Jahr gemessen. Dieser Betrag vermittelt plakativ, wie knapp das Ausgabevolumen ist. Einen Desktop-Rechner oder ein Notebook für 140 Euro gibt es (noch) nicht zu kaufen. Daraus folgt: Verliere ich einen potenziellen Kunden, der einen PC erwerben möchte, an einen Konkurrenten, sehe ich ihn über mehrere Jahre nicht mehr wieder. Eine Neuinvestition in dieser Warengruppe wäre über einen verhältnismäßig langen Zeitraum blockiert. Diese Sichtweise rechtfertigt jede legale marktgemäße Vorgehensweise, den Kunden zu überzeugen und für sich zu gewinnen.

ALDI – das spezielle Feindbild

Warum sollte ein Lebensmittler eine ernst zu nehmende Konkurrenz für Media Markt darstellen? Was haben Butter, Milch und Konserven mit Elektroartikeln zu tun? Bei näherer Betrachtung oder beim Durchstreifen der ALDI-Regale wird schnell erkennbar, dass der Lebensmitteldiscounter eine Vielzahl artfremder Artikel führt. So zählt ALDI seit vielen Jahren zu den Top Ten unter den Vermarktern von Bekleidung. Für Media Markt war klar, dass eine derartige Spitzenposition im Handel mit Unterhaltungselektronik, Informationstechnologie und Elektro-Klein- und -Großgeräten zu unterbinden ist. Letzten Endes war ALDI das „perfekte Feindbild".

Dank des auf dem internationalen Parkett erfolgreich vernetzten Gerätedistributors Medion gelang und gelingt es ALDI immer wieder, stark nachgefragte Artikel einzukaufen sowie Ausstattungs- und Preismarken zu setzen. Viel schlimmer erscheint aber, dass es ALDI des Öfteren gelingt, Testsieger hervorzubringen. Fortan muss sich branchenübliche Konkurrenz – darunter auch Media Markt – gegen ALDI behaupten. Neidvoll muss(te) anerkannt werden, dass der Lebensmitteldiscounter die Produktvergleiche in aller Regel souverän und erfolgreich meistert(e). Deutschlands auflagenstärkste Computerfachzeitschrift „Computer-Bild", würdigte ALDI gar mit dem „Goldenen Computer", einer Auszeichnung, die mit dem „Goldenen Lenkrad" in der Automobilbranche vergleichbar ist, zumal die Bewertung auf der Einschätzung der Leser beruht. ALDI-PCs waren folglich nicht nur preiswert und technisch auf dem aktuellsten Stand, sondern beim Endverbraucher auch wegen des günstigen Preis-/Leistungsverhältnisses beliebt. Diese Konstellation traf Media Markt schwer, zumal alle Grundpfeiler des Vertriebssystems zugleich betroffen waren.

„Computer-Bild" stellte auf den Titelseiten nicht etwa die Frage, wie das neue Media Markt-Notebook im Vergleich zu allen anderen vergleichbaren Produkten abschneiden würde. Die Botschaft lautete vielmehr: „Der neue ALDI-PC gegen superstarke Konkurrenz von …" Diese Headline und Hervorhebung gegenüber den eigentlichen Playern der Branche verhalfen den Produkten des Lebensmitteldiscounters in den Computer-Olymp. Die Geräte aus dem Hause Medion galten lange Zeit als Maßstab für ein hervorragendes Preis-Leistungs-Verhältnis. Die Formulierung „Volks-PC" verstärkte den presseseitig heraufbeschworenen ALDI-Mythos.

Auszug aus der „Computer-Bild" vom 22. März 2004

Das ehemalige ALDI-Verwaltungsratsmitglied Dieter Brandes berichtet in seinem Buch „Die 11 Geheimnisse des ALDI-Erfolgs", dass ALDI beim Verkauf eines 1.000 Euro teuren Computers innerhalb von drei Tagen 200 Millionen Euro umsetzt. Solche Zahlen machen selbst einem erfolgsverwöhnten „Medianer" angst und bange. Berücksichtigt man die Filialstärke von über 4.000 ALDI-Märkten in Deutschland (ALDI-Nord und ALDI-Süd zusammengenommen), so erzielt jede Verkaufsstelle einen durchschnittlichen Abverkauf von 50 PCs beziehungsweise einen Computer-Umsatz von circa 50.000 Euro je Standort. Stimmt diese Zahl, würde der Lebensmittelriese während des Werbezyklus bundesweit eine Artikelkapazität von 200.000 Computern bevorraten müssen. Eine solche Größenordnung bedeutet schlichtweg, dass 200.000 potenzielle Kunden dem (eigentlichen) Handelsplatz für Computer entzogen werden. Da verwundert es nicht, wenn das unternehmensinterne Media Markt-Feindbild eine Art Berechtigung erfährt.

Auch heutzutage dürften ALDI-Angebote ihre Wirkung nicht verloren haben. „Computer-Bild" kürte die Medion AG auch für 2010 zum Hardware-Hersteller des Jahres. Zu beachten ist auch, dass es sich bei der Ware von ALDI um sogenannte „No-Name-Produkte" handelt. Medion ist lediglich ein Gerätekonfigurator ohne Entwicklungsabteilung, der die Artikel in aller Regel in Asien zusammenbauen lässt oder fertige Ware direkt einkauft. Umso mehr muss derartigen Absatzerfolgen Respekt gezollt werden, zumal namhafte Hersteller seit langem darum bemüht sind, den größten europäischen PC-Markt Deutschland für sich zu gewinnen. Im Umkehrschluss müsste jeder deutsche Media Markt-Standort einen Umsatz mit Computern von rund 800.000 Euro generieren, um ein vergleichbares Gegengewicht zum oben beschriebenen ALDI-Werbezyklus auf die Waage zu bringen. In Anbetracht der extrem unterschiedlichen Standortdichte beider Handelshäuser ein schier aussichtsloser Kampf.

Kein Mensch hätte sich Ende der 1990er Jahre vorstellen können, dass ein „Konservenverkäufer", wie ALDI und Co. von branchenfremden Spöttern gerne genannt werden, in der Lage sein würde, jahrelang die wichtigsten Abverkaufszahlen des Landes anzuführen! Darüber hinaus hofierten die Medien geradezu die Produktqualität und die Preiswürdigkeit von ALDI. Selbst der Service, eine mutmaßliche Schwachstelle des ALDI-Vermarktungssystems, schnitt seinerzeit deutlich besser ab – auch wenn eine aktuelle Stiftung Warentest-Bewertung von Juli 2010 nur noch die Note „ausreichend" vergibt, was dem letzten Platz entspricht. Von „Anstürmen wie in den Nachkriegsjahren" bis hin zu „Prügeleien um den letzten Karton" war in den Gazetten zu lesen. Selbst den TV-Nachrichtensendern – darunter auch die ARD und das ZDF – war es eine Meldung wert. ALDI genoss eine image- und verkaufsfördernde Publicity, wovon die meisten Einzelhändler nur träumen konnten. Bilder wie jenes aus dem Jahre 1999, das in einer Kölner ALDI-Filiale entstanden war und seither immer wieder in zahlreichen Berichterstattungen zu finden ist, schürten damals den Verdacht, dass ALDI den Erfolg mit artfremden Branchen zu sehr genießen könnte.

Walter Gunz brachte es damals auf den Punkt:

> *„Wir haben ewig mit dem Fernrohr vorn die Konkurrenz gesucht und plötzlich kam der ALDI aus der Ecke."*

ALDI verkauft Billigcomputer, November 1999
Bild: Actionpress

Media Markt startete gleich mehrere Konteraktionen. Rasch wurde versucht, die Preiswürdigkeit der ALDI-Angebote zu unterlaufen. Das war insofern einfach, als der Lebensmitteldiscounter bereits einige Tage vorher in Beilagen und im Internet auf seine technischen Produkte aufmerksam machte. Bot der Lebensmitteldiscounter einen Fernseher für 299 Euro an, pries Media Markt nahezu zeitgleich in ganzseitigen, oft bundesweit geschalteten Anzeigen ein vergleichbar ausgestattetes Gerät für 249 Euro an. Im Bereich Computer wurde nicht selten das Notebook der ALDI-Hausmarke Medion als die schlechtere Wahl hingestellt, indem Media Markt ein Gerät einer namhaften PC-Marke mit besserer Ausstattung anbot. Dieser offen ausgetragene „Handelskrieg", der auch vor Testkäufen und gerichtlichen Auseinandersetzungen nicht zurückschreckte, vollzog sich über mehrere Jahre und dürfte für die Media-Saturn-Gruppe bis heute mit einem siebenstelligen Aufwand zu veranschlagen sein: gesteigerte Werbekosten, Ausgleich für schlechtere Roherträge, Aufwand für höherwertige Geräteausstattungen, Rechtsanwaltskosten und dergleichen.

Die Mühe hat sich gelohnt. Media Markt war der Geübtere in der Beschaffung und Vermarktung von elektronischen Geräten. Zudem hat sich ALDI immer öfter selbst ausgetrickst, die Lieferfähigkeit des Elektrogroßhändlers Medion ließ oft zu wünschen übrig und führte zwangsläufig zum Abmahnrisiko wegen mangelnder Warenverfügbarkeit. Selbst die ALDI-Stammkundschaft hatte irgendwann wenig Verständnis dafür, bereits kurz nach der morgendlichen Filialöffnung vor einer leeren Palette stehen zu müssen. Die Standardargumentation, dass die Nachfrage nach den Werbeartikeln so groß gewesen sei, dass diese bereits restlos ausverkauft wären, wurde mit der Zeit nicht nur unglaubwürdig, sondern immer häufiger mit Verständnislosigkeit quittiert. „Da könne man schließlich auch woanders kaufen", bekam der zumeist machtlose ALDI-Mitarbeiter zu hören. Spätestens dann wirkte die Media Markt-Werbung, die mit vergleichbaren, aber günstigeren oder gar besser ausgestatteten Produkten aufwartete. Der ALDI-Boom verflog merklich.

Der Elektrogroßhändler Medion, der in Form einer Aktiengesellschaft operiert, stand zunehmend in der Kritik der Aktionäre. 2003 wurde die Wachstumsstory erstmals gebremst. Presseseitig war immer häufiger von beträchtlichen Verlusten in Millionenhöhe zu lesen. „Medion erleidet Gewinneinbruch" meldete die Frankfurter Allgemeine Zeitung am 12. November 2004; „Medion deutlich unter Vorjahr" hieß es exakt ein Jahr später und „Gewinneinbruch von Medion schockiert die Börse" titelte die Zeitung gar am 7. Januar 2006. Ein Bericht der Zeitschrift Capital belegte auf Basis einer GfK-Studie, dass vier Fünftel der Käufer von ALDI-Elektrogeräten enttäuscht zu anderen Marken wechselten: Mit der Headline „ALDI-Lieferant schockiert die Börse" brachte es der Kölner Stadt-Anzeiger am 8. Januar 2006 auf den Punkt: „Die Zeiten, in denen die ALDI-PCs regelmäßig innerhalb von Minuten vergriffen waren, gehören weitgehend der Vergangenheit an. … Der Ertrag [des Geschäftsjahres 2005] sank von gut 90 Millionen auf nur noch 19 Millionen Euro." 2006 geriet Medion tief in die roten Zahlen, der Aktienkurs sackte deutlich unter zehn Euro.

Vor dem Hintergrund, dass ALDI-Nord und ALDI-Süd mit geschätzten 60 Prozent die Hauptabnehmer der Medion AG sind, darf einerseits angenommen werden, dass das Media Markt-Feindbild ALDI seine Schrecken in Teilbereichen verloren hat. Andererseits – und dessen ist sich die Unternehmensleitung der Media-Saturn-Gruppe garantiert bewusst – darf auch ein angeschossener Tiger nie unterschätzt werden. Immerhin mischt der Lebensmittler ALDI nach wie vor in Branchen der sogenannten Consumer Electronics mit: TV, Video, Digitalkamera, HiFi/Audio, Personal Audio (MP3), Computer, Software, Telekommunikation/Mobilfunk, Audio-Video-Zubehör, Elektro-Groß- und -Kleingeräte sowie im Bereich Bild- und Tonträger.

Medion ist fast so verschwiegen wie die ALDI-Gruppe selbst. Daher sind nur wenige Daten über Markt- oder Warengruppenanteile bekannt. Eine Zahl konnte dem Vorstand in einer Pressekonferenz dennoch entlockt werden: Der Anteil der verkauften Computer im Jahre 2007 in Deutschland betrug immerhin erstaunliche 8,9 Prozent. Einer der größten Markenhersteller, Acer, brachte es (auch nur) auf 9,0 Prozent.

Die Konteraktivitäten gegen ALDI hatten auch unternehmensinterne Korrekturen zur Folge. Zunächst musste manchen erfolgsverwöhnten „Medianern" die Bedrohung durch den Lebensmitteldiscounter eindringlich vermittelt werden. Auch arrogant wirkende Sichtweisen über einen „Konserven-Fritzen" mussten zurechtgerückt werden. Hilfreich war hierbei oft die nackte Zahlenwelt diverser GfK-Auswertungen, die die Marktveränderungen widerspiegelten. Die Stufe zwei der Konteraktion basierte auf der Auffassung, dass ein Angriff immer noch besser sei als die Verteidigung. Parolen wie „wer uns gegen das Schienbein tritt, der bekommt was auf den Kopf" – in Anlehnung an Ferdinand Piëch und die Markteinführung des Modells Phaeton, die nicht zuletzt aufgrund des Einstiegs von Mercedes-Benz mit der A-Klasse in die Golf-Klasse ist – nährten das damalige Stimmungsbild.

Als die erste Niedergeschlagenheit im fast verzweifelten Kampf um Computer-Kunden verdaut war, erstarkte das Gefühl in der Media Markt-Gruppe merklich. Sondersitzungen der Geschäftsführung, aber auch im Einkauf, Vertrieb und Marketing wurden zur Normalität. Die grundsätzliche Fragestellung lautete: Wie gehen wir gegen die Konkurrenz ALDI vor? Schnell berief man sich auf die Grundtugenden von Media Markt und nahm den „Kampf" auf. Dabei stand trotz der sehr unterschiedlichen Größenverhältnisse (Dieter Brandes schätzt den Börsenwert von ALDI etwa viermal so hoch ein wie den der Metro AG) immer wieder die Frage nach dem Spiel der Giganten David und Goliath im Raum. Wohl bekannt ist, dass der große und behäbig wirkende Goliath dem kleineren, aber gewitzt-schlauen David unterlegen war.

Ein gut geführtes Media Markt-Team hat gegenüber allen anderen Handelsunternehmen, die ich kennen gelernt habe, immer eine Ass-Karte im Ärmel – einen strategischen Vorteil sozusagen: Die dezentrale Struktur ermöglicht es, viel leichter die personellen Kräfte zu bündeln und gegen den Mitbewerb einzusetzen – ein Potenzial, mit dem Media Markt gerne kokettiert, das von „Feinden" aber nicht unterschätzt werden sollte. Es soll Fälle gegeben haben, in denen Media Markt-Mitarbeiter vor ALDI-Filialen Flugblätter verteilt haben, um auf den möglichen Verlust ihrer Arbeitsplätze durch den Billiganbieter hinzuweisen. Uns allen sind noch die Bilder der Bauernproteste vor Augen, die auf einen ähnlichen Missstand aufmerksam machten. Ich kenne den Fall eines begnadeten Computergenies, der einen ALDI-Computer am Tag der Werbung in seiner Media Markt-Abteilung im geöffneten Zustand zur Schau stellte und mittels DIN A4-Aufsteller, aber auch im persönlichen Dialog mit interessierten Kunden auf die Schwachstellen des Produktes aufmerksam machte. Da vergleichende Werbung in Deutschland seit langem erlaubt ist, stand (rein zufällig) der technisch bessere Media Markt-Computer gleich nebenan. Die Verkaufserfolge gaben der Präsentation Recht. Dies sind nur zwei Beispiele einer Fülle von Einzelaktivitäten.

Keine Angst vor ALDI!

Da bei Media Markt der Preis das Maß aller Dinge ist (Stichwort: Media Markt-Tiefpreisphilosophie), galt es, einem ALDI-Angebot sofort eine Gerätealternative entgegenzusetzen. Sollte dies – aus welchen Gründen auch immer – einmal nicht möglich sein, so muss der Kundschaft ein höherwertiges Gerät zum gleichen Preis angeboten werden. Kein leichtes Unterfangen, da die äußerst geringen

Handelsspannen bei Computer-Hardware keinen Spielraum zulassen. Der Handel baut auf eine Mehrwertstrategie, die von vornherein bessere Erträge ermöglicht. Benötigt werden hierfür benachbarte Warengruppen wie Computer-Software und -Zubehör, die die Marge unterstützen. Vorrangig für Media Markt war, die Preiswürdigkeit des Unternehmens wieder ins rechte Licht zu rücken, auch wenn das viel Geld kosten würde. Man stellte sich bisweilen die Frage, wie lange Media Markt den „Handelskrieg" wirtschaftlich noch durchhalten kann! Gezielte Maßnahmen vermochten es letztlich, dass sich viele tausend Endverbraucher vom ALDI-Angebot distanzierten.

Die gelebte Feindbild-Theorie von Media Markt hat einen weiteren strategischen Vorteil, die im Hause ALDI für Überraschung sorgen musste. Hervorzuheben ist die konsequente Vorgehensweise des Unternehmens, die mit dem Eindruck „keine Angst vor ALDI" einherging. Gegen ALDI agieren zu wollen bedeutete schließlich, Mut zu beweisen. Der Lebensmittelriese war es nicht mehr gewohnt, sich permanent juristischen Abmahnungen zur Wehr setzen zu müssen. Sicherlich gibt es auch in der Nahrungs- und Genussmittelbranche tagtäglich eine Vielzahl gerichtlicher Auseinandersetzungen. Mit einer konzentrierten Abmahnwelle à la Media Markt hatte ALDI offenbar aber nicht gerechnet. Regionalleiter, die sich plötzlich einer Flut von zehn, zwanzig oder mehr Klageschriften ausgesetzt sahen, wurden in ihrer eigentlichen Geschäftstätigkeit regelrecht blockiert. Im Wettbewerbsrecht müssen nicht nur oft Fristen eingehalten werden, auch die Streitwerte können schnell schwindelerregende Eurowerte erreichen – von den Gerichts- und Anwaltskosten ganz zu schweigen. Media Markt ist es gewohnt, Angriffen von Mitbewerbern, Wettbewerbshütern und Abmahnvereinen zu begegnen – es gehört zum Tagesgeschäft.

Beide Branchen unterscheiden sich bereits in der Tatsache, dass die direkte Vergleichbarkeit der angebotenen Lebensmittel nicht wirklich gelebt wird. Ein Liter Milch bei ALDI wird von einem Liter Milch bei Edeka oder Rewe allenfalls über den Preis zu unterscheiden sein (einmal abgesehen vom Fettgehalt). Die Beschaffenheit des Produktes selbst wird der Endverbraucher hingegen nicht anzweifeln, zumal der Kaufpreis beziehungsweise der Investitionswert überschaubar sind – also auch ein eventueller Fehlkauf toleriert wird. Ein völlig anderes Bild ergibt sich bei technischen – oft direkt vergleichbaren – Produkten. Nahezu jedes Bauteil ist in seiner Art und Güte vergleichbar. LCD ist nicht LED, ein HDMI-Anschluss ist vorhanden oder nicht, 100 Hz sind 100 Hz und so weiter. Ein 37-Zoll-TV-Flachbildschirm muss in der werblichen Darstellung nicht nur den Hinweis bekommen, dass es sich um eine Bilddiagonale von 94 cm handelt, zudem sind alle seine technischen Features direkt vergleichbar – sowohl produktspezifisch als auch preislich! Darüber hinaus ist das Investitionsvolumen derartiger Produkte im Vergleich zu Artikeln des täglichen Bedarfs (Lebensmittel) um ein Vielfaches höher; der „investierte Anspruch" ist folglich ein völlig anderer; darüber entscheidet einzig der Endverbraucher.

Es gibt kaum eine Media Markt-Werbung, die im Rahmen der Freischaltung nicht über den Schreibtisch eines fachkundigen Rechtsanwalts wandert. Dieses aufwändige und teure Prüfungsverfahren ist in der Branche keineswegs unüblich und soll vor allen Dingen das eklatant hohe Abmahnrisiko verhindern. Ein auf die Branche Lebensmittel spezialisierter Händler ist bereits deshalb im Nachteil, weil ihm die zahlreichen Fallstricke der professionell agierenden Abmahnvereine und anderer – die sich gerne auf den sogenannten Non-Food-Bereich (Nicht-Lebensmittel-Bereich) konzentrieren – nicht geläufig sind.

Ohne Expansion keine Zukunft

12

Der Weg zur Nummer 1

Einer der Hauptgründe für den finanziellen Zusammenschluss mit der Kaufhof Warenhaus AG im Jahre 1988, die eine Beteiligung am Unternehmen Media Markt in Höhe von 54 Prozent umfasst, liegt auf der Hand: Expansion war schon damals das Zauberwort für Wachstum. Kaufhof galt seinerzeit ohnehin als der strategische Partner innerhalb der relevanten Branchen; der Konzern hatte sich bereits einige Jahre zuvor das Handelskonzept der in Köln ansässigen Saturn-Gruppe gesichert und verfügte über die notwendige Liquidität. Mit nationaler Brille betrachtet, ging es um die Fortführung der Marktdurchdringung als Voraussetzung für die angestrebte Marktführerschaft. Die Sicherung und Vervielfältigung des Media Markt-Konzeptes kommt aus der Sicht der Unternehmensgründer dem Erhalt ihres Lebenswerks gleich und ebnet den Weg für einen Zusammenschluss mit Kaufhof. „Uns fehlte das Weltmännische", meinte hierzu Walter Gunz anlässlich eines Interviews mit der Zeitschrift Focus. Zudem ist Expansion teuer und selten frei von Risiken – zwei wesentliche Aspekte der letztlich gleichen Medaille, die umso mehr zutreffen, als die vorausgehenden Standorterweiterungen zwar aus eigener Kraft bewerkstelligt wurden, aber nicht jeder Standort die Erwartungen der Gründer erfüllte. Frisches Kapital war folglich gerne gesehen.

Bereits ein Jahr nach dem Beteiligungshandel mit Kaufhof eröffnete in Frankreich der erste Media Markt. Der damalige Landeschef, ein Franzose, setzte sich bei der Namensgebung durch. Fortan hießen die dortigen Media Märkte „Hypermedia"; ein nutzloses Zugeständnis, wie sich später herausstellte. Lange Zeit galt der französische Markt als ein nicht lohnendes Geschäft, bescherte über mehrere Jahre hinweg Verluste und versetzte die Gesellschafter in eine Art Irritationsstarre. Letzlich wurden die Standorte einige Jahre später der Firmenschwester Saturn übertragen. Sollte das Media Markt-Konzept etwa nur in Deutschland erfolgreich umzusetzen sein? Dieser Eindruck nährte jenen Unfrieden unter den Gründerstämmen, die vom Expansionsbestreben im Ausland nicht gänzlich überzeugt waren. Insbesondere Walter Gunz gab immer wieder zu, dass die „Vermählung mit Kaufhof" (und im Nachgang mit der Metro) nicht notwendig war. Er war ein Freund des eigenständigen Wachstums, das organisch – also aus eigenen Mitteln – hätte vonstatten gehen können. Zudem bemängelte er die Einschränkung seiner unternehmerischen Freiheit, obwohl mit Kaufhof eine Art

Vetorecht für die Gründer vereinbart worden war. Gut vorstellbar, dass Gunz sich auch in diesem Zusammenhang treu geblieben war: „Ich akzeptiere und bin nicht einverstanden!"

Unbestritten dürfte allerdings sein, dass die Expansionsgeschwindigkeit einen völlig anderen Verlauf genommen hätte. Versetzt man sich in die Handelszeit der 1980-er Jahre, so gab es damals immerhin noch eine Vielzahl von Mitbewerbern. Vor allem die Vertriebsmarken ProMarkt und Makro-Markt mussten seinerzeit als ernst zu nehmende Konkurrenten eingestuft werden. Es war eine Zeit des Kopf-an-Kopf-Rennens um Marktanteile. Alleine die Spekulation über eine strategische Neuausrichtung der Rewe-Gruppe und die damit verbundene Erweiterung ihres ProMarkt-Engagements hätte zur damaligen Zeit möglicherweise ausgereicht, die Position eines „klaren Platzhirsches" in Frage zu stellen. Sehr wohl ist davon auszugehen, dass auch diese strategische Überlegung eine wichtige Rolle gespielt hat, einen Vertrag über eine Finanzierungsbeteiligung zwischen der Kaufhof AG und Media Markt zu forcieren.

Media Markt in Europa und Osteuropa

Die Markteinführung in Österreich im Jahre 1990 war von positiven Gefühlen begleitet. Die Mentalität der Landesbevölkerung ähnelt der deutschen, die gleiche Landessprache ist ein weiterer Vorteil. Seit 1991 ist Media Markt in Italien vertreten, anfangs unter der Firmierung „Media World", ein Tochterunternehmen der Metro AG. 1994 folgte die Schweiz; hier konnten einige bereits existierende „Media World"-Fachmärkte integriert werden. Die Neueröffnungen in Ungarn und Polen folgten in den Jahren 1997 und 1998. In Spanien setzte Media Markt seine Expansionsbemühungen 1999, in Holland im Jahr 2000 fort. Zwei Jahre später folgte Belgien, 2004 Portugal, 2005 Griechenland, 2006 Schweden und Russland, 2007 die Türkei und 2010 China. Media Markt ist somit in 17 Ländern der Erde vertreten.

Mit 818 Media Markt- und Saturn-Standorten, Stand 31.12.2009, verfügt die Unternehmensgruppe mit Abstand über die meisten Outlets innerhalb der Metro Group. Das zweitgrößte Filialnetz betreibt Metro Cash & Carry mit 668 Großhandelsmärkten. Media Markt allein kann im Übrigen auf über 580 Standorte verweisen; dies entspricht rund 70 Prozent der Media-Saturn-Gruppe.

Media Markt in China

Im März 2009 kündigte Media Markt die Zusammenarbeit mit einem Global Player, der Foxconn Technology Group, an. Foxconn ist der Name, unter dem das in Taiwan ansässige Unternehmen Hon Hai Precision Industry auf dem Weltmarkt der Elektronik auftritt. Die Joint Venture-Konstellation soll den Markteintritt in China vorbereiten. In Fachkreisen gilt dieser Schachzug als strategisch äußerst geschickt, zumal es darum geht, sich in einem Vertriebsgebiet zu etablieren, in das die Bundesrepublik Deutschland bequem 26-mal passt. Die Fehler anderer Einzelhandelsunternehmen, aber auch die Erfahrungen der Metro Group haben die Media-Saturn-Holding rasch davon überzeugt, dem „Land der aufgehenden Sonne" mit größtem Respekt zu begegnen. Schließlich kann sich ein Scheitern in China auf die gesamte Unternehmensgruppe nachhaltig negativ auswirken. 75 Prozent des Firmenzusammenschlusses hält Media Markt, während die 1974 gegründete Foxconn-Gruppe 25 Prozent der Geschäftsanteile hält. Mit insgesamt rund 800.000 Mitarbeitern ist Foxconn der weltweit größte und wichtigste Manufakturbetrieb für Mobiltelefone und Computer. Alleine in Shenzhen, eine Zwölf-Millionen-Metropole, nur durch einen Fluss von Hongkong getrennt, arbeiten 300.000 Menschen für den Fertigungsbetrieb.

Zu den Kunden von Foxconn gehören Dell, Nokia, Hewlett Packard, Sony und auch Apple. Zahlreiche Topseller, wie das schon heute als Produktlegende geltende iPhone, der iPod, die MacBook-Computerreihe und der internationale Verkaufsschlager iPad erblicken hier das Licht der Elektronikwelt. Die Aufzählung der Top-Hersteller verdeutlicht die geografische und firmenpolitisch äußerst günstige Nähe zu den weltweit wichtigsten Herstellern der Branche. – Nichtsdestotrotz wurde im Mai 2010 aber auch Kritik gegenüber der Foxconn-Gruppe laut. Das Unternehmen ist wegen einer Serie von Selbstmorden innerhalb der Belegschaft unter Druck geraten. Das Management stellte daraufhin eine Gehaltssteigerung von 20 Prozent und verbesserte Arbeitsbedingungen in Aussicht. Frankfurter Allgemeine Zeitung vom 29. Mai 2010: „Das monatliche Grundgehalt in den chinesischen Fabriken von Foxconn [...] liegt derzeit bei rund 900 Yuan (106 Euro). [...] Die Foxconn-Arbeiter leben in einem Wohnkomplex auf dem Fabrikgelände und arbeiten in Schichten rund um die Uhr, um die ersten Produkte für die großen Abnehmerkonzerne zu fertigen." Vor diesem Hintergrund ist damit zu rechnen, dass die Media-Saturn-Holding alle Bemühungen unternehmen wird, die Gefahr weiterer Imagestörungen zu minimieren oder gar zu vermeiden. Denn ein negativ geprägtes Erscheinungsbild auf Seiten des 25-prozentigen Anteilseigners kann den aufzubauenden Ruf der gesamten Unternehmung sehr wohl nachhaltig beeinflussen.

Kein Geringerer als der im Mai 2010 noch amtierende Bundespräsident Horst Köhler eröffnete anlässlich der Weltausstellung Expo in Shanghai symbolisch den ersten Media Markt in China. Auf einem überdimensionalen Bildschirm gab ein roter, sich langsam öffnender Vorhang den Blick auf einen typischen Media Markt-Eingang frei. Der eigentliche Eröffnungstermin fand im November 2010 statt. Über fünf Etagen erstreckt sich der westliche Vorzeigeladen auf asiatischem Boden. Als Standort wurde der „Peoples Square" gewählt, das neue Zentrum von Shanghai. Die Wachstumsrate beziffert Roland Weise, bis Dezember 2010 CEO der Media-Saturn-Holding, anlässlich einer Pressekonferenz auf der Expo mit acht bis neun Prozent – pro Jahr. Eckard Cordes, Vorstandsvorsitzender der Metro Group: „Ende 2012 sollten wir in Shanghai zehn bis zwölf Märkte haben. Und wenn dann alles gut läuft, können wir in einigen Jahren auf weit mehr als 100 Märkte hochfahren." – Quelle: NGZ/Rheinische Post vom 21. Mai 2010.

Das Unternehmensziel, nationaler Marktführer zu werden, ist in allen Ländern gleich; obschon die Landes- und Marktbedingungen höchst unterschiedlich sind. Der Sprung über den „großen Teich", sprich die Markterweiterung in den USA, bleibt ein großer Wunsch. Klaus-Peter Voigt, langjähriger Media Markt-Stratege und bis 2008 stellvertretender Vorsitzender der Media-Saturn-Holding, hatte Anfang 2000 das heroische Ziel definiert:

„Media Markt – weltweit die Nummer 1"

Längst aber nimmt die Konzernmutter Metro entscheidenden Einfluss auf die Expansionsstrategie im Ausland. Eine Ausweitung der Geschäftsbereiche in die Vereinigten Staaten von Amerika ist aktuell nicht geplant. Vorreiter bleibt hier das Metro Cash & Carry-Geschäft, das als „Vorkoster" die ausländischen Marktverhältnisse eruiert. Was wie ein Nachteil im Sinne von Zeitverlust erscheinen mag, muss zugleich als Vorteil verstanden werden: Expansion ist keineswegs gleichzusetzen mit Erfolg – insbesondere nicht im Ausland:

So hat sich die Baumarktkette OBI nach fünf verlustreichen Jahren aus China verabschiedet. Anstatt der ursprünglich vom Firmengründer Manfred Maus propagierten 100 Baumärkte waren nur 18 verwirklicht worden; sie wurden schließlich Mitte 2005 an einen Konkurrenten verkauft. Der zweitgrößte Handelskonzern der Welt, Carrefour, zog sich 2009 aus Russland zurück. IKEA erhebt im Rahmen seiner Auslandsexpansion schwere Vorwürfe gegen russische Institutionen und beklagt die Korruption im Lande. Firmenpatriarch Ingvar Kamprad stoppte letztlich die für Russland geplanten Investitionen seines Möbelimperiums. Selbst die Vertriebslinie Metro Cash & Carry hatte in China teures Lehrgeld bezahlen müssen. Erst im Jahr 2007 – elf Jahre nach dem Markteintritt „im Land des Lächelns" – konnte die Metro Group schwarze Zahlen verkünden.

Der Schnellste wird der Erste sein

Die hohe Expansionsgeschwindigkeit von Media Markt ist seit langem eines der Erfolgsgeheimnisse der Unternehmensgruppe. Nach dem Motto „der Schnellste wird der Erste sein" wurde die Ausdehnung und Marktdurchdringung gezielt betrieben, um der Konkurrenz die Luft zum Atmen zu nehmen. Es schien, als wäre neben dem ohnehin schon PS-starken Motor Media Markt auch der Turbolader auf Permanentleistung zugeschaltet. Passenderweise wählte Walter Gunz vor vielen Jahren eine Metapher aus dem Motorrennsport:

Der rote Ferrari sieht den gelben Rivalen
nur noch im Rückspiegel!

Mit Rot war natürlich Media Markt gemeint, während Gelb auf den Mitbewerber ProMarkt abzielen sollte. Der Vergleich hinkte nicht einmal, da sich der Mitbewerber tatsächlich im Motorsport engagierte. Die gelben ProMarkt-Cars waren vor allem in der Deutschen-Tourenwagen-Meisterschaft (DTM) sehr aktiv. Es war auch jene Zeit des scheinbar unbezwingbaren Michael Schumacher, dessen damalige Siege einen „Status des Unbesiegbaren" innehatten. Schumacher wurde bekanntlich sieben Mal Formel-1-Sieger in Folge und erzielte damit die höchste jemals erreichte Fahrerkompetenz. Seine Siege waren anhaltend wie der Erfolg. Ein besserer Vergleich zur Eigenmotivation konnte seinerzeit kaum gefunden werden.

Die Hersteller als Partner der Expansion

Die Expansion im Hause Media Markt lieferte und liefert noch heute atemberaubende Wachstumsraten, die auch der Industrie nicht verborgen geblieben sind. Der deutsche Mitbewerb hat keine nennenswerten Expansionsbemühungen mehr unternommen. Das hat die Position von Media Markt nachhaltig – und länderübergreifend – gestärkt. Die Vorstandsbesuche der Herstellerfirmen aus aller Herren Länder in die Ingolstädter Verwaltung nahmen deutlich zu. Verhandlungen mit der Industrie, die bislang auf nationaler Ebene stattgefunden hatten, erfolgen nun international. Immerhin wird für jede Neueröffnung Ware im Wert von mehreren Millionen Euro eingesetzt. Zahlreiche Werbekostenzuschüsse (WKZ), als Anschub- oder auch Begleitfinanzierung, großzügige Sonderkonditionen und monatelange Zahlungsziele machen die Herstellerseite zum heimlichen Finanzier der Expansion. Die Ware ist längst verkauft, wenn Monate später die Rechnungen bezahlt werden müssen. Derjenige Lieferant, der von Anfang an dabei sein will, muss auch von Anfang an für den Eintritt ins Geschäft zahlen. Sich etwa zu einem späteren Zeitpunkt „ins gemachte Nest setzen wollen" ist nahezu ausgeschlossen. Darauf achtet auch der für das Vor-Ort-Geschäft zuständige Geschäftsführer. Mit einer weitsichtigen Einkaufs- und Verkaufspolitik können Gewinne schon in den ersten 12 bis 24 Monaten des Geschäftsbetriebs erwirtschaftet werden. Versagt die Einkaufsstrategie oder gar die Abverkaufsplanung und der Lagerbestand dreht sich nicht schnell genug, ist ein Verlustjahr kaum zu vermeiden. Diese betriebswirtschaftlich logische Konsequenz ruft den geschäftsführenden Gesellschafter beziehungsweise „Mitinhaber" auf den Plan: Auch Verluste müssen von allen Gesellschaftern getragen oder zumindest zeitlich prolongiert werden.

Außergewöhnlich expansiv

Das Expansionstempo im Hause Media Markt ist ausgesprochen hoch. Im Jahr 2009 waren es 50 neue Märkte, darunter die spektakuläre Eröffnung in der Metro-eigenen Immobilie „Meydan Merter" in Istanbul. Acht Neueröffnungen erfolgten in Deutschland, 24 im übrigen Westeuropa und weitere 18 in Osteuropa. Für 2010 waren weitere 60 Neueröffnungen geplant. Als Mittelfristziel der nächsten Jahre werden mehr als 70 Neueröffnungen angestrebt – per anno wohlgemerkt.

Am Gesamtumsatz der Media-Saturn-Gruppe – 2009 betrug dieser 19,7 Milliarden Euro – ist Deutschland mit 46,3 Prozent beteiligt (9,1 Milliarden Euro). Die Region Westeuropa, ohne Deutschland, erwirtschaftet einen Umsatzanteil von 43,4 Prozent (8,5 Milliarden Euro). Der Anteil in Osteuropa beträgt 10,3 Prozent (2,0 Milliarden Euro). Ein direkter Vergleich zum Berichtsjahr 2005 verdeutlicht, dass der Umsatzanteil in Deutschland seinerzeit noch bei 54,4 Prozent lag, während Westeuropa, ohne Deutschland, 39,5 Prozent und Osteuropa gerade einmal 6,1 Prozent ausmachte. Diese Gegenüberstellung zeigt, dass sich die Umsatzentwicklung zu Gunsten der internationalen Expansion rasant entwickelt, was wiederum in Einklang steht mit dem erfolgreichen Expansionskonzept im Ausland.

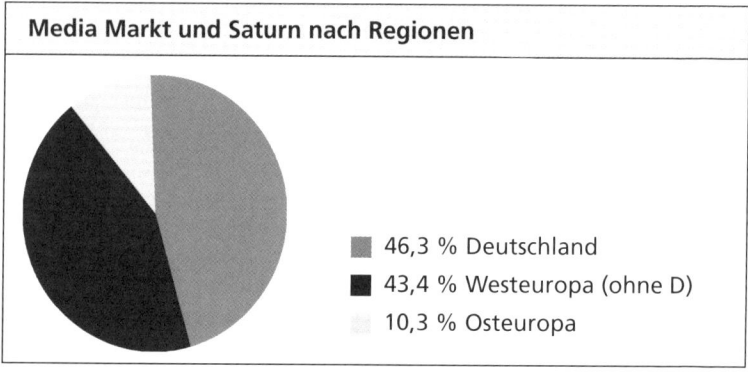

Media Markt und Saturn nach Regionen

- 46,3 % Deutschland
- 43,4 % Westeuropa (ohne D)
- 10,3 % Osteuropa

Expansionsgewichtung nach Regionen: Media Markt/Saturn;
Berichtsjahr 2009

In welchen Ländern der größte Expansionstreiber der Metro Group, die Metro Cash & Carry, bereits vertreten und inwieweit ihr die Media-Saturn-Gruppe gefolgt ist, geht aus dem Standortportfolio nach Ländern hervor (Seite 190); sie dokumentiert die Expansion der beiden Handelshäuser Media Markt und Saturn auf Basis der aktuellen Zahlen. Erkennbar wird vor allem der Entwicklungsverlauf der Vertriebslinie Metro Cash & Carry, die bereits in 29 Ländern vertreten ist. Media Markt und Saturn, deren Expansion deutlich später gestartet ist, sind immerhin in 17 Ländern ansässig. In 14 Ländern stehen beide Handelsmarken in direkter Konkurrenz zueinander; nur diese beiden Vertriebsmarken der Metro Group werden derart rasant internationalisiert. Zum Vergleich: Die SB-Warenhäuser Real sind in sechs Landesgesellschaften aktiv und die Warenhaussparte Galeria Kaufhof existiert außerhalb Deutschlands nur noch in Belgien, wo die Häuser übrigens unter der Bezeichnung Galeria Inno firmieren.

Wie schwierig die Einschätzung von Märkten ist beziehungsweise wie unterschiedlich die Expansionsprognosen sein können, beweist exemplarisch ein Artikel der „Lebensmittel-Zeitung" vom 15. Januar 1998: „Wie viele Standorte es in Polen insgesamt zur Expansion von Media Markt werden sollen, scheint indes noch nicht festzustehen. Kenner des polnischen Marktes halten angesichts der im Vergleich zu Deutschland erheblich geringeren Kaufkraft aber bestenfalls ein Dutzend Media Märkte für realistisch." Heute verfügt die polnische Vertriebslinie bereits über 53 Fachmärkte! Der (Nachhol-)Bedarf scheint ungebrochen. Schon seit längerem sind Neueröffnungen in Polen regelrecht gefürchtet. Demolierte Ladenausstattungen, verwüstete Kassenzonen und beschädigte Shoppingcenter, die dem Kundenansturm nicht standhielten, sind als Filmsequenzen im Internet-Videoportal „YouTube" zu finden.

Expansionsforscher wie Prof. Dr. Hermann Simon, Vorsitzender der Geschäftsführung von Simon, Kucher & Partner Strategy & Marketing Consultants, umschrieb das Phänomen einmal mit den Worten: „Selbst ein scheinbar gesättigter Markt wie der Automarkt wird sich weltweit verdoppeln. Heute haben 60 Prozent aller Menschen noch nie einen Telefonanruf erhalten, 70 Prozent noch nie ein Foto gemacht. Alle wollen eine Waschmaschine, einen Kühlschrank, ein Mobiltelefon. Die Potenziale der Globalisierung sind gerade für ein Unternehmen wie Media-Saturn unvorstellbar." – Quelle: Kucher & Partner Strategy & Marketing Consultants GmbH, Bonn.

Standortportfolio nach Ländern

	Anzahl der Standorte		Markteintritt	
	Metro Cash & Carry	Media Markt und Saturn	Media Markt	Saturn
Deutschland	124	375	1979	1961
Belgien	11	18	2002	2007
Dänemark	5			
Frankreich	91	32	[1999]	1999
Italien	48	99	1999	2001
Luxemburg		1		2008
Niederlande	17	32	1999	2006
Österreich	12	34	1990	1994
Portugal	11	9	2004	
Schweden		16	2006	
Schweiz		20	1994	2009
Spanien	34	61	1999	2005
Vereinigtes Königreich	30			
Westeuropa ohne D.	**259**	**322**		
Bulgarien	11			
Griechenland	9	10	2005	2008
Kasachstan	1			
Kroatien	6			
Moldawien	3			
Polen	29	53	1998	2004
Rumänien	24			
Russland	52	20	2006	
Serbien	5			
Slowakei	5			
Tschechien	13			
Türkei	14	16	2007	2009
Ukraine	25			
Ungarn	13	22	1997	2004
Osteuropa	**210**	**121**		

Fortsetzung: Standortportfolio nach Ländern

China	42	1	2010
Indien	5		
Japan	6		
Marokko	8		
Pakistan	5		
Vietnam	9		
Asien/Afrika	**75**	**1**	
International	**668**	**819**	
Intern. nur Media Markt		**581**	
Media Markt-Standorte inner-halb der Media-Saturn-Gruppe		**70,9 %**	

Quelle: Geschäftsbericht 2009 Metro Group, ergänzt um China 2010/JCL

Die Jahreszahlen der Markteintritte belegen eindrucksvoll, dass zunächst jeweils das Fachmarktkonzept Media Markt als Wegbereiter für die Expansionsbemühungen der Unternehmensgruppe vorausgeht. Die preisaggressive(re) Vertriebslinie Media Markt versteht es besser, den Markt eines Landes „aufzumischen". Später siedelt sich auch Saturn mit seinen etwas hochwertigeren Warensortimenten an. Zur Erzielung einer höheren Gewinnspanne ist das die betriebswirtschaftlich sinnvolle Strategie – die Einführung in Luxemburg ausgenommen: Hier verkündete Saturn in einer Presseerklärung voller Stolz, dass die Vertriebslinie luxemburgischen Boden vor der Schwester Media Markt betreten hat.

Trotz des ansonsten anhaltenden Expansionserfolgs verkündete die Unternehmensgruppe Media-Saturn im Dezember 2010 die Trennung von ihren 34 Standorten in Frankreich. Seit 1999 war man dort bereits vertreten, die Gewinnerwartungen konnten dennoch nicht erfüllt werden: Die von den Anbietern Darty, Fnac und Boulanger geprägte einheimische Konkurrenz machte es den Saturn-Standorten schwer, allein im Jahr 2009 soll der Verlust 50 Millionen Euro betragen haben. Vorbehaltlich der Zustimmung der Wettbewerbsbehörde werden alle Häuser sowie die rund 2000 Mitarbeiter von einem der größten Mitbewerber übernommen, der französischen HTM-Group, zu der auch die Boulanger-Märkte gehören.

Auf der Fläche Westeuropa fällt auf, dass Media-Saturn (noch) nicht in Großbritannien vertreten ist. Die Hintergründe für diese Zurückhaltung liegen vorrangig im Respekt vor der äußerst starken britischen Mitbewerbersituation. Die englische DSG International (ehemals Dixons Group), immerhin drittgrößtes Handelsformat im Bereich Consumer Electronics in Europa, und die KESA Electricals, die Nummer 5 in Europa, erschweren den Einstieg ins Vereinigte Königreich. Die hohe Konkurrenzdichte auf der britischen Insel lässt vermuten, dass eher der Erwerb einer bereits ansässigen Vertriebsstruktur angestrebt wird.

Mit einem Bruttoumsatz von 23,4 Milliarden Euro (2009) ist die Media-Saturn-Gruppe im Bereich der Branche Consumer Electronics eindeutiger Marktführer in Europa. Eine Grafik verdeutlicht den Abstand zu den Mitbewerbern. Die „Top 8" der Branche, siehe Grafik, vereinen einen Umsatz von 79,1 Milliarden Euro. Der Anteil von Media Markt und Saturn an den acht umsatzmächtigsten Unternehmen in Europa beträgt demnach fast 30 Prozent.

Bruttoumsatz 2008 der Top 8 in Europa – Stand 2008

Media Markt und Saturn	22.603
Euronics	14.400
DSG International	11.711
Expert (Schätzung)	9.162
KESA Electronics	6.723
EDA Telering	5.142
Electronic Partner	5.025
Fnac [PPR Group] (nur Elektro)	4.299

Gesamtvolumen der Top 8: 79.125 Millionen Euro

Quelle: Metro-Handelslexikon 2009/2010

Media Markt ist multiplizierbar

Erwin Conradi, einer der wichtigsten Strategen der Metro AG und bis 2000 deren Aufsichtsratsvorsitzender, stellte die Eignung der Internationalisierung von Vermarktungskonzepten auf drei einfache Säulen:

- Was systematisierbar ist, ist lehrbar.

- Was lehrbar ist, ist lernbar.

- Was erlernbar ist, ist multiplizierbar.

Quelle: „Otto Beisheim – Distribution im Aufbruch", Verlag Vahlen.

Media Markt ist ein „Systemhaus", zumindest was die betriebswirtschaftlichen Belange angeht. Das operative Geschäft ist in gewisser Hinsicht „katalogisierbar". Als Media Markt-Geschäftsführer habe ich durchaus davon profitiert, dass Einkauf, Verkauf, Logistik und so weiter bereits bestens eingeführt waren und nicht neu erfunden werden mussten. Der Erfahrungsaustausch mit den Kollegen sorgte für einen permanenten Abgleich.

Was sich aber wie eine mathematische Gesetzmäßigkeit anhört, kann bestenfalls nur die halbe Miete darstellen. Denn die Komponente Mitarbeiter ist ein äußerst wichtiger Baustein des Erfolgs – insbesondere im stationären Einzelhandel, der bekanntlich eine Fülle von persönlichen Kundenkontakten mit sich bringt. Dieser Bereich ist nur bedingt „systematisierbar". Umso zutreffender ist die Voraussetzung für Expansion und Internationalisierung von Erwin Conradi, in der die oft als „Human-Kapital" bezeichnete Komponente den bedeutenden Teil ausmacht. Denn die Begriffe „lehrbar" und „lernbar" beziehen sich auf den Menschen. Erwin Conradi führt im bereits erwähnten Buch weiter aus: „Da Know-how-Transfer an Menschen gebunden ist, bedarf eine erfolgreiche Internationalisierung auch und gerade geeigneter Mitarbeiter, was erfahrungsgemäß schwieriger zu organisieren ist, als die erforderlichen Finanzmittel bereitzustellen. […] Internationalisierung kann niemals ein Mittel zur Überwindung von konzeptionellen, positionellen, strategischen oder strukturellen Schwächen im Heimatmarkt sein. Wer schon zu Hause Probleme hat, der sollte sich nicht auf das dann unverhältnismäßige Wagnis einer Internationalisierung einlassen. Im Übrigen kann der erforderliche Know-how-Transfer nur von einer starken Heimatbasis aus organisatorisch bewältigt werden." Bereits vor diesem Hintergrund spricht vieles dafür, dass der Umgang mit Menschen im Hause Media Markt als erfolgreich bezeichnet werden darf.

„Ohne Expansion keine Zukunft" heißt dieses Kapitel. Zur historischen Entwicklung des Einzelhandels gehört auch das Verschwinden der „Tante-Emma-Läden". Die traditionellen Vermarktungskonzepte waren bereits in den 1990er Jahren rückläufig. Als Beispiel sind hier die klassischen Kauf- und Warenhäuser anzuführen. Hertie, Woolworth, Sinn Leffers, Wehmeyer und nicht zuletzt Karstadt konnten sich gegenüber den Marktveränderungen nicht behaupten und mussten Insolvenz anmelden. Diese „alten" Vermarktungsstrategien werden allenfalls auf nationaler Ebene überleben können. Eine Expansion, insbesondere ins Ausland, wird für diesen Einzelhandelszweig wirtschaftlich nicht vertretbar sein. Deshalb ist davon auszugehen, dass international operierende Handelsunternehmen den regionalen oder auch nationalen Platzhirschen verdrängen werden.

Media Markt geht online

13

Online – Offline – Online

Richtig müsste es heißen: Media Markt ging online, verabschiedete sich aus dem Online-Handel und steigt nun neu ein.

Wer glaubt, dass es heutzutage eine Selbstverständlichkeit ist, wenn große Einzelhandelsunternehmen ihre Waren über das Internet anpreisen, der irrt. Der stationäre Handel setzt sich schon seit Generationen damit auseinander, erfolgreicher zu sein als der Mitbewerb. Man ist es gewohnt, dass die Konkurrenz permanent im Nacken sitzt. Jeder Händler will (muss) größer, besser, schneller und billiger sein, um nur einige Stichworte zu bedienen, die diesen Kampf um die Gunst der Kundschaft umschreiben. Wenn dann Umsätze durch einen firmeneigenen Online-Vertrieb verlagert werden und der Kunde das Ladenlokal nicht mehr betreten muss, ist die Mitbewerbersituation hausgemacht. Genau diese (Grund-)Problematik blockiert die Entscheidung namhafter Handelsunternehmen, aktiv(er) ins Internetgeschäft einzusteigen.

Darüber hinaus gibt es für eine erfolgreiche Internet-Vermarktung keine Gelinggarantie. Ein anschauliches Negativbeispiel für den sogenannten „Distanzhandel" sind die Versandhäuser. Während sich amazon.de, otto.de und andere steigender Nachfrage erfreuen, ist es dem Traditionshaus Quelle nicht geglückt, den Übergang ins Internetgeschäft zu schaffen. Selbst der ewige Online-Shop-Ranking-Gewinner (nach „LZ.net") Ebay musste in den vergangenen Jahren Umsatzrückgänge hinnehmen. Der Versandhändler Notebooksbilliger.de, bereits sechsmal von „Chip-Online" als „Online-Shopper-des-Jahres" ausgezeichnet, ging in 2010 gar „offline" und eröffnete sein erstes Ladenlokal in München; weitere Einzelhandelsstützpunkte sind in Planung.

Dass der Internet-Handel kein Selbstläufer ist, belegt auch die Schließung der Internet-Plattform „EP-Netshop" im April 2010, die von einem der größten Mitbewerber von Media Markt in Deutschland, ElectronicPartner (EP), betrieben wurde. Klickt man die epnetshop.de-Seite heute an, ist folgender Hinweis zu lesen: „Erleben Sie jetzt Ihr Wunschgerät und unsere Serviceleistungen ‚live' – bei einem von über 700 EP-Fachhändlern in Deutschland!"

Gerade erst gibt es Ärger im Hause OBI. Die Franchisenehmer der Baumarktkette sehen im zentral gesteuerten OBI-Webshop einen Konkurrenten und bereiten gar eine Sammelklage gegen die in

Wermelskirchen ansässige Zentrale vor. „Vor Gericht wollen die Franchisenehmer eine Provision erstreiten, die befürchtete Umsatz- und Rohertragseinbußen wenigstens teilweise wettmachen soll." – Quelle: Lebensmittelzeitung vom 9. Dezember 2010.

Eine drastische Beurteilung des Webgeschäfts von Großkonzernen kann einer Erhebung der Fachhochschule Niederrhein entnommen werden: „Kein Dax-Handelskonzern erreicht – sofern beim ihm eine stationäre Vertriebsschiene um einen Online-Shop ergänzt wird – nennenswerte Online-Anteile im zweistelligen Bereich. Diese strate- gische Ignoranz und kaum nachvollziehbare Internetzurückhaltung müsste Analysten eigentlich Schweißperlen auf die Stirn treiben", kritisiert Gerrit Heinemann von der FH Niederrhein. – Quelle: Frank- furter Allgemeine Zeitung vom 16. März 2010.

Der Mitbewerber ProMarkt, zur Rewe Group gehörend, eröffnete im Oktober 2010 seinen Onlineshop. Trotz der finanzstarken Kon- zernmutter fiel der Werbe- und Presserummel bescheiden aus. Der auf den Einzelhandel spezialisierten Lebensmittelzeitung waren der Start ins Web lediglich drei Sätze wert. Aufgrund der zentralistisch aufgestellten ProMarkt-Gruppe wird das Internet-Geschäft mit „völ- lig gleichen Preisen – online wie stationär" [Frank Wiemer, Vorstand der Rewe Group] aufgestellt.

Damit hier kein falscher Eindruck entsteht: Ohne die Ausweitung des klassischen Einzelhandels um den Bereich Onlinevermarktung wird es in Zukunft nicht gehen. Ganze Einkaufszentren sollen dem Endverbraucher visuell zur Verfügung stehen. Es wird selbstver- ständlich sein, verschiedene Modemarken so miteinander zu ver- knüpfen, als stünde man in einem großen Bekleidungsgeschäft, Schuhe und Accessoires inklusive.

Auch die GfK stellt in ihren jährlichen Umsatzauswertungen fest, dass der Internet-Handel in Deutschland stetig wächst. Wurden in 2003 noch rund sechs Milliarden Euro online umgesetzt, so waren es 2009 bereits 15,5 Milliarden Euro – eine Steigerung von knapp 260 Prozent!

Die Bedeutung sogenannter „Community-Plattformen" wie Face- book, StayFriends, wer-kennt-wen, Twitter und andere wird rasant zunehmen. Deshalb verschieben sich die Werbeausgaben der Han- delsunternehmen immer mehr in Richtung „Social-Networks". Al- lerdings sind die Risiken nicht zu unterschätzen: Der Internetriese

Amazon musste im Dezember 2010 einen Imageverlust hinnehmen, nachdem er den in den USA bekannten „Cyber-Monday" auch in Deutschland einführen wollte. Im Zwei-Stunden-Takt gab es äußerst preisaggressive Aktionsware. Der Haken dabei: Die Ware war limitiert und schon nach wenigen Sekunden ausverkauft, der Frust über verpasste Kaufchancen ließ nicht lange auf sich warten: Enttäuschte Endverbraucher machten sich über Facebook Luft.

Zurück zu Media Markt: Nach einer mehrjährigen Planungsphase wurde im Frühjahr 2000 die Media Markt Online GmbH gegründet. Das Ziel der Holding-Geschäftsführung war, die Gesellschaft als völlig eigenständiges Unternehmen aufzubauen, das wie ein zusätzlicher Media Markt agieren sollte.

Da sich vor allem die Internetverkäufe in der Sparte Tonträger rasant entwickelten, suchte man nach einem Fachmann aus dem Bereich Entertainment. Die Position des Geschäftsführers wurde schließlich mit Martin Gläser, einem Tonträger-Profi und langjährigen Mitarbeiter der Systemzentrale in Ingolstadt, besetzt. Seine unkonventionelle Art entsprach nicht nur den Gepflogenheiten der Warengruppe, die er über Jahre vertreten hatte, sondern diente auch dem Kalkül, eine im Unternehmen bekannte Persönlichkeit an die Spitze der neuen Online-Gesellschaft zu setzen. Zudem entsprach Gläser, seinerzeit 35 Jahre alt, der damaligen Vorstellung eines Vertreters der E-Commerce-Branche.

Es dauerte nicht lange, bis es zu ersten Auseinandersetzungen mit Vor-Ort-Geschäftsführern und Regionalvertretern kam. Die eingangs beschriebene Möglichkeit trat rasch ein: Von heute auf morgen waren die stationären Märkte mit den Internetpreisen des „Online-Kollegen" konfrontiert. Regionale Preisgewohnheiten und -besonderheiten – eines der Erfolgsgeheimnisse des Unternehmens – wurden plötzlich von bundesweiten Regelungen konterkariert. Vereinzelt gelangten Warenposten nur noch in die Onlinevermarktung. Internetkunden, die ihr online gekauftes Gerät reparieren lassen wollten, sollten die örtlichen Media Märkte aufsuchen. Der daraus resultierende Aufwand des sogenannten After-Sale-Services (Personalkosten, Kosten für Umtausch, Herausgabe von Leihgeräten und so weiter) konnte selten der Media Markt Online GmbH weiterbelastet werden. Die Eskalationsstufe erweiterte sich schließlich um die Debatte der Verteilung von Umsätzen und Erträgen, denn schließlich fehlten den stationären Märkten die Einnahmen, um die entstehenden Mehrbelastungen auszugleichen.

Quadratur des Kreises

Die Fachpresse brachte die Situation auf den Punkt: „Media-Saturn versucht mit dieser Strategie die Quadratur des Kreises. Einerseits müssen sich die Ingolstädter der Abwanderung von Umsätzen ins Internet stellen, in dem bisher national einheitliche Preise üblich sind. Andererseits verdankt Media-Saturn einen guten Teil seines Gewinns der Tatsache, dass die stationären Preise nur genau so niedrig sind, wie es die regionale Konkurrenzsituation erfordert." – Quelle: LZ.net vom 31. März 2010.

Ein Affront zeichnete sich bereits im Sommer 2005 ab: Martin Gläser verkündete lautstark, dass Media Markt-Online die Marktführerschaft im Internethandel anstrebe. Wenige Monate später wurde die Media Markt Online GmbH in MediaOnline GmbH umfirmiert, die fortan noch losgelöster vom stationären Handel agieren sollte. Ein direkter Bezug zu Media Markt war nicht mehr gewünscht. Schließlich folgte eine Degradierung der Außendarstellung: Dem Internet-Shop wurden die Links auf den Mutterseiten von media-markt.de und das einheitliche Markendesign entzogen – das entsprach einem Todesstoß. Ende 2007 wurde der Geschäftsführer Martin Gläser abberufen und der Internethandel im Hause Media Markt (bis auf Weiteres) eingestellt.

In der Vergangenheit hatten sich bei Media Markt schon immer dann Konfliktpotenziale ergeben, wenn es den Vor-Ort-Geschäftsführern um die „Streichung der Butter vom Brot" ging. Ein bundesweit operierender „Media Markt-Web-Kollege" musste daher äußerst diplomatisch vorgehen, um das stationäre Geschäft nicht allzu negativ zu beeinflussen. Jede Art der Störung konnte sich rasch zu einem nationalen Aufschrei erheben. MediaOnline entwickelte sich zu einem internen Stachel, der nicht nur schmerzte, sondern den es für einige geschäftsführende Gesellschafter sogar zu entfernen galt. Tatsächlich gelang es den am Unternehmen beteiligten Vor-Ort-Geschäftsführern, die Mehrheitsgesellschafter an die Eckpfeiler des Unternehmenserfolgs zu erinnern; zu Gunsten des stationären Vertriebskonzepts zu plädieren; sie setzten sich schließlich durch. Roland Weise, damaliger CEO der Media-Saturn-Holding: „Bis November 2007 haben wir getestet, ob unser Online-Portal als dritte Vertriebsmarke etabliert werden kann. Das hat aber nicht funktioniert." – Quelle: Lebensmittelzeitung vom 7. August 2009.

Den Blick nach vorne gerichtet mischte sich zunehmend auch der Vorstandsvorsitzende der Metro AG, Dr. Eckhard Cordes, ein: „Wenn wir online nicht machen, machen es andere." – Quelle: Lebensmittelzeitung vom 24. März 2009. Seitdem lastet der Druck des Mehrheitsgesellschafters Metro auf der Media-Saturn-Holding, ein konzeptionell überarbeitetes E-Commerce-System zu etablieren. Branchenkenner machen gar die missglückten Einführungstermine des Internethandels dafür verantwortlich, dass man sich im Dezember 2010 vom Vorsitzenden der Geschäftsführung der Media-Saturn-Holding, Roland Weise, getrennt hat.

Vielleicht hilft der Blick über die Grenzen weiter, um diesem Bestreben nachzukommen? Wie machen es die eigenständig operierenden Auslandsgesellschaften, die unterschiedliche Web-Plattformen betreiben? Zwar existiert in Italien mit „Media World Compra online" eine erfolgreiche Internetvermarktung, jedoch kann dieses Handelsmedium nicht ohne Weiteres auf den deutschen Markt übertragen werden. Bereits die Konkurrenzsituation und die historisch gewachsene Einstellung zur unbedingten Dezentralität stellen sich in Deutschland anders dar. Die Medianer Italiens sehen manches lockerer und scheuen selbst vor artfremden Produkten wie Sport- und Fitnessgeräten oder auch Spielzeug und Campingartikeln nicht zurück. Undenkbar für das Media Markt-Mutterland Deutschland!

Zur Entscheidungsfindung forcierte Media Markt eine altbewährte Methode: Ein Testbetrieb musste her. Im Herbst 2009 war es soweit, für einen Konzeptcheck boten sich die Nachbarländer Holland und Österreich an. Dort sind Kundenstruktur und Einkaufs- beziehungsweise Internet-Mentalität mit Deutschland vergleichbar. Während ich dieses Kapitel schreibe, ist die offizielle Neueinführung des Media Markt-Internetportals noch nicht vollzogen. Werbeseitig bietet sich die Jahresstartkampagne 2011 an. So viel aber steht fest:

Die standortbezogene Anmeldung des Endverbrauchers – Eingabe der Postleitzahl – soll das Kernproblem, die Aushebelung der Dezentralisierung durch einen übergeordnet gelenkten Internetshop eliminieren: Die vollständige Abwicklung des Onlinekaufs erfolgt über einen Media Markt in der Nachbarschaft. Neben der eigentlichen Ware sind auch weitere Dienstleistungen abrufbar: die Finanzierung, die Lieferung, das eventuelle Aufstellen des Gerätes – kurzum der komplette After-Sale-Service. Die Anonymität des zentralen Abwicklers wird es nicht mehr geben.

Premiere bei Media Markt: Vier Eigenmarken

Zum neuen „Multichannel-Konzept" [Cordes, Weise] sollen zukünftig auch vier Eigenmarken gehören. Unter Rohertragsgesichtspunkten ist der Vertrieb spezifischer Artikel sinnvoll. Hintergrund: Die Ware ist mit den Angeboten anderer Wettbewerber nicht vergleichbar und die oft branchenübliche „Verramschung" kann somit vermieden werden. Die Vernichtung von Roherträgen findet nicht statt.

Media Markt hatte im September 2010 angekündigt, noch im Weihnachtsgeschäft mit dem Label „ok." zu starten. Diese Marke ist für das Preiseinstiegssegment vorgesehen. Branchenkenner vermuten, dass die „ok.-Ware" auch gegen Werbeangebote großer Lebensmitteleinzelhändler wie ALDI eingesetzt wird, der mit den Produkten aus dem Hause Medion (Umsatzgröße 1,1 Milliarden Euro in Deutschland) schon lange im Revier von Media Markt wildert. Die Media Markt-Eigenmarke soll als Preisbrecher dienen und den Erfolg der Lebensmitteldiscounter im sogenannten „Non-Food-Bereich" eindämmen. Die parallel kreierte Eigenmarke „Koenic" soll anspruchsvolle Haushaltsgeräte vermarkten. 2011 folgen zwei weitere Eigenmarken: „PEAQ" für Geräte der Unterhaltungselektronik und „ISY" für ein breites Angebot an Zubehörartikeln.

Sicher ist: Die Geräte der vier Eigenmarken werden zum größten Teil im asiatischen Raum produziert. Zum Zeitpunkt meiner Buchveröffentlichung ist noch nicht bekannt, ob einige Artikel auch beim Apple-Hersteller Foxconn in China hergestellt werden. Schließlich sind die Unternehmensgruppe Media-Saturn (Metro) und Foxconn im Jahre 2010 ein Joint Venture eingegangen, um den chinesischen Markt zu erobern.

Eines ist gewiss: Wenn es Media Markt gelingt, ein zweigliedriges Vertriebskonzept aufzustellen, das den stationären und online-betriebenen Handelskriterien gerecht werden kann, wird es schnell Nachahmer geben. Auch in diesem Punkt würde sich erneut bestätigen, dass der Marktführer den Markt führt.

Epilog:
Ein Motivator geht von Bord

Die wahren Hintergründe?

Es war Mitte 1999, und die Nachricht kam unverhofft: Walter Gunz verlässt das Unternehmen! „Undenkbar", so die mehrheitliche Auffassung der Mitarbeiter. „Wahrscheinlich wieder nur ein Verbalangriff eines Mitbewerbers." Nachdem sich die Nachricht jedoch festigte, machte sich im gesamten Unternehmen eine Art Schockzustand breit. Was war passiert? Was sind (Hinter-)Gründe? War es der freie Wille des aktiven Gründervaters oder halfen „höhere Mächte" nach?

Das Management der Media-Saturn-Holding blieb – wie in großen Unternehmen oft üblich – eine Stellungnahme schuldig. Der Information an alle Mitarbeiter ging ein förmliches Presseschreiben voraus, die wahren Hintergründe blieben unausgesprochen. Sicherlich, es gab dankende Worte für das außergewöhnliche Engagement des Mitbegründers, und selbstverständlich hob man noch einmal die Errungenschaften hervor, doch für die meisten Beschäftigten konnte dies nicht alles gewesen sein. Die Unternehmensgruppe entwickelte sich prächtig. Sorgen oder gar Nöte kannte man nicht. Ein Gerücht jagte das nächste. Jeder wusste zu berichten und kannte die „wahren" Motive für diese Entscheidung. Noch nie hatte es eine derartige Verunsicherung im Hause Media Markt – bei Mitarbeitern und Geschäftspartnern gleichermaßen – gegeben.

Die enge Verbundenheit eines Gründers

Schon der Weltbestseller „Auf der Suche nach Spitzenleistungen" von Peters & Waterman aus dem Jahre 1982 beschreibt sehr ausführlich, dass die Historie eines Unternehmens sehr eng mit dem Gründer oder den Gründern verwoben ist. Es ließen sich zahlreiche Entsprechungen zu namhaften Unternehmen und Unternehmer(familien) in Deutschland finden: Otto (Otto), Oetker (Dr. Oetker), Albrecht (ALDI), Beisheim (Metro), Miele (Miele), Mohn (Bertelsmann), Maus (Obi), Deichmann (Deichmann), Werner (dm), Kreke (Douglas) und Fielmann (Fielmann) – um nur einige zu nennen. Weltweit betrachtet liegen „Gründerväter" à la Bill Gates (Microsoft), Steve Jobs (Apple) oder auch Ingvar Kamprad (IKEA) nahe. Ein aktuelles Beispiel:

Am 27. Mai 2010 verkündete die Wall Street, dass Apple auf Basis der Marktkapitalisierung in Höhe von 222 Milliarden Dollar erstmals den Umsatzgiganten Microsoft (219 Milliarden Dollar) überflügelt hat. Eine Sensation, wenn man bedenkt, dass der Gewinn von Microsoft im Jahr 2009 mit knapp 15 Milliarden Dollar mehr als doppelt so hoch war wie die knapp sechs Milliarden Dollar von Apple. Zwischen den Zeilen der Fachpresse war zugleich zu hören, dass die Sorge der US-Börse groß sei, weil die großartige Unternehmensentwicklung zu sehr an die Gründerperson Jobs geknüpft sei. In der Tat gibt es sogenannte „Worst-case-Szenarien", zu einer etwaigen gesundheitlichen Beeinträchtigung oder gar zum Todesfall von Steve Jobs. „Die herausgehobene Rolle von Jobs gilt an der Börse aber auch als Risikofaktor. Als Jobs kürzlich sichtlich Gewicht verloren hatte, wurde der Aktienkurs von Apple wegen der Gerüchte über eine mögliche Krebserkrankung des Managers stark belastet." – Quelle: Frankfurter Allgemeine Zeitung vom 28. Mai 2010. Ein direkter Vergleich mit der Person Walter Gunz ist nicht beabsichtigt. Das Beispiel verdeutlicht vielmehr, wie gravierend sich der Einfluss einer Gründerpersönlichkeit auf ein Unternehmen auswirken kann.

Gunz kokettierte gerne mit Begriffen wie Familie(nbetrieb), Zusammengehörigkeit, berufliche Lebensqualität, Freiheit und Vertrauen. Der Leiter der Abteilung Mittelstand und Familienunternehmen des Bundesverbands der Deutschen Industrie e. V., Josef Düren, schrieb hierzu einmal treffend: „Familienunternehmen übertragen oft ihre familiären Beziehungsmuster auf ihre Mitarbeiter. Die Mitarbeiter erfahren eine höhere Sinnstiftung, die zu einer höheren Identifikation mit dem Unternehmen führt." – Quelle: Frankfurter Allgemeine Zeitung vom 9. Oktober 2009.

Die Nachwirkung der Gründerpersönlichkeit Gunz ist für Media Markt bis heute prägend. Wer ihn anlässlich seiner oftmals spontanen und unkonventionellen Reden erlebte, sah sich einem begeisternden Macher und Rhetoriker, aber auch Mahner gegenüber. Seine Liebe zur Philosophie mag ausschlaggebend für seine bisweilen theologisch anmutenden Vorträge gewesen sein. Seine Stimme vermochte seine Zuhörer in den Bann zu ziehen, seine Sätze hatten Tiefsinn, seine Reden bleiben unvergessen. Mit Essenzen seiner Referate wird im Hause Media Markt noch heute agiert. Bei einem Konzeptzweifel oder einer innerbetrieblichen Auslegungssache beginnen nicht selten Sätze mit der Einleitung: „Schon Walter Gunz meinte …" oder „Gunz hätte Folgendes dazu gesagt."

Die Gründungstugenden

Stets erinnerte Walter Gunz an die Gründungstugenden von Media Markt:

„Vergessen wir nie unsere Gründungstugenden
wie Freiheit, Freude und Vertrauen."

Diese Summe aller Ziele soll erlebt werden. Wer sich mit dieser Vorstellung näher befasst, wird feststellen, dass die Wertvorstellungen oder auch die Umgangsregeln der Gründer wenig zu tun haben mit den ansonsten üblichen Zielen anderer Unternehmen wie Umsatz- und Gewinnmaximierung. Kaum ein Vorstandsmitglied eines aktienorientierten Wirtschaftsunternehmens wird seine Leitlinien auf der Basis von „Freiheit, Freude und Vertrauen" verkünden – zumindest nicht öffentlich! Das unterscheidet die Media Markt-Gründer von den meisten anderen Unternehmenslenkern.

Media Markt hat sich längst als eines der erfolgreichsten Handelsunternehmen in Europa etabliert, Walter Gunz hat mehr als 20 Jahre maßgeblich mitgewirkt und prägte die Außendarstellung des Unternehmens nachhaltig. Vor allem das werbliche Erscheinungsbild des Hauses Media Markt ist eng mit der Person Gunz verbunden. Der Vergleich mit einem „Übervater" ist durchaus legitim. Diese Funktion ist vielen Firmen heutzutage fremd (geworden): Meist stehen den Unternehmen von außen kommende Manager vor. Ihnen fällt es unvergleichlich schwerer, von der Belegschaft eine Gründern und Inhabern gleichkommende Akzeptanz oder vergleichbaren Respekt entgegennehmen zu dürfen.

Freiheit ist auch Lebendigkeit. Gerne erinnere ich mich an eines der Buchgeschenke, mit denen Walter Gunz zum Geburtstag aufwartete. Im persönlich formulierten Begleitschreiben hebt er einen Auszug aus dem Buch „Der Weg des Zauberers" von Dr. Deepak Chopra hervor: „Lebendig sein bedeutet, das Recht geltend zu machen, alles zu sagen, was man sagen möchte, der Mensch zu sein, der man sein möchte, und das zu tun, was man tun möchte." Walter Gunz fügte hinzu:

„Lebendigkeit knüpft an die Grundidee
der Freiheit des Menschen an.
Diese Idee stand bei der Geburt
von Media Markt Pate."

Die von ihm überreichten Bücher waren vorwiegend lebensbejahend und philosophisch. Mit dieser Geste wollte der Firmengründer nicht nur persönlich nahe stehen, sondern auch Danke sagen für die Zusammenarbeit und das gemeinsam Erlebte. Die Geschenke waren aber auch eine Art Sprachrohr. In oft mehrseitigen Begleitschreiben vermittelte er Anregungen zur persönlichen Lebensgestaltung sowie Informatives zur Kultur seines Familienunternehmens Media Markt. Media Markt war für Walter Gunz stets mehr als ein Arbeitsplatzbeschaffer. Seine Mitarbeiter sollten sich im Unternehmen wohl fühlen und ihre Arbeit als angenehm empfinden.

Vertrauen als Lebensprinzip

Jeder einzelne Mitarbeiter, so sein öffentliches Bekenntnis, lag ihm am Herzen. Sein Credo galt dem kontinuierlich zu erneuernden Vertrauensverhältnis zwischen Vorgesetzten und Mitarbeitern. Walter Gunz:

> *„Vertrauen kann man nicht kaufen.*
> *Vertrauen kann man auch nicht vereinbaren.*
> *Vertrauen kann man nur schenken."*

Ihm war es wichtig, unverfälscht – authentisch – zu sein. Er war kein Freund von Kompromissen, wohl wissend, dass Diplomatie und Entgegenkommen häufig Voraussetzung sind für Erfolg und Gelingen in der Wirtschaftswelt. Mit bestimmtem Blick und erhobenem Zeigefinger stellte er seine persönliche Sicht der Kompromissfindung klar:

> *„Ich akzeptiere und bin nicht einverstanden!"*

Ein Vergleich mit dem legendären Ausruf von Marcel Reich-Ranicki „Fabelhaft! Aber falsch!" liegt nahe.

Walter Gunz war stets für offene und deutliche Worte: „Mit Ja-Sagern kommen wir nicht weiter", habe ich ihn einmal vernommen, „Nein-Sager sind in unserem Unternehmen rar. Keiner will sich unbeliebt machen." Er hatte früh erkannt, dass sich Motivation und Eigenantrieb durch Freiheit und bekundetem Vertrauen mehrten: „Ich wollte ein Unternehmen gründen, wo die Menschen keine Angst voreinander haben und auch keine Angst vorm Chef."

> *„Authentisch ist man dann, wenn man das sagt,*
> *was man denkt, und das tut, was man sagt."*

Die Kraft eines Gründervaters

Der scheinbar unaufhaltsame Erfolg des von ihm mitbegründeten Unternehmens Media Markt hat Walter Gunz in gewisser Hinsicht „unantastbar" gemacht. Wer wollte einem der erfolgreichsten Unternehmerpersönlichkeiten des deutschen Einzelhandels widersprechen? Auch Leopold Stiefel strahlte den Habitus eines Erfolgsmanagers mit Gründerstatus aus. Die Ansichten, Meinungen und Vorschläge der beiden Gründer hatten seit jeher doppeltes Gewicht. Schon Peters & Waterman beschreiben in ihrem Weltbestseller „Auf der Suche nach Spitzenleistungen" die einzigartige Qualität und Leistung mancher Führungspersönlichkeiten, die auf die beiden Media Markt-Gründer gänzlich zutreffen: „Aber dann stießen wir auch in fast jedem erstklassigen Unternehmen auf eine (oder zwei) starke Führungspersönlichkeiten, die offenbar wesentlich dazu beigetragen hatten, dass das Unternehmen überhaupt so erfolgreich werden konnte."

Wer Walter Gunz einmal auf einer Rednerbühne erlebt hat, wird eine Ähnlichkeit mit den legendären Auftritten eines Bill Gates (Microsoft) oder Steve Jobs (Apple) nicht leugnen können. Die spannungsgeladene Vortragsatmosphäre weist durchaus Parallelen auf. Gates, Jobs und Gunz sind Redner mit der einzigartigen Gabe, die Zuhörer/Zuschauer in ihren Bann zu ziehen. Hinzu kommen die gespannte Stille des Auditoriums, der überaus herzliche Empfang und ebenso lang anhaltende Vor- wie Nachapplaus.

So sagte einmal der Moderator Bernd Heller, über ein Jahrzehnt Kommentator des „aktuellen Sportstudios", anlässlich einer Begleitung einer Media Markt-Geschäftsführertagung: „Ich bin jetzt über 31 Jahre Moderator. Ich habe es noch nie erlebt, dass ich einen Mann angekündigt habe und er Applaus bekommt, ohne dass ich seinen Namen genannt habe." Alleine die bloße Umschreibung der Person Gunz reiche aus, um die Begeisterung des Podiums zu entlocken.

Der Mahner und Visionär

Regelmäßig erinnerte Walter Gunz seine Führungskräfte daran, „dass die materiellen Dinge nur einen Sinn haben, wenn auch die geistigen nicht verkannt werden", und appellierte damit an deren Verantwortung, die sie als Mitarbeiter von Media Markt tragen. Selbst vor seinen Geschäftsführerkollegen aus der Holding – dem höchsten Gremium der Unternehmensgruppe Media-Saturn – machte er keinen Halt: „Vergessen wir nie unsere Ursprungsidee, den Geist unserer Vision von Media Markt!"

Seine „Media Markt-Familie" war ihm wichtig. „Kein Mensch ist ersetzbar!", so das Credo von Walter Gunz, der davon gerne Gebrauch machte, wenn er über seine Erfahrungen mit Metro-Managern referierte: „Die ‚kleinen Manager', die ihn ärgerten, seien heute gefeuert." – Quelle: Focus 12/1999. Insbesondere in der Auseinandersetzung mit einstigen Vorständen der Metro AG musste er Federn lassen: „Aufgemuckt habe ich oft, so, als er aus seinem Münchner Büro in die Ingolstädter Zentrale umsiedeln sollte oder als die Metro-Bürokraten seine Mitarbeiter, die bislang nach Gusto ihre Dienstwagen wählten, plötzlich in Ford Scorpios verfrachten wollten." – Quelle: Focus 12/1999. In der Personalpolitik hatte Gunz einige gravierend andere Ansichten. Sogar als bereits ausgeschiedener Holding-Geschäftsführer appellierte Gunz an seine ehemaligen Kollegen, darauf zu achten, Mitarbeiter nicht ohne weiteres aufzugeben, sondern möglichst jeden Menschen zu halten und ihn gegebenenfalls an einer anderen Stelle des Unternehmens einzusetzen. So auch in einer Rede anlässlich einer Geschäftsführertagung im Jahre 2003 an alle Entscheidungsträger im Unternehmen: „Wir bei Media Markt haben über zwanzig Jahre versucht, alle Leute an Bord zu halten."

In einer Vortragsreihe hat ihm ein japanischer Unternehmer einmal vor Augen geführt, dass Mitarbeiter so uneben seien wie eine Natursteinwand. Das Besondere daran sei, dass jeder Stein so sein kann, wie er ist. Diese Metapher griff Walter Gunz auf und formulierte seine Bitte für die Zukunft: „Wenn Media Markt die Kraft behalten möchte, die es am Anfang hatte, wenn es weiterhin erfolgreich sein soll, dann müssen auch die unterschiedlichsten Charaktere in diesem Unternehmen Platz haben. Und zwar so, wie die Steine an der Wand – ohne dass sie deformiert werden."

Walter Gunz versuchte, gegen jedwede Störung im Innen- wie im Außenverhältnis einzutreten. Im Rahmen seines Ausscheidens aus dem Unternehmen schrieb Walter Gunz im Mai 1999:

> *„Ich will Ihnen allen heute sagen, Sie als Person, als Mensch, diese gemeinsame Bruderschaft, nicht das äußerliche Unternehmen, waren Sinn und Mittelpunkt meines Lebens."*

Walter Gunz' Art, die Dinge zu sehen, entspricht keineswegs den gewohnten Formen und Riten der Wirtschaftswelt. Er war der Vollblutunternehmer, der stets bemüht war, anders, aufgeschlossener und weitsichtiger zu sein.

Mit Spürsinn, Cleverness und einer frech anmutenden Bissigkeit trat er ein für die Belange der aufstrebenden Handelsmarke. Noch heute gebührt ihm unter „Medianern" hoher Respekt, wenn es darum geht, gegenüber Mitbewerbern, Verbänden und auch dem Mehrheitsgesellschafter Metro standhaft das Media Markt-Konzeptes zu vertreten.

Der Kämpfer

Das wichtigste Instrument, das Walter Gunz zur Verfügung stand, hieß Werbung. Nur wer auffällt, schafft Aufmerksamkeit und hat die Chance, (Neu-)Kunden zu gewinnen! Der längst legendäre Slogan „Ich bin doch nicht blöd!" wird Gunz zugesprochen. Streit mit Konkurrenten, Verbänden, dem Deutschen Werberat und Kirchen säumen den Weg zum mittlerweile größten Werbenden im stationären Einzelhandel in Deutschland. Media Markt-Webung erhält Kultcharakter!

Dass ein Kämpfer wie Walter Gunz nicht nur Bewunderung genoss, steht außer Frage. Das Einmischen in sein Aufgabengebiet und seinen Wirkungskreis bewertete er stets kritisch. Es ist vorstellbar, dass in schwierigen Situationen dem Mehrheitsgesellschafter Metro, der 75,41 Prozent der Geschäftsanteile hält, spätestens dann das schriftlich zugesicherte Vetorecht der Media Markt-Gründer vorgehalten wurde. Das schafft zwar Handlungsklarheit, führt aber auch zu (Dauer-)Spannungen. So scheint es nur eine Frage der Zeit gewesen zu sein, bis der bei der Metro in Ungnade gefallene Gunz seinen Stuhl räumen sollte. Ende der 1990er Jahre war die Zeit offenbar günstig, zumal die Stabsabteilungen gut aufgestellt waren und eigenständig operieren konnten. Die sogenannte kritische Größe hatte Media Markt seinerzeit längst überschritten. Es kam zum Eklat zwischen den Anteilseignern. Die Wogen waren nicht mehr zu glätten, und man legte Walter Gunz nahe, seine operative Tätigkeit im Unternehmen aufzugeben und seine Geschäftsanteile zu veräußern. Der einflussreiche Media Markt-Gründer und -Macher wurde, wie er es später einmal selbst formulierte, „von den Mächtigen ausgemustert". Mit dem Weggang von Walter Gunz brach für die gesamte Media Markt-Unternehmensgruppe eine neue Zeitrechnung an. Leopold Stiefel ist der einzige verbleibende operativ tätige Gründer und Gesellschafter. Die Arbeitsweise der sich in vielfacher Hinsicht ergänzenden Führungspole war nach über 20 Jahren Vergangenheit. Walter Gunz blieb dem Unternehmen noch für einige Zeit in beratender Funktion erhalten.

Mit Dank „ausgemustert"

Im Frühjahr 2003, drei Jahre nach seinem Ausscheiden aus dem Unternehmen, wurde Walter Gunz anlässlich einer Geschäftsführertagung offiziell verabschiedet. Leopold Stiefel würdigte sein Verdienst für das Unternehmen und hob seine Errungenschaften in den Bereichen Werbung und der europaweiten Expansion hervor: „Du warst es auch, der die Idee zu einer frechen, lauten, aggressiven Werbung hatte. Du warst es, der uns allen – nicht nur den Kollegen vor Ort, sondern auch mir – klar gemacht hat, dieses Unternehmen benötigt ein Feindbild. (…)."

Wer nach der Erfolgsgeschichte von Media Markt fragt, kommt nicht umhin, sich den Ursprungsideen und Visionen des außergewöhnlichen Unternehmertyps Walter Gunz zu widmen. Die Verbundenheit zu Media Markt ebenso wie seine Enttäuschung über die „Ausmusterung" beschrieb er bei seinem Abschied mit bewegten Worten:

„Es kommt im Leben nicht immer so,
wie man es sich wünscht.
Manche Wünsche werden einem erfüllt.
Mein größter Wunsch ist, mit Ihnen allen
in Liebe verbunden zu bleiben."

Literatur

Beisheim, Otto: Distribution im Aufbruch. Bestandsaufnahme und Perspektiven, Verlag Vahlen, München 1999

Berekoven, Ludwig: Erfolgreiches Einzelhandelsmarketing, Verlag C. H. Beck, München 1990

Blake, Robert R./Mouton, Jane S.: Besser führen mit GRID, Econ Verlag, Düsseldorf 1978

Brandes, Dieter: Die 11 Geheimnisse des ALDI-Erfolgs, Campus Verlag, Frankfurt am Main 2003

Brandes, Dieter: Konsequent einfach. Die ALDI-Erfolgsstory, Campus Verlag, Frankfurt am Main 1998

Bosshart, David: Billig. Wie die Lust am Discount Wirtschaft und Gesellschaft verändert, Verlag Redline Wirtschaft, Frankfurt am Main 2004

Coelho, Paulo: Der Alchimist, Diogenes-Verlag, Zürich 1996

Eggert, Ulrich: Der Handel im 21. Jahrhundert, Metropolitan Verlag, Düsseldorf/Regensburg 1998

Häusel, Hans-Georg: Brain Script. Warum Kunden kaufen, Rudolf Haufe Verlag, München 2004

Jary, Michael u. a.: Marken Power, Gabler Verlag, Wiesbaden 1999

Jungbluth, Rüdiger: Die 11 Geheimnisse des IKEA-Erfolgs, Campus Verlag, Frankfurt am Main 2006

Köhler, Hans-Uwe L.: Verkaufen ist wie Liebe, Walhalla Fachverlag, Regensburg 2010

Kotteder, Franz: Die Billig Lüge, Droemer Verlag, München 2005

Langenscheidt, Florian/May, Peter (Hrsg.): Lexikon der deutschen Familienunternehmen, Deutsche Standards Editionen GmbH, München 2009

Metro Group: Metro-Handelslexikon, Metro AG (Hrsg.), Düsseldorf, 2003/2004, 2005/2006, 2007/2008, 2009/2010

Miele & Cie.: 100 Jahre Miele im Spiegel der Zeit, Miele & Cie. KG (Hrsg.), Gütersloh 1999

Mohn, Reinhard: Menschlichkeit gewinnt. Eine Strategie für Fortschritte und Führungsfähigkeit, Verlag Bertelsmann Stiftung, Gütersloh 2000

Pavitt, Jane: Brand New. Starke Marken, Verlag Knesebeck, München 2001

Peters, Thomas J./Watermann, Robert H. jun.: Auf der Suche nach Spitzenleistungen, Verlag Moderne Industrie AG, Landsberg am Lech,1986

Riekhof, Hans-Chr. (Hrsg.): Retail Business in Deutschland, Verlag Gabler, Wiesbaden 2004, 2008

Schirrmacher, Frank: Das Methusalem-Komplott, Karl Blessing Verlag, München 2004

Schirrmacher, Frank: Minimum. Vom Vergehen und Neuentstehen unserer Gemeinschaft, Karl Blessing Verlag, München 2006

Schirrmacher, Frank: Payback, Karl Blessing Verlag, München 2009

Sprenger, Reinhard K.: Vertrauen führt, Campus Verlag, Frankfurt am Main 2002

Stenebo, Johan: Die Wahrheit über IKEA – Ein Manager packt aus, Campus Verlag, Frankfurt am Main 2010

Tietz, Bruno: Zukunftsstrategien für Handelsunternehmen, Band 3, Deutscher Fachverlag, Frankfurt am Main 1993

Zanetti, Daniel: Kundenverblüffung, Verlag Redline Wirtschaft, Frankfurt am Main 2003

Fachzeitschriften, Tageszeitungen und Online-Dienste

Die Welt: Die Welt, Die Welt am Sonntag, Welt-Online, Axel Springer AG, Berlin

Frankfurter Allgemeine: Frankfurter Allgemeine Zeitung, Frankfurter Allgemeine Zeitung am Sonntag, FAZ.NET, Frankfurt am Main

Handelsblatt: Handelsblatt GmbH, Düsseldorf

Kölner Stadt-Anzeiger: Verlag N. DuMont Schauberg, Köln

Lebensmittel-Zeitung: Lebensmittelzeitung, LZ.net, Deutscher Fachverlag, Frankfurt am Main

Stern: IKEA – Wie der Möbelgigant wirklich funktioniert, Heft Nr. 18, Stern GmbH, Hamburg 2003

Stichwortverzeichnis

Dieses Buch entstand über einen Zeitraum von mehreren Jahren und wurde während dieser Zeit auf aktuellem Stand gehalten. Intensive Recherchen waren vorausgegangen. Trotz aller Mühen sind etwaige Ungereimtheiten nicht gänzlich auszuschließen.

Über Hinweise, Anregungen oder auch kritische Bemerkungen freue ich mich, besonders über positives Feedback.

Sie erreichen mich über die E-Mail-Adresse:

j.cleve@buchkonzepte.com

Ich danke Ihnen!

Jürgen Cleve